中国乡村文化艺术与乡村振兴发展探究

刘艳蓉　著

吉林人民出版社

图书在版编目（CIP）数据

中国乡村文化艺术与乡村振兴发展探究 / 刘艳蓉著
. -- 长春 : 吉林人民出版社, 2020.5
ISBN 978-7-206-17236-6

Ⅰ. ①中… Ⅱ. ①刘… Ⅲ. ①农村文化－文化艺术－研究－中国②农村－社会主义建设－研究－中国 Ⅳ. ①G12②F320.3

中国版本图书馆CIP数据核字(2020)第111874号

责任编辑：刘　学
封面设计：黄伟娟

中国乡村文化艺术与乡村振兴发展探究

ZHONGGUO XIANGCUN WENHUA YISHU YU XIANGCUN ZHENXING FAZHAN TANJIU

著　　者：刘艳蓉
出版发行：吉林人民出版社 （长春市人民大街7548号　邮政编号：130022）
咨询电话：0431-85378088
印　　刷：北京军迪印刷有限责任公司
开　　本：710mm × 1000mm　　1/16
印　　张：14.5　　字　　数：242千字
标准书号：ISBN 978-7-206-17236-6
版　　次：2021年5月第1版　　印　　次：2021年5月第1次印刷
定　　价：50.00元

前言

Preface

习近平总书记在参加第十三届全国人民代表大会一次会议山东代表团审议时，就实施乡村振兴战略特别是推动产业振兴、人才振兴、文化振兴、组织振兴和乡村振兴健康有序地进行提出了明确要求，强调要以社会主义核心价值观为引领，深入挖掘优秀传统农耕文化蕴含的思想观念、人文精神、道德规范，培育优秀乡土文化人才，弘扬主旋律和社会正气，培育文明乡风、良好家风、淳朴民风，改善农村农民精神风貌，提高乡村社会文明程度，焕发乡村文明新气象。从国家层面高度重视乡村振兴和乡村文化传承发展，这是中国农业、农村、农民迈向新时代的总动员，是亿万中国农民奔向小康的幸福起点。21世纪恰逢世界文化产业发展的黄金时期，文化产业方兴未艾，中国是世界上最大的农业国家，农耕文明历史悠久，乡村文化基础雄厚，可以为文化产业发展提供强有力的支撑和稳定的资源环境。因此，传承、保护和发展乡村文化，提升最基本的软实力，是助力新时代美丽中国、实现中国梦的必然举措。

本书以“中国乡村文化艺术与乡村振兴发展探究”为题，设置六章：第一章阐述乡村文化建设及其改革创新，内容涉及传统乡村文化、乡村文化的改革与发展创新；第二章对乡村文化的特征表现、乡村文化的审美价值与美感要素、乡村文化与艺术的多元融合创新进行分析与讲解；第三章从乡村振兴战略的产生与理论依据、乡村振兴战略导向及其实施过程、乡村振兴战略规划与运营保障、乡村振兴战略下的乡村文化产业发展四个方面诠释乡村振兴的理论与战略；第四章是乡村文化产业发展及其体系构建，探讨乡村文化产业的发展路径、乡村文化建设的艺术驱动、乡村文化人才与产业建设、乡村振兴战略下中国优秀艺术体系构建；第五章解读乡村振兴战略下农村电商发展的现实基础，主要包括农村电商发展概述、农村电商发展及其面临的挑战、农村电商发展的新机遇与未来趋势；第六章探索乡村振兴战略下农村电商创新路径，主要包括农村居民消费升级与工业品下行流通、构建农产品市场化运作上行平台保障机制、农村电商精准扶贫模式及其路径重构、农村电商品牌建设推广以及平台集成整合、积极完善地方政策和人才培养体系。

本书从理论与实践相结合的视角，探究中国乡村文化艺术与乡村振兴发展，针对乡村文化、电商、旅游等方面开展深度分析，并对中国乡村未来发展做进一步展望。

笔者在撰写本书的过程中，得到了许多专家、学者的帮助和指导，在此表示诚挚的谢意。由于笔者水平有限，加之时间仓促，书中所涉及的内容难免有疏漏之处，希望各位读者多提宝贵意见，以便笔者进一步修改，使之更加完善。

刘艳蓉

2020年4月

目 录

Contents

第四章　乡村文化产业发展及其体系构建

第五章　乡村振兴战略下农村电商发展的现实基础

第六章　乡村振兴战略下农村电商创新路径探索

参考文献

第一章

乡村文化建设及其改革创新

随着市场经济的快速发展，城市化进程的不断推进，承载着中华民族文化的乡村文化，受到城市文化与流行文化的巨大冲击。立足新时代的发展需要，乡村文化对于实现乡村振兴，传承优秀中华文化，坚定文化自信有着深远的历史和现实意义。本章重点探讨传统乡村文化、当代乡村文化建设以及乡村文化的改革与发展创新。

第一节　传统乡村文化

一、乡村认知

乡，其实就是老百姓春种秋收的区域，也是远离城市的地方。

一般来讲，乡村是一个动态、历史的概念。从全球乡村发展来看，乡村发展总共分为五个历史阶段，包括原始型乡村、古代型乡村、近代型乡村、现代型乡村和未来型乡村。

再看我国乡村发展阶段，当前我国城镇化和逆城镇化同时存在，乡村正处在从近代型乡村向现代型乡村过渡的时期。因为近年来城市环境的不断恶化，加之城市的高房价和快节奏生活的影响，城市居民越来越喜欢在乡村居住生存或者度假。

近十年来，乡村已经发生了天翻地覆的变化。过去的乡村在大多数人眼中代表着荒凉、愚昧、落后。而现如今，在国家政策和资金的大力支持下，返乡成为新浪潮，乡村企业、农业合作社以及返乡创业的实体经济都取得了较好的发展，乡村面貌已经焕然一新。

现如今，乡村早已经不再是荒凉且偏僻、落后且贫困，比如福建和江浙地区的一些村庄早已是山清水秀，农民丰衣足食、生活富裕。

二、传统乡村文化基本内容

中国是古代农业发源地之一。原始社会时代，母系氏族盛行，中国有很多不同的部落和氏族。在北方大地中，中部地区炎帝族和西北部地区的黄帝族是当时的大氏族。《易经》《史记》和《淮南子》等文献中都对炎帝神农氏发明的耒耜和五谷进行了记载。另外，中国南北各地新石器时代考古发掘表明，中国的原始农业不是起源于一地，而是呈多中心的发展。黄河和长江流域是主要聚集区。

黄河流域的原始农业主要种植以粟为代表的农作物。在黄河中游和汉水上游都发现了古代农业文化的遗迹，主要有河北武安磁山文化和河南郑州裴李岗文化等。这两个古代文化在历史发展中演变成河南渑池仰韶文化，从北到长城沿线的河套平原和南到湖北西北部地区，西到甘肃和青海一带，东到河南以东地区。山东章丘龙山文化是新石器晚期黄河中下游的代表文化。

长江流域的原始农业主要种植以水稻为代表的农作物。在长江下游地区发现了古代农业文明的遗迹。河姆渡文化是长江流域最出名的文化，是中国最早种植水稻的地区，是出土碳化稻谷最多的遗址；位于太湖区域的马家浜文化、良渚文化、崧泽文化共同构成系列稻作文化；位于长江中游的四川巫山地区在新石器时代以大溪文化最为出名，排名第二的是湖北京山屈家岭文化，其发展离不开大溪文化。

中国早期农业条件相对较差，生产工具还不够先进。通过各地出土的遗址文物可以看出，当时主要是利用磨制石器工具为主，骨头、动物角、木头、蚌壳等也十分盛行，主要有以下形式：石质斧头主要用于平整和清理土地，必要时还用于砍伐树木；石耜、骨耜、石铲主要用于耕地和松土；石刀、蚌刀、石镰、蚌镰、骨镰主要进行收割。除此之外，石磨盘、石臼等日常生产工具也很常见。

古代农业生产受到自然环境的严格控制，生产水平低。进入新石器时代以后，采集业和打鱼、狩猎是主要的生产途径，尽管当时已经开始种植业和饲养业。新石器时代晚期，农业发展已经趋于成熟，人类实现了定居，但采集业和打鱼、狩猎地位依旧比较重要。这时的土地资源和生产资源都是归氏族所有，是一种集体经济、平均分配的生活生产方式。

锄耕农业的发展改变了母系社会结构，开始演变成父系社会。剩余产品的出现标志着传统氏族公社的瓦解。在夏朝、商朝和西周，农业生产力获得较大发展，出现了青铜铸造的生产工具，这种工具数量极少，同时该时代还以木头、石头制造工具，并出现锸、铲、镰、锤等新型工具，丰富了工具类型。

农具的发展也改变了传统的土地制度。西周开始实行井田制，土地归国家所有，国王通过分封制将土地封赏给各族队，并按照“井”字分为九个区域，中央是公田，其他八个区是私田。公田由旁边的八个私田助耕，土地上的收成都要缴纳给统治者。由于井田之间有完整的排水沟洫系统，因此也被称为沟洫农业。

史前阶段，人们的生活非常简单，以至于活动地域不是很稳定，居住场所也是随机而动。自采集和渔猎社会阶段开始，人类的生存居住场所环境逐步向好，或是依水居住，抑或是穴居；为了方便女子采集和男子狩猎，人类将居所建在低山林区，因为这里森林茂盛。受限于当时的低生产力水平，人类的食物来源只能依靠大自然，或是天然草根、树果，或是飞禽走兽等，但一定面积区域能够供人类食用的物品有限，所以人类只能分散而居。此外，某些食物有一定的地域性或季节性，所以人类的原始居住地也是临时的、动态的。

住有所居是人类的一项基本生活需求。人类的原始目的是遮风避雨、遮寒避暑，防范疾病和野兽，求得更加安全、更加便利的生活。此后，畜牧业与农业逐渐分离，就出现了聚落或是乡村聚落，是人类为了从事农耕生产活动而固定下来的居住点，也就是现在所说的“乡村”。乡村是基于农业生产生活，以农业生活为主要活动内容的居民聚居区。其是伴随着社会生产力的发展而逐步出现的，也就是生产方式从采集生产过渡到农耕生产后，人类有了居有定所的需求以后才产生的。

乡村聚落的集中或是分散受以下因素影响：主要是自然环境、农业生产方式、文化背景和传统风俗习惯。简单来讲，平原面积大则聚落较为集中，反之则聚落分散；水源丰富则聚落较为集中，反之则聚落分散；气候环境良好则聚落集中，反之则聚落分散。所以，中国南北方具有明显差异。在南方地区，由于水源充足均为水田，农耕面积较小，不管是灌溉、施肥还是耕种和收获，都在居所附近进行，分散而居最为便利；而在北方，人们多群居，宗族繁盛，便于防范危险，群居地区很多都是同姓，因此北方地区有很多诸如李家庄、刘家村、赵家屯等以姓氏命名的村落。这些因素使得中国乡村聚落具有很大的差异性，不同地区的聚落在规模、房屋结构、布局等方面都有所不同：南方房屋多为斜顶且无院落，房屋周围不是菜地就是农田，而北方房屋多是平顶且有院落；南方聚落主要为中小型且密度较大，而北方聚落为较大型且密度相对较小；北方都是团状聚落，而南方带状聚落和团状聚落兼而有之。

三、中国传统乡村文化的表现形式

文化不是生硬的概念，而是活生生地存在于生活当中。中国乡村文化在表现形态上非常丰富，而且在不同地区、不同历史时期也各有特色。饮食、服饰、建筑、家庭婚姻、节日、民间文学、歌舞、戏曲、美术、工艺等，均有很高的文化价值。本节所叙述的乡村文化形态，以汉族乡村为主。

（一）乡村传统饮食文化

饮食，是极为重要的事。这是人类生存和发展的重要基础，也是人类改造身体素质的有效途径。饮食文化指人类从饮食实践中得到关于食品来源和食品生产等领域反馈出来的一种意识形态的总称。在汉族农村，主要是以粮食作物为主食，动植物制品为副食的饮食方式，并在长期的社会发展中形成一天吃三顿饭的习惯。乡村饮食搭配具有相似性，也具有差异性，主要是由不同的地理条件、气候条件、经济发展状况等共同决定的。

1.主食

乡村主食主要有米食和面食两种，采用何种主食主要看当地种植的作物是稻类农作物还是小麦农作物，稻类农作物以米食为主，小麦农作物以面食为主。除此之外，部分地区以高粱、玉米、薯类作物等杂粮为主食。汉族主食的制作方法丰富多彩，米面制品不少于数百种。现在，中国东南方仍以米食为主，大米制品种类繁多，如米饭、米糕、米粥、米团、米面、糍饭、汤圆、粽子等；东北、西北、华北则以面食为主，馒头、包子、面条、烙饼、馅饼、饺子等都是人们所喜爱的食物，其他如山东煎饼，陕西锅盔，山西刀削面，西北、华北抻面，四川担担面，江苏过桥面等都是有名的面制风味食品。

2.菜肴

乡村菜肴有很多种类，也受很多方面因素的影响。其一，不同地区原材料不同，各具特色。比如，北方地区山林中的各种野味，广东地区的蛇宴蛇餐，东部沿海地区的各种海鲜海味。其二，不同的口味和生活环境也会对菜肴的类型产生影响。“东酸西辣”“南甜北咸”是人们通俗意义上对菜品口味的大致概括，尽管并不完全实际，但也在一定意义上体现出地域影响下的口味差别。其三，不同地域的烹调方式，包含调味、配料、火候、刀工、烹调技术等不同，造成了各地菜肴的不同。各种具有地域特色的民间菜肴口味在发展中慢慢形成独特的地域菜肴种类，最终发展出具有代表性的四大菜系，即川菜、粤菜、苏菜、鲁菜，四大菜系将多样化的汉族饮食发扬光大。

3.饮料

茶文化和酒文化在我国已有悠久的历史，也是长久以来乡村饮食中的重要组成部分。中国是茶叶之乡，也是最早拥有酿造技术的国家之一。

中国的制酒技术种类繁多，历史悠久，多种名酒驰名世界。黄酒就是世界上历史最为久远的一种酒类，由中国人始创于商周时期，距今已有三千多年历史，采取酒曲复式发酵法制造。宋朝时期，中国人还发明了蒸馏法酿造白酒。宋朝人民生活中关于酒的真实描述就是“杯小乾坤大，壶中日月长”。

一直以来，汉族品茶、爱茶，农民喝茶就是为了解渴、解乏，放松劳动过后紧张的神经。

4.饮食中的信仰、禁忌

乡村地区正月初一、初二、初三有忌生风俗，所有事物要在年前煮熟，这三天时间只需加热即可，人们认为熟的事物能带来顺利，生的食物会带来不好的东西。所以，在有些地方，过年之前需要将所有东西准备好，在这三天之内也不允许动用刀具。

（二）乡村传统建筑文化

乡村的建筑，不仅包括人们熟知的民居，即住宅，还有戏楼、牌坊等类型的建筑。

1.民居文化

汉族地区民居主要是规整的住宅形式，一般是中轴对称结构布局，北京四合院是最具代表性的建筑。1986年4月—1991年4月中国发行了《中国民居》邮票，3组共计21枚。从西北青藏高原到东南的台湾半岛，从东北到江南，对各种不同的民居形式都进行了展示。民居风格和样式受到当地气候条件和经济发展状况的影响，具有很强的差异性，主要有以下不同形状：三合院、四合院、三四合院结合、圆形、环形、横长形、纵长形、曲尺形、窑洞九大类。

2.戏楼文化

戏楼又叫戏台，是供演戏用的建筑，是中国传统戏曲舞台，具有多种类型。在不同的历史发展时期，戏楼展现出不同的特点、规模和样式。最早的演出场地是广场、大厅、露天舞台等。随着时代发展，庙宇、茶楼、戏园和剧场等发展了起来，更出现了流动性戏台，能够随时进行移动。这些戏台遍布乡村和城市各个角落，在平原和山区也都十分常见，只要有人的地方就能够看到不同规模、不同样式、不同档次的戏楼。戏楼一般三面敞开，一面留作后台，舞台台面空间简单，但外延空间较大。

3.牌坊文化

牌坊是古代官方的称呼，乡村俗称它为牌楼。据考察分析，牌坊在周朝的时候就已经存在了。牌坊是对古代门的一种称呼。在唐朝，里坊制盛行，城市内部是按照棋盘式的纵横交错划分居民区，即“坊”。“坊”是居民区的基本单位，两个“坊”是通过墙进行隔断，在墙中有一个门，方便人穿行，即所谓的坊门；随着社会发展，这种门的作用逐渐消失，演变成现在的坊门，也就是“牌坊”。

牌坊在建筑样式和风格上分为南派和北派。南派牌坊具有精致秀丽的特色，特别是在安徽、苏州、广西地区，具有女性化的精致牌坊；北派牌坊受到皇家贵族的影响，多为庄重的宫廷建筑。从材质上可以将牌坊分为：木枋、石坊、砖坊等；从名称上则有忠正牌坊、孝子牌坊、贞节牌坊、功德牌坊、寺庙牌坊、纪念追思牌坊、文庙武庙牌坊等不同名称。这种牌坊主要是对一些人或者事物的赞扬和对后世的一种鼓励以及作为地标性建筑。立牌坊是神圣而庄重的事情，是具有特殊代表意义的事件。在牌坊上一般通过雕刻彩绘图案和花纹，表现牌坊的地位和价值。

（三）乡村传统节日文化

传统节日是指一年中依照农业生产不同的节气和时令，在村中形成的集会、宴聚、娱乐等活动习俗。

1.春节

中国农历年的岁首称为春节。春节是中国人民最隆重的传统节日，象征团结、兴旺，是对未来寄托新希望的佳节。据记载，中国人民过春节已有四千多年的历史，相传是由虞舜兴起的。舜即天子位，人们把这一天当作岁首，即正月初一。这是中国阴历的新年，也被称为“春节”，这个月份也被称为“正月”。

在秦朝，秦始皇统一六国后将十月定为正月，这个用法延续到汉朝初期。到汉武帝时期，汉武帝命人发明了“太阳历”，开始将农历正月定位为每年的开端。因此，每年正月初一这一天就是一年的第一天，称为“元日”。这个“太阳历”在中国沿用了2080年，到清朝末年才被废除。

不同朝代对春节有不同的称呼。秦朝将春节称为“上日”“改岁”，汉朝将其称为“三朝”“岁旦”“正日”，魏晋南北朝称其为“元日”“元首”，在唐宋时期称为“元旦”“新元”。随着历史的发展，清朝时期，“元旦”开始使用。孙中山于1912年宣布中国采用世界通用公历，并将公元1912年1月1日定为民国元年1月1日，这一天称为新年，而非元旦。1949年，中国人民政治协商会议第一届全体会议首次将世界通用的公用元年在中国正式使用，确定每年1月1日是“元旦”，农历正月初一正式改称“春节”。

2.元宵节

农历正月十五日是元宵节。在古代，正月是农历元月，夜为宵，因此正月十五称为“元宵节”。这一天是一年中的第一次满月，象征着一元的开始，春回大地，是值得庆祝的日子，也是春节庆贺的延续。因此，元宵节也被称为“上元节”。

元宵节的传统是家家户户挂灯笼进行庆祝。按照传统习俗，这一天人们张灯结彩、吃元宵、一家团聚、出门赏月等。因此，元宵节也称为灯节。燃灯的习俗源于汉朝，在唐朝盛行。在唐朝诗人卢照邻的《十五夜观灯》中可以感受到当时元宵节的盛况——“接汉疑星落，依楼似月悬”；宋朝的元宵节赏灯活动一般会持续5天，十分热闹；明代的元宵节最长，达10天；清代赏灯活动为3天，除了赏灯外还燃放烟花。

3.清明节

二十四节气是客观节气和气候的反应，以此指导农民的农事活动。清明是二十四节气之一，又是一个传统节日，这种节日风俗具有纪念意义。清明节是重要的祭祀节日，家家户户都要归家祭祖。扫墓也称上坟，是对死者的一种哀悼活动。汉族人一般都是清明节扫墓，部分少数民族有自己的祭祀节日。在扫墓时，要带上食品、酒、纸钱等，并进行叩拜仪式。

清明节也叫踏青节，一般是每年阳历的4月4日到4月6日，是春光明媚的日子，也是春游的最佳时期，古人一般在这天外出踏青和进行体育活动。踏青又称探春、踏春或寻春，是古代一项优雅的习俗，延续至今演变成春游。在这天，人们会外出欣赏大自然风光，感受绿意盎然。

4.端午节

农历五月初五是端午节，这是一个中国最古老的传统节日，也被称为端阳节等。端午节距今已有两千多年的历史，中国地域辽阔，民族多样，不同地区有着不同的传说，所以也有了不同的端午节别称和习俗。

端午节主要有以下习俗：已出嫁的女儿端午节要回娘家、赛龙舟、挂艾草、荡秋千、喝雄黄酒、包粽子等。随着时代发展，如赛龙舟在现代已经是国际性的体育赛事，受到全世界人们的欢迎。

5.七夕节

农历七月初七是七夕节，这一天气候温暖，到处鸟语花香，也被称为“乞巧节”或“女儿节”，是中国传统节日中有关爱情的节日，也是女孩子最为看重的节日。这一天，银河闪现并伴随繁星闪烁，在银河两边各有两颗相望的善良星星，这就是牛郎星和织女星。七夕时，民间活动是看牛郎星和织女星。女孩子们在这个充满浪漫气息的晚上，对着天空的朗朗明月，摆上时令瓜果，乞求天上的女神能赋予她们聪慧的心灵和灵巧的双手，让自己的针织女工技法娴熟，并帮助她们觅得良缘。在古代，婚姻是一个女人的终身大事，所以，古代男女在七夕当晚都会对着天上的牛郎星和织女星祈求美满的姻缘。

6.中秋节

农历八月十五是中秋节，是中国传统的节日。这是秋季的中间时段，因此称中秋。在中国农历中一年可以分为四个季节，季节又细分为孟、仲、季三个不同时期，中秋正处于仲秋。中秋节这一天的月亮是一年中最圆、最亮的，因此也被称为“月夕”“八月节”。当人们仰天望着明亮的圆月时，心里会生出和家人团聚的期盼，特别是在外的游子，更要借助月亮表达对家乡和对亲人的思念。所以，中秋也称“团圆节”。

7.重阳节

重阳节是中国又一古老节日，为每年农历九月初九。在《易经》中“九”代表阳数，九月初九是双阳，因此也称重阳或重九。重阳节的活动主要有：登高远眺、插茱萸、赏菊花、喝菊花酒等。九九和“久久”谐音，九是最大的数，象征着长寿，加上秋天的金黄色和丰收，形成寓意深远、具有特殊意义的节日，唐宋诗人和词人有很多关于重阳和菊花的作品。

重阳节发展至今具有时代意义，中国在1989年首次将九月九日与重阳节进行巧妙创新，形成老人节。老人们通过秋游、登高等亲近自然的方式过节，晚辈也会为老人准备节日饮食等。

8.冬至

冬至是中国的一个节气，也是一个传统的节日。冬至又称“冬节”“亚岁”“长至节”等。在距今2500多年前的春秋时代，冬至这个节气已被发明。现在的冬至一般是每年阳历的12月21日—23日之间。在这一天，北半球昼极短夜极长，过了这天，白天开始变长。古代人这样描述冬至：“阴极之至，阳气始生，日南至，日短之至，日影长之至，故曰‘冬至’。”

（四）乡村传统文学文化

民间文学是指广大人民用自己最熟悉的传统民间形式创作和流传的作品，具有直接人民性和口头性、流传变异性、传统性、集体性、立体性等特征。它产生、传播在广大乡村和农民中间，按照体裁可以归结为三大类：一类是民间故事，包括传说、生活故事、寓言、童话、笑话等散文作品；一类是民间诗歌，包括民歌、歌谣、谚语、民间长诗、绕口令、谜语等韵文作品；一类是民间曲艺和民间戏曲，这是带有职业性的民间文艺，包括民间小戏和曲艺。曲艺又包括评书、鼓词、弹词、快板、快书、相声等说唱文学形式。

1.关于传说

在乡村，有许多关于农民起义英雄的传说。陈胜、吴广的传说已经成为《史记》的素材。关于黄巢、宋江、方腊、李自成等起义的传说广泛流传。还有许多表现美好人性和生活理想的传说。如《牛郎织女》叙述了这样一则故事：牛郎只有一头老牛、一张犁，他每天天刚亮就下地耕田，回家后还要自己做饭洗衣，日子过得十分辛苦。谁料有一天，奇迹发生了。牛郎干完活回到家，一进家门，就看见屋子里被打扫得干干净净，衣服被洗得清清爽爽，桌子上还摆着热腾腾、香喷喷的饭菜。原来是一位美若天仙的姑娘做的。后来，他们结为夫妻，男耕女织，生活得很美满，生了一儿一女。突然一天乌云密布，狂风大作，雷电交加，织女不见了，两个孩子哭个不停，牛郎急得不知如何是好。那头老牛突然开口说："别难过你把我杀了，把我的皮披上，再编两个箩筐装着两个孩子，就可以上天宫去找织女了。"牛郎说什么也不愿意这样对待这个陪伴了自己数十年的伙伴，但拗不过它，又没有别的办法，只得忍着痛、含着泪按照它的话去做了。牛郎牵着两个孩子赶紧去追织女，王母娘娘情急之下拔出头上的金簪一划，在他们中间划出了一道宽宽的银河。从此，牛郎和织女只能站在银河的两端，遥遥相望。而到了每年农历的七月初七，就会有成千上万的喜鹊飞来，在银河上架起一座长长的鹊桥，让牛郎织女一家再次团聚。①

2.关于寓言

寓言就是哲理故事。寓言一般篇幅较短，情节单纯，描写线条较粗，富有哲理性。如《拔苗助长》《朝三暮四》《愚公移山》《亡羊补牢》《掩耳盗铃》《寒号鸟》《画蛇添足》《狐假虎威》《鹬蚌相争》《塞翁失马》等。《朝三暮四》讲的是这样一则故事：宋国有一个养猴子的人名叫狙公，喜欢猴子，他家养了一大群猴子，养猴子的人能理解猴子们的心意，猴子们也能够得到狙公的欢心。他宁可减少全家的食用，也要满足猕猴的欲望。然而过了不久，家里缺乏口粮了，他将要限制猴子们吃栗子的数量，但又怕猴子不顺从自己，就先欺骗猴子说："给你们的栗子，早上三个，晚上四个，足够吗？"猴子们一听，都站了起来，十分恼怒。过了一会儿，他又说："给你们的栗子，早上四个，晚上三个，这下足够了吧？"猴子们一听，一个个都趴在地上，非常高兴。这个故事揭露的是狙公愚弄猴子的骗术，其意义是告诫人们要注重实际，防止被花言巧语所蒙骗。

3.关于童话

童话是流传于民间的儿童故事，富于幻想、内容单纯直白、人物善恶分明、情节曲折起伏，引人入胜。有动物故事，如《狐狸、猴子、兔子和马》：狐狸在树林里很不得人心，可是谁也想不出个办法惩罚它一下。林子里有一只猴子，想出一个办法。它想好了，心里憋不住，就把它的办法告诉了住在树下草窝里的兔子。兔子一听，直眨眼睛。猴子见它眨眼，知道它不大相信，就说："走!我这就去找狐狸，你在那边山头上瞧着吧!"猴子找到狐狸，晃了晃脑袋，说："狐狸大哥！你知道世界上什么东西最好吃吗？"狐狸一听"好吃"，就把耳朵竖起

① 王宝升 . 地域文化与乡村振兴设计 [M]. 长沙：湖南大学出版社，2018.

来了，说："这是个很有兴趣的问题。什么东西最好吃，你知道吗？"猴子说："我今天才听说，世界上最好吃的东西是马屁股上的肉。可是，就是很难吃到嘴里。要吃马屁股上的肉，必须先把自己的尾巴和马的尾巴牢牢地系在一起。"于是贪吃的狐狸去找马，马劳累了一天，正睡得很熟。狐狸蹑手蹑脚地走过去，悄悄地把自己的尾巴和马的尾巴系在一起，然后对准马屁股，狠狠地咬了一口。马正睡得又甜又香，忽然觉得屁股上痛得钻心，它立马蹦了起来，还没弄清楚是怎么回事，撒开腿就往前跑。马一跑，狐狸狠狠地摔了一下，它的尾巴紧紧地系在马尾巴上，一时又解不开，只好被马拖着在地上滚。猴子跟狐狸分手之后，并没有走多远，它在一棵树上看动静呢。一看狐狸被拖得这样狼狈，就高兴得拍手打掌，两腿直跳。一不小心，从树上摔了下来，把猴子的屁股跌得通红通红。兔子看见狐狸被拖，猴子摔跤，在山顶上哈哈大笑，由于笑得太猛，把嘴笑豁了。另外还有精灵故事，例如《狼外婆》。

4.关于歌谣

歌谣是人民口头创作的短篇韵文作品。可以唱的一般称为歌，只说不唱的叫谣。明清时代各族人民创造了种种不同形式的民歌，例如北京郊区的"插秧歌""桔埠水歌"，四川邛州的"秧歌"，江南吴地的"山歌""棹歌"，湖南衡山的"采茶歌"，广东潮州的"秧歌"，南雄、长乐等地妇女中秋拜月时唱的"踏月歌""月歌"，广西壮族自治区的"痕花歌"，侗族的"琵琶歌"等。这些民歌由于地理环境、人民习俗、语言的不同，各有不同的风格与特色，而且都完美地反映了人民的思想感情，有着浓郁的生活气息。民歌大都是一些优美的抒情歌曲，如明代吴地山歌《月上》："约郎约到月上时，那了月上子山头弗见渠。咦!弗知奴处山低月上得早，咦!弗知郎处山高月上得迟。"再如侗族民歌《妹相思》："妹相思，妹有真心弟也知。蜘蛛结网三江口，水推不断是真丝。"

5.关于谚语

谚语是人民群众口头流传的固定的语句，它用简单通俗的话来反映深刻的道理。农民在生产生活过程中总结出来的有关农业天气的谚语非常多，很有价值。比如，"冬暖多瘟疫，夏冷不收田""春旱不算旱，秋旱减一半""立冬不起菜，必定要受害""人误地一时，地误人一年""伏日深耕田，赛过水浇园"等。再如，"好种出好苗，好葫芦结好瓢""浇不死的韭菜，旱不死的葱""阴坡地上羊粪，阳坡地上猪粪”“人勤地不懒，大囤圪堆小囤满”等。

6.关于长诗

长诗的主要成就体现在民族史诗上。最早的民族史诗保存在《诗经》“大雅”部分的《生民》《公刘》《绵》《皇矣》《大明》中，这些作品记载了一年中农事活动开始时，人们举行隆重的祈谷、籍田典礼，祈求上帝赐丰收，天子率诸侯象征性犁地等活动；《国风》中最长的一篇《七月》，则是全面深刻地反映农夫生活的优秀作品。从历史上看，中国少数民族史诗成就较大。藏族史诗《格萨尔王传》是一部至今还有行吟诗人口头传唱的、具有史诗原生态标本意义的、活着的史诗。它塑造了以格萨尔王为首的一群英雄人物同藏族人民一起勇敢机智地与邪恶势力进行斗争的形象。《格萨尔王传》篇幅宏大、情节奇特、语言优美、主题鲜明，它既保存着古代藏族吐蕃王朝与邻近部落、民族以及邻国之间发生战争的历史事实，同时记录了古代藏族人民长期积累下来的智慧和经验，艺术地再现了古代藏族社会生活的真实图景。

（五）乡村传统歌舞文化

由原始社会发展到阶级社会，中国有一个不同于西方的特点：西方原始氏族血缘组织的渐渐解体是随着阶级的出现而进行的；而中国却长期保存着这种组织的残余形式，并形成一种相对固定的乡村组织。与此同时，历代乡村里往往保存了从原始社会遗留下来的歌舞。《论语·乡党》说，孔子在每年“乡人傩”的时候，自己也恭恭敬敬穿起朝服去参加。这个“乡”，是指孔子出生的老家，也就是他的氏族所在地。这个“傩”，就是每年年三十所举行的逐鬼除疫的仪式。这种歌舞的特点是：农民在节日才演出；是业余的；是在广场或队伍行进中表演的；人们通常载歌载舞，装扮成人物来表演，但还没有构成完整的戏剧性故事；除歌舞外，还包括各种技巧表演，如踩高跷、武术、筋斗等。自宋以来，这种歌舞通称为“社火”。民间歌舞的主要形式有秧歌、地方戏曲、皮影戏等。

1.关于秧歌

秧歌是中国北方一种群众性较强的舞蹈类型，在不同地域有不同的舞蹈形式和称谓。乡村对秧歌的命名主要有两种：“高跷秧歌”和“地秧歌”，前者主要用踩跷形式进行表演；后者没有。现在人们所说的多为第二种形式——地秧歌。

秧歌在现代社会主要以团队形式出现，有的秧歌团队成员多达上百人；舞种有单人舞、双人舞、三人舞等形式。表演时，演员手上的道具主要有手绢、鼓、钱鞭等，伴奏乐器主要是锣鼓和唢呐。秧歌在全国各地有不同的形式和动作，具有较大的差异性，有的柔美，有的威武，具有独特的美感。

（1）河北昌黎地秧歌。昌黎地秧歌是河北省最具代表性的民间舞种之一，它反映了农业社会、乡村生活的部分特征和农民乐观诙谐的精神风貌；它最早产生于元代，主要分布在河北省昌黎、卢龙、抚宁、乐亭、滦县等地。昌黎地秧歌从形式到内容都有鲜明的个性，形式上分为排街秧歌和场子秧歌两种；内容上除“平秧歌”无固定情节外，大多是“秧歌出子”。昌黎地秧歌与当地的民间歌舞、小戏有密切联系，表现形式活泼、内容丰富，呈现出角色化、行当化（分“妞”“丑”“公子”几种）的艺术特征，对人物性格和情感表达具有意义，对动作的展现更加详细，这是河北昌黎地秧歌独特的优势所在。

（2）山东鼓子秧歌。山东鼓子秧歌是山东三大秧歌之一，主要分布在山东鲁北区域，起源于北宋时期，在清朝达到顶峰。传说在北宋，商河地区灾难频发，包公从河南过来赈灾过程中向当地人传授鼓子秧歌。人们为了纪念和表达对包公的感谢之情，会在过年过节的时候进行鼓子秧歌表演。这种风俗一直延续到现在。如今在商河地区，不论老人和小孩都会跳。

秧歌队伍中有伞头、鼓子、棒槌、腊花、丑角五种角色，表演风格迥异，韵味独特。现存鼓子秧歌主要分为“行程”和“跑场”两部分，“行程”是舞队在行进或进入场地前的舞蹈；“跑场”是表演的主体，又分不同角色表演“文场”和“武场”。鼓子秧歌表演所跑的场子队形极为丰富，有“牛鼻钳”“勾心梅”“一街二门”“六六大顺”“里四外八”“八条街”“四门斗”等百余种；歌舞者众多，组织严密，形式完整，舞技健美，气势磅礴，蕴藏深厚的历史文化内涵，富有浓郁的时代气息和鲜明的地方特色。中华人民共和国成立后，鼓子秧歌多次参加全国民间艺术大赛，屡获大奖。

（3）山东胶州秧歌。山东胶州秧歌是山东三大秧歌之一，主要分布在胶州市东小屯村，又称“扭断腰”“地秧歌”“耍秧歌”“跷秧歌”“三道弯”等。山东胶州秧歌起源于清朝时期，据清代宋观炜所作的《秧歌词》描述，当时胶州秧歌的舞蹈动作、行当名称、服装道具等与现在基本相同。

胶州秧歌有膏药客、翠花、扇女、小嫚、棒槌、鼓子等角色；基本动作主要有“翠花扭三步”“撇扇”“小扭”“棒花”“丑鼓八态”等；表演程序有“开场白”“跑场”“小戏”三部分；跑场队形有“十字梅”“四门斗”“两扇门”“正反挖心”“大摆队”“绳子头”等。

胶州秧歌中，女性舞蹈动作“抬重踩轻腰身飘，行走如同风摆柳”，富有韧性和曲线美，“扭断腰”“三道弯”为其代表动作；“棒槌”的动作清脆洒脱；“鼓子”的动作有“丑鼓八态”，韵味奇特，其音乐由打击乐、唢呐牌子、民间小调三大部分组成。中华人民共和国成立后，有关人员曾先后七次对胶州秧歌进行挖掘整理，现已将其编列为汉民族舞蹈教材之一。1996年，小屯村被文化部授予“中国民间艺术之乡”称号。

（4）山东海阳大秧歌。山东海阳大秧歌主要在黄海之滨、山东半岛南翼海阳市流行，也是山东三大秧歌之一。海阳大秧歌作为一种将歌、戏、舞完美融合的民间艺术形式，遍布海阳市多个乡镇，同时辐射至周围地区。海阳秧歌歌舞动作主要将跑和扭相结合，舞者边跑边扭，男性晃头颤步，换肩挥臂，有趣且爽朗；女性挽扇扭腰，抖肩上步，大方又活泼。

海阳大秧歌集结了全体海阳人民群众的创造精神和集体智慧，也体现出海阳乡村人民独具特色的性格特点和乐观的精神风貌。海阳市在1996年被文化部授予“中国民间艺术之乡”称号。①

（5）陕北秧歌。陕北秧歌是流行于黄土高原的一种传统舞蹈，又叫“闹秧歌”“闹红火”“闹阳歌”“闹社火”等，具有广泛的群众性，重在凸显陕北人民乐观、质朴、实在的性格特点，主要在延安、榆林、米脂、绥德等地流行，形式多种多样，历史十分悠久，内容丰富多彩。这些地区中，尤其属绥德秧歌最具代表性。

绥德，又被称为陕北秧歌中心，当地村庄将传统原始的秧歌表演方式、表演风格和礼俗流传至今，既保留着古代的“二十八宿老秧歌”“神会秧歌”，也更新着1942年后流行的新式秧歌。一般而言，秧歌表演既有数十人的，也有多至百人的。表演过程中，由伞头领演，表演者踩着鼓点，铿锵有力，伴随着高声嘹亮的唢呐声，做着或是摆、扭，或是走、跳、转的动作。

陕北秧歌吸收当地流传的水船、跑驴、高跷、狮子、踢场子等艺术元素。在传统的老秧歌、神会秧歌中，保留着“起场”“谒庙”“敬神”等祭祀礼俗，表演中还有拜门（又称沿门子）、搭彩门、踩大场、转九曲等活动。陕北秧歌根

① 孔祥智．乡村振兴的九个维度 [M]. 广州：广东人民出版社，2018.

据动作风格和内容，划分为“文场子”“武场子”“踢场子”“丑场子”等。其中，“踢场子”为表现男女爱情生活的双人舞，有多个高难度的舞蹈动作，需要展示“软腰”“二起脚”“三脚不落地”“龙爪穿云”“金鸡独立”“金钩倒挂”等技巧。陕北秧歌在1942年延安新秧歌运动中成为主角，被赋予新的精神风貌和时代内容，并随着革命形势的发展而传遍全国。

（6）辽宁抚顺地秧歌，又叫“鞑子秧歌”，是一种极具地域特色的民间舞蹈形式，由来已久，兼具民间性和民族性，主要在辽宁抚顺一带流传。抚顺地秧歌始于清朝初期，与满族先世的民间舞蹈紧密相关，一直流传至今。据史书记载，唐代的“踏锤”以及明代的“莽式”歌舞形式都对抚顺地秧歌有着直接影响。

抚顺地秧歌中人物装扮特色鲜明，“鞑子官”身着旗装，“克里吐”（俗称“外鞑子”）身穿皮袄，身上挎着串铃、狩猎和生活器物。其表演动作既有模仿满族人民传统生活状态的射箭、战斗、骑马等，也有模仿虎、熊、鹰等动物的动作，极具传统舞蹈元素。秧歌动作多种多样，跺、蹲、摆、颤、盘皆有，这些豪放有力的动作将八旗战斗和渔猎生活特色显露无遗，其伴奏采用满族萨满跳神的打击乐形式，演奏方式也是多样的，有“七棒”“快鼓点”“老三点”等，与汉族秧歌差别较大。

抚顺地秧歌自清朝一直流传至今，深受广大人民喜欢。不过，传统艺人数量逐渐减少，后继无人，表演环境也发生了极大的变化，定期的抚顺地秧歌活动已经很难进行，表演动作和走阵方式也在逐步简化。

2.关于地方戏

戏曲是中国传统戏剧的一种形式，是音乐、舞蹈、美术、文学、杂技等综合发展起来的文化。地方戏曲由来已久，兴起于原始社会，在社会和历史发展进程中进行创新和发展，形成完整的戏曲体系。尽管戏曲是由民间歌舞、戏曲、说唱演变而来，但主要还是通过音乐唱腔表达。这种唱腔的表现主要源于地区的民族音乐、语言、文化等，并结合当地音乐进行创新。

在不同的剧种中，人物角色分为生、旦、净、末、丑；戏曲表演方面利用的是流程性动作和虚拟的空间处理方式，对唱、做、念、打等艺术十分考究；表演极富舞蹈性，技术性很高。中国的地方戏种有：京剧、北方昆曲、评剧、北京曲剧、河北梆子（北京、天津、河北），豫剧、河南曲剧、河南花鼓戏(河南），晋剧、蒲剧、山西北路梆子、上党梆子（山西），吕剧、山东梆子、柳琴戏（山东），徽剧、黄梅戏、庐剧、泗洲戏、皖南花鼓戏、淮北花鼓戏（安徽），赣剧、南昌采茶戏、宜黄戏、九江青阳腔（江西)，沪剧、昆剧、锡剧、淮剧、扬剧、越剧、滑稽（上海、江苏），越剧、绍剧、婺剧、勇剧（浙江），汉剧、楚剧、花鼓戏（湖北），湘剧、祁剧、长河剧、花鼓戏、湘昆（湖南），秦腔、眉户剧、碗碗腔、延安秧歌剧（陕西），川剧、四川曲剧（四川），闽剧、莆仙戏、梨园戏、高甲戏、芗剧、潮剧（福建），粤剧、潮剧、广东汉剧、正字戏、西秦式、白字戏、雷剧、山歌剧、花朝戏、乐昌采茶戏（广东），桂剧、邕剧、广西采茶戏、壮剧（广西壮族自治区），琼剧(海南)，满族戏、二人转（内蒙古自治区），龙江剧、二人转（黑龙江)，吉剧、黄龙戏（吉林），二人转、辽南戏、凌源影调戏、阜新蒙古剧（辽宁），陇剧、安多藏戏（甘肃），青海平弦戏（青海），花儿剧（宁夏回族自治区），新疆曲子（新疆自治区），黔剧、贵州花灯戏、贵州梆子、安顺地戏、贵州侗剧、黔东傩戏（贵州），云南花灯戏、白剧、昆明曲剧、壮剧（云南），葳戏（西藏自治区），歌仔戏（中国台湾地区）。

3.关于皮影戏

皮影戏最早诞生在两千年前的西汉，流行于陕西地区，在唐宋时期已趋于成熟，并在清代极为盛行，随着历史的发展，逐渐流行于河北地区。皮影戏是一种皮革材料制品，一边对牛皮和驴皮进行加工，一边凸显皮革的透明性和固定性；颜色上一般有红、黄、青、绿、黑五种纯色。由于材质和颜料的特殊性，造就了皮革在背光情况下的透明效果和艺术美感。

皮影表演参考了戏曲部分，也分为生、旦、净、末、丑五个类别；人物结构上由头部、上半身、两只手臂、两只大腿、两只小腿等部件组成。表演的人通过人物的主杆和两根耍杆控制皮影动作。皮影设备一般都十分轻便，方便进行流动演出。不论是在大厅、剧场或者房间，只要有投影布和灯箱，便可以进行皮影表演。一般六个人的戏班可以演出四五十台皮影戏。由于这个特点，皮影戏为古代从军表演的主要形式，并广泛流行于民间。

皮影戏演出需要表演者具有高超的技艺，一个人要能够同时控制几个皮影，并和配乐保持一致的同时，考虑旁白和唱腔的加入，需要表演者通过师傅言传身教，自身付出努力，同时进行实战表演，积累经验。

皮影戏的题材源于历史故事、民间传授、武侠和矮星等领域，具有很多的剧本类型，如单本戏、连本戏和折子戏等。人们耳熟能详的皮影戏作品主要有《西游记》《封神榜》《白蛇传》《西厢记》《杨家将》《岳飞传》《秦香莲》等。这是一种在中国广泛流行的艺术形式，音乐风格根据不同地区对戏曲、民歌小调等进行融合和借鉴，形成非常多的流派。

在陕西、山西和河南地区，都有独具特色的皮影戏，曲牌上有秦腔、老腔、吹腔、弦板腔、阿官腔、南北道情、商路道情等十多种；表演时，在鼻哼余韵、和声接腔等唱法的配合下呈现悠扬动听的歌曲；河北、北京、东北、山东一带的皮影唱腔分别是在京剧、落子、大鼓、梆子和民间歌调中发展起来的，并形成自己的流派，具有凄哀的悲调、流畅的平调、华丽的花调等；唐滦地区的唱腔最为特殊，除了具有本地特色外，还融合了湘、鄂、苏、浙、闽等地的音乐特色。

（六）乡村工艺美术文化

乡村工艺美术，是农民艺人按照自己的生活习惯和审美视角，就地取材，以手工方式创作的工艺美术品。它是民间文化的乡土瑰宝，是劳动人民聪明才智的结晶，具有悠久的历史渊源和丰富的东方文化内涵。中国传统乡村工艺美术种类繁多，成就显著，包括剪纸、刺绣、石刻、脸谱、蜡雕、草编、粘贴艺术、灯彩、纸扎、艺术壁画、农民画等20多个种类。

1.剪纸

利用剪刀和纸完成的一种艺术，具有多种类型，如窗花、灯花等，一般在喜庆的节日或者结婚时都会在窗户、门、灯笼上贴上好看鲜艳的剪纸，营造浓厚的节庆氛围。乡村剪纸多由妇女完成。古代社会，这是一种每个女性都要掌握的手艺，成为评判新娘标准的一个重要指标。

剪纸有很多种表现方式，人们通过剪纸表达情感和寓意，借助吉祥的图案样式来辟邪保平安；宝宝、莲花、葫芦等都有祈福得子的寓意；不管是瓜果鱼虫还是家禽家畜这些与人民群众生活密切相关的内容，都是剪纸取材的重要来源。除了剪窗花外，剪纸也是一种极具实用性的民间艺术，可以制作很多东西，比如绣花用的花样和作为礼物送出的装饰品。

剪纸这门民间艺术极具地方特色，在不同地区具有明显不同的风格。河北蔚县和山西广灵剪纸加染色彩，艳丽、秀美又浓重；陕西窗花则风格豪放又朴实，简练且单纯；江苏南通剪纸玲珑又秀丽；南京剪纸粗中带巧，较为淳厚；宜兴剪纸工整且华丽；山东剪纸精致又细腻，一毫不苟；广东佛山剪纸手法多样、色彩丰富、装饰性较强。

尽管剪纸制作过程简单，造型简约单纯，但是涵盖了丰富的生活内涵和民俗文化，集结了多种民间艺术精华，显现出民间艺术的创作构思、形式特征和造型规律。

剪纸作为一种民俗文化艺术形式，其产生和流传与乡村的民俗习惯密不可分。比如，窗花、灯花和门笺都是逢年过节时贴挂的。在中国北方乡村，过年时节，家家户户都会在窗户上贴窗花，在窗前或门顶贴门笺；元宵佳节，晚上在灯笼表面贴上灯花；细花则是结婚时用来布置新房的，往往会张贴在家具或者生活器物上；顶棚花和墙花分别贴在屋顶和墙上用来装饰布置房间。总而言之，剪纸最主要的作用就是布置环境，以增强氛围。

2.刺绣

又名“针绣”，俗称“绣花”，以绣针引彩线（丝、绒、线），按设计的花样，在织物（丝绸、布帛）上刺缀运针，以绣迹构成纹样或文字；绣品可用于装饰生活服装、歌舞或戏曲服饰、台布、枕套、靠垫等生活日用品及屏风、壁挂等陈设品。刺绣在古代称“黹”“针黹”；后因刺绣多为妇女所作，故又名“女红”。

3.草编

草编是乡村广泛流行的一种手工艺品。它利用各地所产的草，就地取材，编成各种生活用品，如提篮、果盒、杯套、盆垫、帽子、拖鞋、枕、席等，既经济实用，又美观大方。有的利用事先染有各种彩色的草，编织各种图案；有的则编好后加印装饰纹样。草编主要品种有河北、河南、山东的麦草编，上海嘉定、广东高要、东莞的黄草编，浙江的金丝草编，湖南的龙须草编及我国台湾地区的草编等。

4.花灯

又叫“彩灯”，一般是在结婚、办寿或者传统节日等悬挂，烘托相应的氛围。据传，汉代时期有“元宵不禁夜”的说法，宫廷内外都张灯结彩庆祝，这种做法沿袭至今。每逢农历正月十五，人们纷纷悬挂红灯笼，营造喜庆的元宵假期气氛，寓意团圆美满。此后，灯笼在中国人心中便象征着喜庆。经历了历代花灯手艺人的发展继承后，灯彩制作技艺更加高超，品类也更加丰富。

从种类上分，灯彩有纱灯、吊灯、宫灯等；从造型上分，有花鸟、鱼虫、人物、龙凤等；此外，还有走马灯，是人们用来赏玩的。中国灯彩艺术结合了剪纸、刺缝、绘画、纸扎等技术，以各地生产的兽角、绫绢、金属、木、竹、麦秆、藤等为原材料；在这些灯彩中，尤属纱灯和宫灯最有名。

5.纸扎

纸扎渊源于古代民间祀祭活动，之后逐渐成为庆祝节日使用的一种装饰艺术。明清时遍及城乡，每逢节日或喜庆之际，民间艺人则充分施展其技艺，扎制成诙谐的“老鼠攀葡萄灯”，喜得贵子的“麒麟灯”，望子健康的“鸭（压）子灯”，祝贺新婚的“鸳鸯灯”，祈求丰收的“金鱼灯”……这些色泽艳丽、造型拙朴、寓意明快的纸扎品，均取竹、木、线、纸为主要材料；以竹、木为骨架，以线团固定住主要部位，糊彩纸以装饰，为喜庆欢快的活动平添几分色彩，或为哀丧、祀祭场面蒙上一层神秘面纱。

6.风筝

在古代，风筝叫“鹞”，北方称之为“鸢”。风筝的形状多种多样，都是模仿自然生灵，如昆虫、动物、雀鸟等，也可能是立体几何等；风筝的图案都是根据个人爱好制定，比如宣传标志、蝴蝶、飞鸟、动物等；风筝的材料有纸张、塑胶材料和丝绢；骨干则是用木料、胶棒和竹篾制成。

放风筝是一种民俗习惯，也是一种群众自发性的娱乐项目，不管是城镇还是乡村都是一项很广泛、很深入的群体性体育活动，既能帮助人民锻炼身体，又能陶冶心灵。

（七）乡村方言文化

语言既是人们交流的方式手段，也是人们思维的特殊载体。中国地广无垠，除了日常交流使用的普通话，人们还会用方言沟通。中国地方方言分布广泛，研究者将其分为七大方言。

1.北方方言

北方方言是现代汉民族共同语的基础方言，以北京话为代表，内部一致性较强。

2.吴方言

在江苏南部、浙江绝大部分、上海和安徽南部部分地区使用，使用人数为全国总人口的8.4%。

3.客家方言

在中国南方的客家人中广泛使用，主要分布于广东东部及北部、福建西部、江西南部、广西东南部、中国台湾地区、四川等地，以梅县话为代表。

4.闽方言

在中国福建、中国台湾地区、海南以及菲律宾和东南亚一些国家和地区使用。由于闽语的内部分歧比较大，通常分为闽北方言、闽东方言（以福州话为代表）、莆仙方言、闽中方言和闽南方言（以厦门话或台湾通行腔为代表）。

5.粤方言

以广州话为代表，主要使用于广东省、广西壮族自治区、中国香港地区、中国澳门地区和海外华人。粤语声调非常复杂，共有9个声调。使用粤语的人口占汉族总人口的 5%。

6.湘方言

在湖南使用，以长沙话（新）及娄邵片（老）为代表，使用者占全国总人口的 5%。通常被分为老和新两类，新湘语更接近于北方话，包括长沙话、岳阳话、益阳话、株洲话、湘潭话等；老湘语包括衡阳话、湘乡话、邵阳话等。

7.赣方言

以南昌话为代表，主要用于江西大部、湖南靠近江西一侧的部分地区，如浏阳、平江、茶陵等地。

乡村文化记载着乡村文明的发展历程，是社会学、民俗学、文化人类学，尤其是艺术学的重要研究内容；既有科技内涵又有民俗内涵，此外，还包含着丰富的历史价值、文化价值和与众不同的艺术理念；是现代精神文明的发源，也是传统文化的载体；发掘、整理、记录、研究和继承乡村文化，不但使传统文化更加充实，还能大力发扬民族文化，有效增强民族自信心，加快经济、文化发展速度。

发展和建设乡村文化，首当其冲的就是继承传统文化活动，同时创新发展；要紧密结合群众日常生活，在集市、农闲时节或者节日之际，合理组织灯会、文艺演出、赛歌会、花会以及劳动技能比赛等文娱活动，结合地方特色，发挥文化资源优势，拓展延伸文化相关产业，使得文化产业有效助力乡村经济发展；要将农民脱贫致富奔小康目标放在首位，提倡人民群众学知识、学技能、读书看报，用文化武装头脑，灌输实用先进的农技知识和医疗卫生、保健常识；要通过创建文明户、文明村镇的方式，指导农民群众走近科学，远离迷信，自觉抵御落后文化，去除不良风俗，增长科学文化知识的同时提升其道德水准，让健康文明的生活方式成为潮流，让崇尚科学蔚然成风。

第二节　乡村文化的改革与发展创新

我国在推进全面小康社会的进程中，将促进乡村建设的相关工作视为社会发展目标之一，在政府的积极号召下，该工作也在一定程度上取得了一些成果，但是由于乡村发展的弊端依旧存在，很多实际性问题需要进一步完善，而这也对政府有关部门的相关工作提出了相应要求，即政府必须针对乡村发展的实际情况调整发展战略，从而解决乡村发展中出现的一系列问题，推动乡村进一步发展，最终实现全面小康社会建设。

一、乡村文化发展中存在的问题

乡村发展问题一直以来就是我国民生发展的重要问题，党和政府十分重视该部分的相关工作，也正是因为党和政府聚焦基层民生问题，我国乡村各方面的建设工作才能实现纵深化发展。目前，我国社会矛盾逐渐发生转变，随之而来的就是乡村文化发展方式的革新。这就要求有关部门基于乡村发展实情，重新构建推动乡村综合发展的制度体系，从而推动乡村文化的继承与创新，推动乡村全方位发展。

（一）淡薄的氛围

探究乡村文化的失语，首要的便是从乡村文化传承与发展的环境氛围出发，具体概述如下：

首先，乡村文化共生空间遭到压缩。中国传统村落正在以每年递减9万个的速度加速消亡，这意味着乡村文化的物质载体正在剥落。此外，随着农民生活质量的提升和乡村旅游的推广，古村落、历史名宅、祭祀庙宇等各类场合大拆大改的乱象时有发生，古色古香的人文气息消弭殆尽，大批乡村文化景观或转眼间改建为整齐划一的现代建筑。农民失去了原生态的活动空间，依存于这一空间的地缘、血缘、公共精神将随之衰弱，村社共同体面临逐渐解体的境遇。

其次，乡村文化资源特色消失。乡村文化资源以其独有的地域优势、景观特色和存在方式彰显着乡村社会的多元属性。历史遗留的宝贵财富如不予以保护，终将残存在时代的印记里。在现代乡村，传统手工技艺如剪纸、面人、雕花、木刻、编织等被认为是过去的文化，即使耗时耗力做出来也鲜有人问津；传统民俗活动如地方戏、庙会、皮影、秧歌、舞狮等也越来越罕见；传统节日庆典的祝贺程度已不及往日，甚至连祖辈流传的特定仪式都变得轻描淡写，本土文化活动的渲染氛围日益淡薄。

最后，乡村文化代际传承障碍明显。现代教育及大众传媒的普及拓宽了农民的视野，旧式乡村文化站、电影院、广播站、书店等已经黯然失色。农民的生活圈子大都转向了私人领域，而且不难发现，就算在当下风靡全国的广场舞活动中，参与者多以中老年人为主，大部分年轻人基本不为所动。久而久之，便会产生所谓的“文化代沟”，乡土氛围的感染力和影响力也会随之下降。[①]

（二）主体的缺位

青壮年是乡村发展的主要劳动力，但是由于经济的迅速发展，他们大都选择前往城市务工，使得乡村文化失去了主要继承者。随着青壮年在城市生活的时间越久，其思想受到城市文化的影响就越深，在一定程度上导致进城务工人员对乡村传统文化产生怀疑，甚至不再推崇乡村传统文化。除此之外，除去务工人员，还有很多年轻一代的、知识水平较高的乡村人，大都选择长期留在城市，寻求发展之道，这便意味着，个人价值的实现在一定程度上与乡村发展存在着相冲突的部分，随即衍生出了文化认同危机，并且开始大范围波及。

目前，乡村逐渐呈现出一种“人口空心化”的发展状态，即乡村人口主要以留守老人、儿童、妇女为主。在乡村以往的发展中，主持村庄各项事务的长辈对于乡村管理是心有余而力不足，但同时，乡村青壮年凭借着一技之长，逐渐在城市站稳了脚跟，而乡村文化发扬主体的长时间缺失，导致传统文化濒危，无法继续传承下去。

综上所述，这些问题都在一定程度上阻碍了乡村文化的进一步发展，也是乡村文化逐渐消亡的重要原因。

---

① 杨青友．推进乡村文化振兴的现实思考[J]．安徽农学通报，2018，24（19）：1-2+28.

乡村发展的强化之路，并不仅仅是增加农民的经济收入，还要推动乡村文化的进一步传播，从而全方位地推动乡村朝着现代化方向发展。人才资源是乡村发展的重要推动力之一，需要政府有关部门科学合理地配置该资源，强化乡村民众的综合教育工作，为乡村实现可持续性发展打造完备的人才支持体系。

（三）供需结构失衡

乡村社会形态的变迁对公共文化供给体系提出了越来越高的要求。从供给内容、供给主体和供给方式来看，当前文化供给服务仍不足以保障农民的精神诉求，供需结构在乡村文化的传承与发展中出现了严重失衡的局面。

从供给内容看，乡村基层政府机构常将主要精力投身于经济建设，而无暇顾及文化发展的战略性需要。这主要体现在乡村基础服务设施（如：文化站、广播站、图书阅览室等）陈旧老化，利用率低，维护效益差；公益文化活动（如：知识竞答大赛、露天电影、艺术团体演出等）缺乏新意，形式大于内容，一些低俗文化暗流涌动；乡村文化专项人才稀缺（如：舞蹈队、音乐团、戏曲协会等），许多大学生到基层服务也并非出于热爱乡土之心，缺乏稳定性和专业性；乡村文化建设经费投入不足，政府财政支出中的文化支出一直处于劣势地位，加上文化企业融资渠道单一，使得乡村文化经营项目发展阻碍重重。

从供给主体看，在中国广大乡村，政府依然是公共文化供给服务的主导者。文化产品的购置、文化活动的推广、文化信息的普及都在靠政府的财政资助加以维持。市场化的社会组织虽然能在一定程度上予以辅助，可其力量分散、导向性差、利益分明的缺点突出。据调查显示，农民在接受文化输入时，更青睐自发组织的文化供给活动，一帮人聚在一起下棋、跳舞、听戏成为他们向往的闲暇生活，而人员熟络、融入性强和时间自由则成为农民文化参与的选择依据。虽然这种自给自足的文化供给模式最能激发农民的参与热情，但实施难度也是极大的。所以，公共文化供给主体的单一性始终成为制约乡村文化可持续发展的重要因素。

从供给方式看，政府“自上而下”的填鸭式文化输出，多是基于行政决策和制度导向而展开，从上级对乡村公共文化需求的理解和偏好出发，提供实效性长、适用范围广的服务内容及形式，缺乏对农民精神需要的真实考量，也脱离了乡土地域的特殊性，常使得这类文化输入变为无根之木、无源之水，从而导致乡村文化供需脱节、农民文化参与自觉性与积极性不高、社会资源浪费等现象。

（四）创新能力不足

万众创新是我国目前经济发展的重要战略之一，也是推动乡村发展方式转型升级的重要举措。以我国当前乡村发展中出现的问题为基础，对该问题进行调研考察，打破局限于传统思想的发展格局，增强乡村文化与现代文明之间的联系，并且在实地考察的基础上，有针对性地提出相应的乡村发展计划，才能实现乡村的创新发展。

目前，由于乡村文化自身创新力度不够，且推动其创新的制度也不够完善，我国乡村文化的发展呈现出进退两难的状态。首先，自古以来，随着乡村的演变，其所沉淀的文化在很大程度上包含着一些负面内容，如封建迷信等。于是，遇到某些困难，某些人宁愿选择求神拜佛，也不愿意相信科学文化技术，主要原因在于乡村文化在继承与发展时，其内部筛选机制不够完善。其次，基于当前乡村发展的实际情况来看，乡村文化的继承缺少技术、人才以及资本等方面的支持，如果只是依靠农民自身推动乡村文化的发展，那么乡村文化就会局限于一个狭隘的思维体系中，无法实现推动乡村发展的重要任务。而当前，发展乡村文化最主要的就是发动青年一代的重大力量，为乡村文化发展融入新鲜血液，在推动乡村文化转型的同时，也促进乡村发展体系的革新。

在环境条件较为复杂的地区，如果要推动乡村文化的发展，就必须推动其发展体系革新，为乡村文化提供新的载体，激发乡村文化的内在活力，最终实现乡村文化的蓬勃发展。

二、乡村文化传承与发展的相关对策

乡村不仅仅是农民耕作生产的平台，还是环境条件较为复杂的地域空间。但是由于当前乡村社会的结构体系正在逐渐转型，而在其发展过程中，需要进一步升级该结构，使其被重塑，这就导致乡村传统文化失去了结构支撑，农民的情感价值判断失衡，乡村共同精神体的分崩离析，使得农民的思维情感无处安放。因此，在新时代，推动乡村发展就必须做好乡村文化的继承与发展，稳固乡村文化的结构体系，推动乡村进一步发展。

（一）乡村文化发展的正确方向

在乡村文化的进一步发展过程中，最为主要的任务就是坚持党和政府的正确领导，推动乡村文化朝着党和政府指引的方向不断发展，还要依据党和政府出台的相关战略决策，大力宣扬乡村文化的核心内容。同时，乡村文化的发展重点是文化项目工程建设，该工程是为了推动传统文化与现代工业文明相接洽，利用现代科技技术进一步推动乡村文化的发展。除此之外，建立完善的保障乡村文化发展的法制体系也是乡村建设工程中必不可少的步骤，只有构建完备的法律保障体系，才能够推动乡村规范化、合理化发展。

1.发挥社会主义核心价值观的导向作用

目前，我国对于文化发展的基调有一定的特定要求，且随着文化多样性趋势的逐渐加强，乡村文化发展拥有多种发展途径，如加快社会主义核心价值文化与乡村传统文化的融合，促使乡村文化利用乡村地域条件，进一步扩大形象范围，从而使得农民在文化理解的基础上，树立高度的文化自信和文化认同。以上，是“以文化人”等发展方式的有效实践。

文化多样性会对农民的文化价值判断产生了一定的影响，这是由现实文化选择多重性以及思维取向多元化造成的，且乡村传统文化的内容体系面临着被异化的风险。这就要求有关部门必须尽快将社会主义核心价值体系引入乡村文化发展建设的工作中，为乡村文化提供价值标准，指引乡村传统文化发展的方向，为乡村文化汲取优秀社会文化提供便利条件，促使有关部门在培育和发扬乡村文化的过程中，构建起理性层面的文化约束体系。以上举措说明，用社会主义核心价值文化带动乡村传统文化发展在一定程度上有利于推动乡村文化的精神面貌焕然一新。其主要有以下举措：

首先，打好社会主义核心价值文化的发展根基。社会主义核心价值体系是我国目前社会主义优秀文化发展的核心体系，且社会主义核心价值观引领着一代又一代的青年人投身社会主义各方面建设，而乡村文化的建设也是其中一方面，即社会主义核心价值文化必然会融入乡村传统文化的发展之中，使得农民对于自身的思维取向作出正确的选择和调整。譬如，通过引入科学技术，推动农业现代化的发展，在增加农民收入的同时，强化农民对于社会主义核心价值文化的理解和认同，为后续建设工作的开展奠定现实基础。

其次，整饬发展社会主义核心价值观的社会环境。有关部门开展乡村文明宣讲活动时，必须将社会主义核心价值观的相关内容作为活动的中心指导思想，以此推动乡村文化有选择、有侧重地发展，摒弃低俗落后的文化，弘扬邻里和睦等优秀传统文化，由此对农民价值取向形成一个正确引导。

最后，促使社会主义核心价值观的内容普适化。也就是说，在社会主义核心价值观融入乡村传统文化发展体系的过程中，价值观的内容能够普遍应用于不同地域环境之中，也可以说推动社会主义核心价值观朝着大众化方向发展。社会主义核心价值观的具体内容与乡村传统文化中的积极先进部分有着相同的文化内涵。同时，推动社会主义核心价值观融入乡村文明，也是促使农民乡村文化继承者的思想意识觉醒，使得农民自发地组织相关活动，推动乡村文化进一步发展。

2.乡村文化的传统性与现代性有机结合

无论是传统文化的发展还是现代文明的演进，都需要一定的推动力。同时推动文化发展的前提是该文化属性是积极的、先进的，这就要求有关部门区分如今多样化的文化。譬如，如果要实现本民族优秀文化的进一步发展，就必须有针对性地继承，即取其精华，去其糟粕，通过扬弃的方式区别对待周边的文化内容，从而保持本民族文化的先进性。

乡村文化的相关内涵在一定程度上呈现出传统与现代文明相互交织的特点，同时乡村文化一直以来都是中华本民族文化的一部分，因此，推动乡村文化中优秀文化的发展是历史赋予的使命。乡村文化的传统性，是其长久扎根在乡村的先决条件，但也正由于乡村传统文化所沉淀的内容太过复杂，为后续的文化发展带来了一定的挑战。因此，有关部门就需要协调好传统文化与现代文明之间的发展关系，整合乡村文化发展的优势条件，转变农民的思维方式，最终使得乡村文化得到进一步发展。

乡村文化在一定意义上是农民现实生活的精神内化，其积极、先进的部分体现着农民对于乡村生活的热爱。以乡村文化的传统性为例，乡村传统文化之所以能够得到长久保存和流传，是因为农民世代对其保护、传承，一定意义上来说，乡村传统文化就是农民生产生活的文化根基。因此，在开发乡村传统文化的过程中，必须保留其原有的积极文化属性，使得农民可以在新型乡村文化体系中寻找自身的精神慰藉。而以其现代性为例，乡村文化的发展必然要与当前市场发展相一致，依托经济产业的发展，推动文化产业链的形成，拓宽其传播途径，扩大其影响范围，使越来越多的人感受到乡村文化的独特魅力。

综上所述，只有将乡村文化的传统性与现代性结合起来，建构起合理的文化发展结构体系，才能为乡村文化的发展提供驱动力，这也是实现乡村文化长效发展的必然选择。

3.乡村文化资源合理开发利用

乡村文化作为乡村发展的内在精神推动力，是乡村独有的精神财富，也是乡村文化深厚底蕴的现实来源。以文化资源传承形态的可见与不可见为基础，文化资源被分为物质文化与非物质文化，二者都是乡村文化建设的重要部分。

如果要对乡村文化资源加以利用，就必须注重以下几个方面：首先，建立完善的乡村文化资源保护体系，使得其相关价值可以完整地体现在后续的乡村发展中。其次，明确乡村文化发展的方向，合理地配置相关资源，避免文化资源的浪费。最后，针对不同发展阶段所产生的不同问题，具体性地提出可行策略，既要实现经济和文化的共同发展，也要注重乡村文化精神的传承与弘扬。

除此之外，必须严格按照相关法律体系规范、有序开发。有关部门需要明确传统文化保护的相关要求，切实落实保护工作，确保各项文化资源都能够得到有效保护。

（二）培育农民文化自信意识

文化自信是一棵大树，给人民撑起一片天；文化自信是一个民族的根本，补给人民足够的粮食。文化自信存在，才能让一个民族进步。文化自信不仅仅有怀念过去、谨记历史的意义，还让人们对未来充满希望，因为文化自信可以改变人们的思想，将每一个人带上文化这条道路。

1.农民乡村文化传承的价值引领

农民在我国所占比例和他们的创造能力不可小觑，他们会将自己独特的思想融入农业发展中，让自己的文化自信在潜移默化中得到很大提升，把国家的农村生活推向小康社会，使国家全面发展。我国虽然不是占地最多的国家，但是农业发展却很好，如此优秀的农业发展来源于农民的创作和辛勤劳作。所以，为农民创建文化自信十分有必要，开拓他们的思想，让他们用更多的创造力对待自己脚下的那片土地，用来发展农业。

2.农民乡村文化发展的践行能力培养

在我国，大多数农民都是文化欠缺者，但是他们并没有因此放弃劳作，反之，他们农业生产的“日出而作，日落而息；季节种植”等方面的知识十分丰富，那么，这些农业知识都是从何而来的呢？其实，农民虽然没有很多的知识素养，但是他们会通过一次次的尝试来了解所有农作物的生长规律。农村生活十分普通，没有城市的喧嚣和压力，只有田野间的蛙鸣、林间的鸟鸣与潺潺的流水、山上的花香等，这些都是值得向往的乡村生活。

从农业生产的角度来说，很多农业知识都是农民总结出来的，他们在农业生产中得知农作物生长所需的条件，这些知识就不只是书本里的几句话，而是真正的实践。乡村文化建设实际就是让农民以自己的农作经验创建更多宣传活动，还可以根据当地地域特点，举办更多农业文化活动，让乡村变得更可爱。

3.乡村文化能人的积极示范作用

乡村发展进程需要乡村文化能人示范引领。乡村能人就是指生活在农村，与土地有亲密接触，与农民交流和谐，十分了解农民生活，不仅仅吃苦耐劳，还积极创新、无私奉献的人。因为乡村能人的身份特殊，工作性质比较普通，所以乡村就需要给予其足够的支持与理解，鼓励每一位农民都向乡村能人看齐，为乡村发展奠定一定的基础。

（三）乡村文化发展机制改革

乡村的改革十分艰难，因为乡村人对于改革的思想很局限，所以乡村改革还需要更多努力。现代乡村改革的实际意义是推动我国经济发展、提升全民文化素养、开拓农业生产市场、改变乡村传统生产方式、增加农业生产总量、改善乡村生活品质。

1.创新乡村文化内生动力机制

重建乡村内生动力，可以让乡村人感受到被重视，坚持农业生产，让每一个乡村人都自力更生，并且对自己的生活有足够的热爱与向往。

2.完善以政府为主导的文化宏观管理机制

每一个地方政府都需要一套健全的管理系统，不仅要约束管理当地人民的行为，还要让政府内部工作人员遵守制度，共同创建一个和谐而美好的“大家庭”。如果想要完善以政府为主导的文化宏观管理机制，就要对市场进行调研，了解乡村近年来的发展趋势，根据地方文化与农业生产的特色来发展乡村，将文化利用率提升到最大，推动乡村发展，提升乡村人的文化自信，从根本上解决乡村发展所遇到的难关。

3.建立以农民为主体的文化参与表达机制

中国改革开放到现在，国民文化素质整体得到提升，农民中也有很多高学历人才，因为每一个人都知道，想要进步，想要收获更多，最简单的方式就是学习，汲取更多知识，才能够在发展中融入自己的元素。改变一个地方，要给予农民足够的尊重，从他们的角度来考虑发展方向，让每一个人都参与到创新发展的建设中，体验建设新乡村的喜悦，每一个人都能够成为乡村文化发展的受益人。

第二章

乡村文化价值及其艺术追求

乡村文化是指在一定的村落共同体中形成的以农民为载体的文化。它表达的是农民的心灵世界、人格特点及其文明开化程度。本章重点研究乡村文化的特征表现、乡村文化的审美价值与美感要素以及乡村文化与艺术的多元融合创新。

第一节　乡村文化的特征表现

一、多样与兼容

中国农村文化具有很强的文化基础和多样性条件。农村文化的多样性主要是由中国地理环境造成的。中国拥有辽阔的疆域，地理条件具有很大的差异性。在传统自然经济环境下，不同区域的人形成不同的生活和生产方式、思想观念、价值取向等，这些都是农村文化多样性的影响因素。此外，中国有56个民族，不同的民族有本民族不同的语言、文化、经济发展状况，但是他们最终会共同发展为一个稳定的共同体。[①]不同的民族拥有各自的文化，也是农村文化多样性的影响因素。

多样性并不代表他们之间是相互排斥和对立的，因为文化具有包容性，在经济发展和文化交流过程中，不同地域的文化也会吸收、利用其他民族文化进行创新，将不同地域文化、民族文化进行借鉴和学习，共同创造稳定共同体。

① 林卓．艺术介入乡村建设模式研究 [J]. 公共艺术，2018（05）：96-103.

二、继承与创新

在全球化发展趋势中，不同的民族文化也在进行交流和融合，并在内涵上进行丰富和突破，不断符合新时代的创新要求。所以，在继承与发扬中华民族优秀传统文化的同时，农村文化的发展需要自身不断创新。在继承传统文化精髓的同时与时俱进，创新内涵与形式，方能永葆文化活力。

第二节　乡村文化的审美价值与美感要素

乡村设计就是为了寻找人们获得这些美感的根源，以发挥乡村景观的特色美为目的，进行改造和建设设计，从而发挥乡村景观的自然生态优势，推动乡村的建设和经济的快速发展。本节重点研究乡村景观构成的艺术价值、乡村景观美的艺术要素。

一、乡村文化产生的审美价值

每个人对美的感受都不同，因为每个人的价值观和世界观都有着大小不一的差异，而乡村景观的设计要以真善美为美感基础。乡村景观，既能将不同地域的地理环境和气候特征反映出来，也诠释了当地的风俗习惯和文化特质。因此，要体现乡村景观的美感并实现其价值，只有以当地历史传承为基础，立足本土文化，充分发挥其独特性，才能更好地实现。所以，乡村景观的经济、文化、功能和地域等属性决定了乡村景观的审美价值。

（一）乡村产品提升商品价值

“美”在许多方面都能给商业带来极大的利益，特别是在经济飞速发展的时代，人们的审美眼光和审美要求越来越高。人们对“吃、穿、住、行、用”已不是满足最基本的功能需要，而是追求功能与艺术完美结合的综合品质。

农村是以生产农产品为特色的自然环境，人们每天的饮食都与乡村的生产有关，因此农村是提供生活食粮的生产基地。如今，绿色健康农产品成为时髦的健康食品，价格也随之上涨。乡村则有应对市场需求的条件，因地制宜，就地取材，利用本土资源、生产原料加工农产品，并挖掘和创造大众喜爱的具有本地特色的土特产品，创造土特产商品品牌。

商品价值的提升关键在于商品的真善美，真善美是提高商品美誉的基准，因此要动脑筋想办法创出好的、有特色的农产品和深加工食品，让人们愉快地接纳和消费，实现商品的高附加值。

（二）乡村环境具有观赏价值

美的环境不同于环境美，前者主要指视觉上的体验，如赏心悦目的景色令人感到心旷神怡，而环境美除了这些，还包括其他很多方面，如嗅觉、听觉等各方面的综合体验。美好的心情不仅仅来源于视觉上的享受，更在于包括视觉在内的其他多方面的综合因素。视觉美是直观的，它直接影响着人们的审美心理，除此以外不被人们注意的还有非视觉因素，例如嗅觉、听觉、触觉、活动等一样能给人带来愉悦和快感。这些非视觉因素与视觉因素在环境中综合出现，留给人们的是整体环境的美好印象。因此体验环境的美感绝非单一的，而是综合性的。

环境是一个整体，涉及环境中的各个不同物体和不同空间，自然环境、田野环境和村庄环境三者构成了乡村环境的综合体。不同的环境会给人不同的视觉和感受，而且，由于季节的差异，同一个环境因为季节变化给人的体验也是不同的。在美的环境里，既享受着视觉带来的冲击，又让人心里感到舒畅，心情自然也是愉悦的，而绿色、生态的自然环境，不仅是人类赖以生存的基础，也是人们所追求的、符合社会可持续发展的最佳环境。

乡村面积广阔、土地资源丰富，在乡村里，不同季节会呈现不同的视觉盛宴，如：田野间成片的金黄色的油菜花，果园里各种果树盛开的鲜花，有粉红色的桃花、淡黄色的李花等，以及田地里沉甸甸的稻穗等美丽壮观的景象；还有鸟语花香和随风起舞的农作物相互依偎摩擦而发出的“窃窃私语”，在大地的拥抱中传达丰收的喜悦，感恩农民的付出，刻画了一幅动人的乡村美景，给人以美的享受。

自然开阔的环境对游客来说充满着美感和魅力，乡村的美丽环境必然能创造出一定的经济价值。随着乡村环境的建设和整理以及观赏价值的不断提高，经济价值也在提高。

近几年，以乡村生活、乡村民俗和田园风光为特色的乡村旅游业在各地乡村迅速兴起，乡村旅游业在国外已相当成熟，以农庄度假和民俗节日为主题的乡村旅游，在欧美已流行百余年，中国近几年才稍有发展。中国乡村拥有山地、平原、海洋、湖泊、河流、森林、湿地等多样性的生态旅游资源，完全可以充分利用和发挥。乡村旅游的有效开发会给新农村建设带来新面貌，促进农业经济发展，为农民的增收、就业开辟新渠道。

（三）乡村环境创造生命价值

乡村健康环境的建设不同于城市的建设，它以自然环境为基础，通过发挥乡村特征和植物作用，创造一个充满生机与活力的健康环境，因此，乡村美的环境，是健康、安全、生态的环境。

新农村建设和景观开发，要立足于乡村特色，不止停留在乡村景观的外在和观赏性上，更要发挥乡村优势，让在快节奏生活状态下的城市人放慢脚步，感受乡村的优美和宁静、恬淡和舒适，缓解其紧张的心情，满足现代游客的需求。

乡村以健康为主题的旅游开发需要有持续发展理念的设计师与当地农民共同协作去努力实现。健康的美的环境必然会吸引更多的游客来观赏体验，美丽的乡村将成为城市人羡慕和向往的地方。

（四）乡村活动感受美的存在

人们对美的感受有各种各样的方式，如视觉美、触觉美、听觉美以及体验美，而且因为审美角度和审美标准不同，其对美的感受也各不相同。体验美是指通过活动的参与来感受，切身体验到美的存在。乡村生长着大面积的农作物，而各种农作物的生产类型都存在着一些差异，而且劳动形式也各不相同，能够从多方面加强体验。传统的农业耕种方式适合进行参与式的旅游开发，因其本身特征适合个体劳动，也就更好地方便旅游者参与其中，通过参与劳动，不仅可以体验农村的生活环境和习惯，在实践中学习农业知识，了解农村和农业的发展模式，而且能够增加对农村的关注度，珍惜当下生活，激发对农村建设的热情。

劳动的快乐是教育的一个很重要的内容。劳动作为学校教育的一部分，对于青少年的健康成长来说十分重要。目前注重劳动教育的学校大多有与乡村结合的教育实验基地，这样的城乡结合教育是一种很好的教育方式，对培养有知识、有品德、有技能的接班人来说具有深远的意义。

二、乡村文化的美感要素

景色含有美的元素才会成为有美感要素的景观，各地乡村都不同程度地带有自身浓厚的传统文化和地域特色，乡村的这些本土特色正是构成乡村景观美感的基本元素。乡村景观设计主要是显现地方特色的有审美价值的部分，是以原汁原味的乡土风情风物为审美中心的乡村景观设计。遵循景观美学原理，打造和挖掘乡村景观特色之美是乡村景观设计的中心内容，尤其在当今社会，美的价值提升就意味着经济价值的提升，有审美价值的乡村景观才会为新乡村建设带来欣欣向荣的繁荣景象，才能为农民的生产生活带来直接的经济利益，为此需要了解那些属于乡村景观的美感要素。

（一）自然田园要素

田园风光一直是久居城市的人们心目中向往的美丽环境，田园之美，美在它一年四季多变的色彩和天然的美丽，美在它是养育人类的生命之地。"'田'作为艺术，是真、善、美的和谐与统一"[①]，这是北京大学俞孔坚教授在《田的艺术》一文中对田园之美做的精辟概述，阅读他的描述会使大家对田园的美有一个新的认识，引发人们更加热爱养育他的这片土地，就像热爱自己的生命一样，不容任何人、任何理由来践踏它和破坏它。

乡村辽阔的大地田野，将其独有的特性以不同形式展现在大众面前：或硕果累累的庄稼，或成排堆砌的稻谷垛，或整齐划一的稻茬田，不仅体现了乡村的生产生活方式，凝聚了美妙的乡土气息，而且表达了乡村人民对人与自然和谐相处的领悟。同时，乡村的地域差异和地理特征以不同形态展现乡村环境：水田、旱地、高山、梯田等形成一幅美丽的乡村画卷。农民在田地这块艺术大地上尽情挥舞，展现人生智慧，追寻人生意义，谱写生命的篇章，传递对土地的关爱和感恩之心。

（二）清洁卫生要素

城市大多数人对乡村存在偏见，认为乡村不仅贫穷落后，靠田地为生，生活习惯和卫生邋遢，而且环境差，到处都是鸡屎猪粪，并随手乱扔垃圾，给他们一种"脏、乱、差"的感觉。但是，随着社会的发展和人民素质的提高，乡村也在不断变化，干净整洁的乡村一直在增多。因为，乡村人将城市工作、生活中学到的及养成的良好卫生习惯带到了家乡，改变了乡村的环境和卫生状况。乡村环境的美，不在于其贫穷或富裕，而在于干净、整洁，这是一种无可挑剔的自然美。

① 张翠晶．生态理念和田园文化视角下的乡村旅游景观设计 [M]. 长春：东北师范大学出版社，2017.

（三）乡土文化要素

乡土文化不应该随着社会的发展而被遗忘，即使在现代化的今天，也应该铭记乡土文化对社会进步的贡献，认识到历史和传承是任何社会文明发展和进步的基础。乡土文化源于乡村生活，经历了大自然的洗礼，是民俗文化的代表，如果任其被现代化生活所摧毁，甚至任其消失，将留下无尽的遗憾。乡土文化具有浓厚的乡土气息，是一种真诚、质朴的美，表达了人们对幸福的追求，代表了对未来的期望。中国传统文化是民族文化，体现了民族精神和内涵，是社会发展的动力和源泉，虽然科学在不断进步，工业化、现代化提高了人民的生活水平和社会文化程度，但仍不能忘记传统文化的继承和发扬。乡村景观要体现地域特色，提高吸引力并展现其魅力，必须坚持以突出乡村文化之美为出发点。

每个古老的乡村，大都经历过上百年历史的沧桑演变，多少都保留了自身特定的乡土文化，有的保存完好，有的却丢失很多，也有彻底消失的。也许是人们对乡土文化没有足够的认识，认为“新的”是好的，“旧的”则是不好的，没有一定的分辨力，在破旧立新的年代中摧毁和丢失了许多乡土文化中有价值的东西。

在聚居环境或民居建筑的乡村中，其历史文化和地方传统或多或少地通过景观文化特征保留了下来，这不仅反映了不同时期的文化审美要求，而且记录了乡村由兴盛到衰退的历史过程。正因为如此，乡村景观既是历史的见证，又刻有年轮的印记，是最珍贵的历史文化遗产。

乡土文化之美不仅仅通过乡村景观和建筑得以展现，无形的文化遗产也是其中重要的一方面，包含各种各样的民间音乐和形式各异的民间艺术，如山歌、民曲、剪纸艺术、民间雕刻等，这些民间音乐和艺术，不仅丰富了乡村生活，而且传承了民族文化。但是，历史文化的继承和发扬，要去其糟粕、取其精华，尤其是包含封建迷信思想和不健康的部分。只有健康、积极向上的艺术才能准确地表达民族精神，鼓舞人心，即符合大众的需要和追求，才能更加有效地促进乡村文明的建设，为乡村社会经济的健康、稳定发展打好基础并提供保障。

（四）手工技艺要素

传统手工业，尤其是民间手工艺技术抵挡不住工业化发展的浪潮，逐渐退出历史舞台。现代化生活的快节奏，在丰富物质生活的同时也提高了人们对工业化和自动化的依赖。

机械化、电脑的出现，取代了传统的手工艺，值得引起关注和重视的是，手工艺技术的消失将导致传统文化的断层，是一种文化的丢失。好的手工艺品虽然没有机器生产的精致，但却寄托了人的情感和劳动付出，其“不完美”的人工痕迹，既带给人自然、纯朴的美的感受，更刻画了民族的记忆和文化，反而是机器无法替代的“完美”。手工制品是人智慧与才华的展现，代表了当地当时的审美水平和审美标准，更承载了民族记忆和文化，应对其赞扬并不断地延续下去。

手工艺品中凝聚了人们热爱生活的美好心情和高超的技能。精湛的民间手工技术体现了人类的智慧和文明，事实上，越是在现代化、电器化、智能化发达的时代，手工艺技术才越显珍贵，精湛美丽的手工艺品备受人们的青睐，是因为这其中凝结了数代人的智慧。

（五）科学技术要素

科学技术是改善乡村落后面貌、促进农业生产的手段，在经济和科学的飞速发展之下，中国乡村正由传统的小农耕种形式慢慢转向机械化耕种模式。中国传统农业开始向现代化农业转变，而且进入了非常重要的阶段，机械化代替了原有的手工劳作方式，在减轻体力劳动的同时，也让人们用更好的心情和状态参与劳动生产。机械化操作集耕种、收割和脱粒等工作于一体，相比传统的小农操作，不仅提高了劳动效率，而且使田野面积和视野更加开阔，彻底改变了乡村的生产方式，也使乡村面貌以一种新状态和面孔呈现在人们面前。

人们在新技术和科学的利用过程中感受到了其重要作用和给生活及乡村带来的变化，产量增加了、农副产业兴旺了、生活质量提高了，而且乡村环境也变得越来越好，这就是科技之美，改善着乡村的一切，提高了乡村人民生活的幸福感。

科学技术的作用是全面的、多方位的，它不仅可以用在农业生产上，对其起到重大的推动作用，而且可以用于乡村环境的美化、充分并合理利用乡村资源，促进乡村的生态和可持续发展，并为乡村的发展提供安全保障，体现对乡村发展各个方面的重要意义。乡村的发展要以循环农业为主，根据其地理特征和自然环境，充分利用资源优势，如太阳能、风能、沼气等再生能源，减少排放和污染，加强生活垃圾、污水、秸秆焚烧等的治理和转化利用，创造出一个更美、更纯净的乡村环境。所以，科技使得乡村的面貌焕然一新，在人们心中留下了不可磨灭的印象和美感。

（六）自然材料要素

自然材料是人类最早使用的材料，也是人类祖先制作用品的来源，是最朴素和真实的材料。自然材料的使用从最开始的本能防御和获取食物求生存，发展到有目的性的生产。人类的发展和进步经历了各种时代的变迁和环境的变换，但自然材料的利用一直存在于人们的吃穿住用行中，从来没有中断过。

乡村建设要立足于丰富的自然资源和自然材料，以生态、可持续发展观为指导，以发挥乡村特色为出发点，使乡村景观保持别具一格的风格，提高乡村景观美的吸引力。

自然材料与人类生存息息相关，自然材料之美来源于人对自然的本能认识，人类一诞生便与自然材料打交道，如制作土陶罐装水、用棍棒防身、打猎抓鱼、凿挖洞穴居住等，都反映了人与自然的相依相偎，共存共亡。生态和谐的自然环境是每个人的追求和向往之处，只有贴近自然，享受自然的馈赠，才能保持愉悦的心情和积极向上的精神。

乡村环境的和谐与美丽，自然材料的使用发挥着巨大作用。在现代化建设和生产的潮流中，乡村的自然环境成为人们追求和向往的归处，更是心灵的栖息之地，尤其对于城市人来说，人工环境的压抑和困扰更激发他们对乡村环境的渴望。因此，乡村建设要选用合适的自然材料，发挥其自身优势，在发展的同时传承乡村特色，保护乡村环境，做到社会发展与自然环境和谐统一，才能将乡村的纯朴民风、温馨画面和舒畅体验等特色更好地展现出来，获得精神与物质的双重享受。

第三节　乡村文化与艺术的多元融合创新

一、乡村文化发展现状

1.乡村“弃巢化”现象和“城镇化”现象，成为乡村文化的终结

一方面，随着城市化扩展和工业现代化发展，以及城乡间生活优越性差距不断拉大等原因，导致大量传统村落的劳动力进城务工，甚至人口直接迁移。乡村“空巢化”现在急剧变成“弃巢化”。虽然各级政府正在实施各类经济对策，让原住村民返乡，但收效甚微；另一方面，在由农耕社会向工业社会转变过程中，政府“一刀切”的拆村并点的城镇化政策，加速了传统村落的消亡速度。脱离了乡村这个“现场”，村民的生活场所和生产活动也相应地发生了变化，乡村变成了记忆中的乡村。另外，一些世代相承的乡村传统文化表现形式，包括口头传统、传统表演艺术、民俗活动和礼仪与节庆、民间传统知识和实践、传统手工艺技能等以及与上述传统文化表现形式相关的文化空间日渐消亡。

2.传统村落“商业化”过度开发，文化“同质化”现象严重

在市场经济环境下，个别地方政府对很多文化遗产的内涵和特性缺乏认识，仅认识到文化遗产的经济价值，并进行产业化开发，甚至与地方政绩和经济收益挂钩，对文化遗产按照商业规律进行解构和重组，很难保证文化遗产保护的丰富性和完整性。

3.乡村村民对文化遗产的自爱与自信不足，导致乡村文化的消亡

在农耕社会中很多民间文化和技艺都是靠着口口相传才传承下来的。现代社会中，村民一方面是出于对权威的崇拜心理，另一方面是对这种民间文化遗产内涵的认知度不高。两方面原因造成村民觉得这种生活文化是老百姓创造的，属于底层文化，所以不珍惜、不自信。

二、乡村艺术与当代艺术的发展途径

从艺术对农村文化的介入情况来看，当下艺术对乡村的介入更加强调人性解

放，不再进行展览规模国际化的单一追求，也开始慢慢转向策划类型小众倾向的学术型展览。

连州摄影展举办十几年以来，每年皆有一个主题，每年的主题都会有所差别，但是，这些主题都是围绕国际摄影和国内的摄影展开的。2016年围绕走进美丽乡村的提议，连州国际摄影年展举办以“寻找连州最美田园”为主题的摄影大赛，获奖的优秀作品将会在2016年连州国际摄影年展期间展出。2017年利用“连州国际摄影展”平台，举行了第二届广东省美丽乡村摄影展，并在这个时期也举办了以“乡约乡情乡韵”为主题的第二届广东省美丽乡村摄影大赛。

学术型的美术馆专题展览。2017年5月，由国家艺术基金会支持，西安美术学院为主办方的艺术项目“乡村密码——中国石节子村公共艺术创作营”在石节子村拉开了序幕，这是一次全国高等美术院校学生公共艺术创作的实践活动，艺术家和高校的学生在此地进行了为期15天的驻地创作，其结营仪式作品展览最后在石节子村隆重举行，并且于2017年8月在西安当代美术馆举办石节子村公共艺术文献展。此次活动全面展示了西安美术学院的学生以扎根乡村社会的创作理念，以艺术的方式走进乡村，去探寻中国的“乡村密码”。这些展览大部分都是在美术馆举办的，一方面表现了对当代艺术发展的评价与肯定，另一方面也通过展览的策划理念使得展览本身乃至当代艺术介入乡村引发新的学术讨论。

展览中的作品或许不够重要，它更重要的是以一个态度来说明一个问题。如今，乡村正在受到文化冲击，艺术家们也在不断对这个问题进行思考，积极找寻答案，策展人在这个过程中也发挥着巨大作用，以公众之名、以公众的身份来管理这些展览空间，同时又把这些作品带到公共的空间去，让观看者能够从艺术中寻找到精髓和思想；通过艺术观看社会，可以说，当观者在展览中去关注和思考问题的时候，这些艺术项目本身就成了一件非常重要的作品了。

三、公共艺术与地域文化的关系

人类的公共环境是一个以社会群体部落为形象的活动舞台，是一个与地貌、人种、文脉、生态有着千丝万缕联系的人类生存环境。从艺术的角度来考虑和对待公共环境，是人类优化生态、优化自身境况的一个重要方面。李建盛撰文的《公共艺术与城市的文化空间建构》中指出，公共艺术是城市公共空间中为公众共享的艺术，既是一种城市空间中的艺术表达，更是一种城市文化的空间生产。

公共艺术的这种空间性和历史性，体现着公共空间中的公共艺术所具有的历史性的公共性，也体现着公共艺术对城市文化空间的不同建构。因此，公共艺术与城市文化的关系具有不可避免的历史性。不同时期的公共艺术，体现和表达了不同的城市文化，建构着不同的文化空间和城市文化形象，并传达出不同的文化理念和文化精神。公共艺术体现和诠释城市公共空间中的意识形态、美学话语、公共意识和文化价值。

通过李建盛对公共艺术的研究可以看出，公共艺术的场所多在城市中，服务对象多为城市居民，如果将地点转移到乡村，乡村的公共环境和艺术设计同样可以发挥同等的效力，并表现出乡村文化的历史肌理。另一方面，随着近年来城市经济的发展，城市居民对文化消费占比不断提高，各色文化创意园和艺术园区如雨后春笋般冒出来。但是随着消费时代的商业价值过度开发，此类的文化创意园和艺术园区多被各色餐馆、咖啡馆、私人美术馆和私人工作室等消费场所占据，这类地点的租金也水涨船高，城市公共艺术空间进一步被压缩。这给艺术家们把艺术行动带回到乡村进行社会实践提供了很好的契机。

四、国内艺术文化促进乡村振兴的案例

（一）山西省“许村计划”

“许村计划”是比较成功的艺术介入乡村重塑的典型案例。许村位于山西省晋中市和顺县松烟镇。这个处于太行山腹地的古村落，其历史可以追溯到2000多年前的春秋战国时代。许村有着晋中特色的秀丽乡村风光、较为完整的明清建筑演变脉络以及丰富的传统民俗文化。1987年上映的由吴天明导演的电影《老井》就取景于村中那口明朝老井，2007年出品的电视剧《大山的儿子》也曾选定在这里拍摄。

虽然有着丰富的历史文化遗产，但比起临近的山西“平遥古城”和“乔家大院”，以及农业县大寨和和顺的阳曲山、石头佛、龙泉寺等知名自然生态景区，许村并不具备知名“古城”“名村”“风景名胜区”的历史价值。同中国大多数现代化进程中的传统村落一样，大量青壮年人口外流，许村变得凋零不堪。艺术家渠岩从2005年开始行走于乡村之间，拍摄了一系列乡村空间摄影作品，因偶然机会来到了许村。秀美的风景和醇厚的历史文化传统唤醒了他作为旅欧艺术家久违的乡愁，因为他的故乡徐州在现代化进程中被破坏严重，早已没有了儿时

乡村的熟悉感和亲切感，同时他也感慨于许村深厚的乡土文化底蕴和触目惊心的凋零。2007年，在许村本地人范乃文的大力支持下，渠岩开始了雄心勃勃的“许村计划”，致力于通过艺术介入拯救病入膏肓的乡村，重塑地方活力。“许村计划”的模式经验可以总结为如下几个方面：

1.艺术为核心的多主体参与机制

“许村计划”涉及多方利益相关者的参与，包括国内外艺术家、本地精英、村民、本地农家乐协会、政府、企业、国内高校等，其中，艺术介入是核心力量。艺术不再局限于艺术家基于个人审美的情感表达和自我创作，而是成为一种积极改造社会的干预力量，艺术介入乡村建设正在成为一种启蒙思潮和社会运动。正如法国艺术批评家尼古拉斯·伯瑞奥德所言：“艺术应该宣告或准备创造一种未来世界：它塑造着今天各种各样的可能世界。”[①]艺术不仅仅诉诸画家之上，还应该把社会现场作为画布，博依斯的《七千棵橡树》便是其中一例。艺术介入乡村其重要意义并不是艺术本身，而是艺术与乡村之间的关系开始建立。艺术会潜移默化地影响普通村民的思想和行为。“许村计划”的成功离不开艺术家的深度参与，渠岩利用自己在艺术领域的国际联系网络，广泛邀请国内外艺术家来到许村参加艺术节，创作作品，参与论坛讨论，成为乡村重塑的中坚力量。

2.乡土文化重建与创新

“许村计划”最大的贡献之一就是明确乡土文化重建的重要性。因此，“许村计划”在开始阶段决定主要进行乡村的软硬件重建，具体包括古建筑和民居的修复以及乡土文化和信仰的重建。

建筑师孟建民和他的研究生团队通过查阅县志和档案材料等文献调研方法以及倾听老人口述等民族志访谈方式，整理还原了许村历史。村民了解了本村历史之后，都对自己的故乡能有这么悠久丰富的历史感到非常惊喜，充满了自豪与自信。艺术家通过对老旧建筑的艺术化改造，形成了乡土文化品牌，用行动说服了村民重新认识老房子的当代价值。如将影视剧拍摄后遗留的影棚改造成许村国际艺术公社、乡村酒吧、艺术图书馆和新媒体中心等场所，用当地漂亮的红砂岩作为墙面装饰，让村民看到了不用现代瓷砖的另外一种更好的材料选择。

① 张翠晶．生态理念和田园文化视角下的乡村旅游景观设计 [M]. 长春：东北师范大学出版社，2017.

艺术乡村建设的过程中，既要传承传统文化精华，也要用艺术的手段进行文化创新。2011年当地开始举办“许村国际艺术节”，邀请国内外艺术家来到许村进行艺术创作、参加文化交流论坛以及各种与本地社区进行深入交流的活动，目前“许村国际艺术节”已成为许村以及周边村落两年一度的盛事。同时，在上海等地举办的“许村计划”成果展进一步传播了许村文化。目前，已建立了许村艺术创作与写生基地，许村已成为国内五所高校的写生地点，当地通过这种方式使艺术后继力量与乡村之间建立了联系。同时，制定“乡村文明手册”，通过乡约民规的形式让村民改造和维持乡村环境。通过艺术手段保护传承乡土文脉以及通过文化创新提升乡土文化品牌，间接地推动了当地旅游服务产业的发展。许村活力的重塑吸引了大量的外出务工年轻人回到本村发展，形成了村落可持续发展的良性循环。

（二）安徽省“碧山计划”

“碧山计划”由艺术家欧宁和左靖在2011年共同发起。作为当代艺术乡村建设中的独特存在，“碧山计划”是艺术家基于个人及国内外社会网络所进行的充满浪漫理想的“乌托邦”式的当代探索。安徽省黟县的碧山村是徽州典型的古村落之一，比起同在黟县的西递、宏村等世界文化遗产级别的徽派村落，碧山村显得默默无闻。2007年，艺术策展人欧宁、左靖第一次来到碧山时，就被当地秀丽的风光、淳朴的民风以及保存完好的宗庙祠堂等乡土建筑和厚重的文化传统所吸引，萌生了在碧山创建“碧山共同体”（Bishan Commune）进行乡村建设实验的想法，想要通过艺术介入重塑当地传统耕读文化，解救日益凋零的乡村。2011年“碧山丰年祭”（后来在当地政府和村民的反对下改为“碧山丰年庆”）开始举办，这标志着“碧山共同体计划”正式启动。

作为“碧山计划”的一部分，“黟县百工”项目对黟县的手工艺进行全面深入的调研整理，用图文影像方式记录保存当地现有的以及已经消逝的手工艺，还原手工艺背后体现的传统生产和生活文化精髓，发掘传统生活文化中的当代价值，为将来外界介入乡村建设提供原始的资料素材与切入点。艺术家对仪式设计和审美趣味的把控至关重要，要避免流于形式、哗众取宠的商业炒作。活动期间，还在村落祠堂里举办了诗歌课，邀请诗人们向农村留守儿童讲授和朗诵诗歌，试图恢复传统民间耕读文化，“祠堂作为一个曾经用作培养宗族凝聚力的乡村公共空间，（通过提供诵读场所这种形式）触碰它未来的公民并努力亲近他们”。“碧山计划”邀请国内外的艺术家与本地乡村研究学者和民间艺人协作，在祠堂和乡间粮仓等公共场所进行各种与乡土生活相关的艺术创作、交流展览等活动，如设计建筑、家具和生活用品，展览乡土文化影像艺术作品以及地方手工艺品，举办学术研讨会、本地戏曲表演、社区电影、农夫市集等各种艺术和民俗活动。

“碧山计划”的另外一个重点是对当地古民居的保护及再生利用。艺术家们将购买的当地民房改造成各种各样的功能空间，还组织志愿者团队编制《碧山传统民居保护修缮导则》。欧宁还直接将家搬进了碧山，购买闲置房屋改造成新家。他将南京先锋书店引入碧村，将废弃的小祠堂启泰堂改造成碧山书局，在商业化运营的同时，为村民提供免费阅读上网服务。此外，他还将废弃的老祠堂改造成理农馆（School of Tillers），其名字取自先秦时代诸子百家中农家学派的英文译名。农家学派的著名理念是“贤者与民并耕而食”。理农馆是一个多功能空间：包括一个展厅，用于举行讲座和展览；第二层用作图书馆，提供免费阅读服务；还有一个咖啡馆和杂货铺。杂货铺采用传统售卖的格子铺，免费开放，售卖农产品和乡村工艺品，同时提供免费包装设计服务。理农馆使艺术家和村民之间建立了信任，为大型活动动员打好了基础。欧宁也表示，自从建立了理农馆，村民的态度有了从以前参加活动动员困难到踊跃参加的转变。理农馆逐渐成为受村民欢迎的一个公共交流空间，变成了碧山社区中心。村民们晚饭后经常到此看电影、听黄梅戏；志愿者会通过从网络上下载资源等方式尽量满足村民对影视产品的个性化需求。理农馆还会举行乡村物品拍卖活动，让村民自己介绍自家宝贝，拍卖给游客。理农馆还是乡村与外界连接的一个节点，经常有来自国内外院校的各个专业的学生到此调研，写硕士、博士论文。

在“互联网+”的时代背景下，理农馆整理了村里的空置房源，在Airbnb注册了“理农馆”的账户，帮助村民通过出租闲置房屋增加收入。欧宁从古今中外的“乌托邦”实验里找寻适宜于在碧山乡村实验的元素，如仿照美国Ithaca城“时间银行”的概念，在碧山推行“碧山时分券”，促进不同种类劳动之间的换算交换。

“碧山计划”的可取之处是善于发挥知识分子著书立说、从实践中进行理论总结的优势，通过出版、展览的方式传播碧山乡村建设实践，使每个重要活动都有出版物配合发行。如左靖主编的《碧山》系列书籍（目前共有10册）介绍了中国传统农耕与乡土文明、历史和当代的乡村建设实验。他还将“黟县百工”项目的成果以同名书籍《黟县百工》的形式出版。欧宁在笔记本上画的草图也在丹麦出版，有中、英、丹麦三个版本，是理农馆里最畅销的书。乡村建设者应该在城市中传播自己的乡村建设理念，吸引更多认同这些理念的人来到农村注入新的力量；社会经济条件落后的农村为城市提供了大量的劳动力，城市也可以源源不断地为乡村建设输送向往田园生活的乡村建设者。

“碧山计划”是当代乡村建设实践中最宝贵的财富之一，参与其中的艺术家们是当代乡村建设热潮中的弄潮儿，他们对于乡村充满浪漫情怀的伟大探索本身超越了成败的范畴，“碧山计划”激起了人们对乡村建设话题的讨论与想象，为大家提供了诸多创造性的介入模式，这是“碧山计划”在这个时代最伟大的价值。

五、乡村借助艺术发展的经验总结

（一）在地化

在地化设计，即向“大地”回归，包括对“人”的关怀。本地人既是参与者，也是受益者，对“地”有回应，即利用当地资源；对“时”有理解，也就是历史语境。

中国传统造物文化中包含着丰富的风俗与禁忌，在乡村营造中必须加以重视。正如《鲁班经》中展示的中国古代营造文化之中包含了风水、阴阳、五行、天文、立法、神煞、方术、符篆等神秘文化内容，都必须在现实营造过程中加以尊重并去芜存精。

诚然，有文化和自然优势的乡村建设更易取得成功，但从社区营造的角度看，每个地方都是宝地。对看似无用或处于劣向的要素加以改造，就能从“负资产”转变为充满魅力的“正资产”，充分利用在地废弃物品与闲置空间是乡村振兴设计中的重要手段。

（二）协同设计

协同设计指团队研究问题与搜索解决方法的过程，团队中的成员主动思考并互相传递想法，一起奋斗从而达到已有目标。团队创新类似于一个互相联络、开放的舞台，能够充分激发各参与者的能动性，让地方民众对所做之事、所创之物产生认同感、归属感和自豪感。

（三）产业化

在艺术乡村建设项目的目标面向中，社会、文化与环境属于乡村建设的根基，而经济对于乡村建设的可持续发展发挥重要作用。在乡村建设中，一部分居民不在乎社会、文化、环境等方面的问题（至少这种情况存在于项目的初始阶段），而是更加注重是否可以节约成本，因此艺术家要学会理解以及尊重民众在经济方面的要求。为完成该项目中的经济目标，介入手段因村庄类型不同而不同。

第一，“文化资源丰富型”，代表蕴含原生态文化以及有古建筑住房的村庄，比如通道侗族村寨、碧山与许村，适合开展文化旅游产业，包括非遗生产性保护、文创产品、文化体验、人文观光等等。

第二，“区位优势型”，包含城郊村或附近知名地区的村庄，利用优越的地理条件，创新出当地文化品牌，用乡土生活方式吸引周围城市居民定期旅游。例如，上海市“设计丰收”项目由于提供乡村农业体验服务带来的城乡交流，使村庄创收。

第三，“自然条件优越型”，比如浙江省莫干山的艺术设计引领了民宿、文化市集与生态农业体验等形式的休闲旅游行业发展。

第四，“普通无优势型”，指用艺术创新打造特色行业。例如河南省郝堂村，该村庄经过乡土景色设计与环境整治，从鲜为人知成功变为全国著名的村庄；土沟村则是经过空间艺术创新实现了转变。

第五，“重建区”，其中有受灾后重新建设的地区以及需要重新建设房屋的普通地区。安全、成本实惠是民众对房屋的基本要求，如建筑师谢英俊在团队建屋项目中设计的建筑“框架”，为当地建筑行业与轻钢产业带来良好的前景，提高了本地就业率。

不可否认的是，艺术乡村建设产业化还存在较多问题：

首先，难以持续运营，比如“碧山丰年庆”，当地居民身穿原始稻草服装带来保佑丰收的舞蹈，使黟县三十多种民间手工技术被一同展现出来，让当地更加出名，为民众增收，但艺术节过后一切都恢复原样，难以持续运营。

其次，艺术介入可能会变成促使当地社区分裂的根本原因。例如，“莫干山计划”作为出色的创新案例，其中某些高档享乐空间变为外来富裕人口的休闲地区，与当地社区存在较低的关联度，不利于当地民众的利益，而给外地投资者带来更多利益。这并不是艺术家的目的，未符合艺术创新“以伦理良知为精神触点”“引领普众伦理践行”的原意。

最后，乡村建设产业项目要展示出显著效果需要很长一段时间。

第三章

乡村振兴的理论透视与战略发展

实施乡村振兴战略，是党的十九大做出的重大决策部署，由习近平同志在党的十九大报告中正式提出。这是在中国步入中国特色社会主义新时代，决胜全面建成小康社会、全面建设社会主义现代化国家的重要历史阶段背景下提出的重大战略。本章对乡村振兴战略的产生与理论依据、乡村振兴战略导向与实施过程、乡村振兴战略规划与运营保障以及乡村振兴战略下的乡村文化产业发展展开研究。

第一节　乡村振兴战略的产生与理论依据

一、乡村振兴战略的产生

我国是农业大国，重农固本是安民之基、治国之要。中华民族历来的有识之士都曾关注“三农”问题，也曾为乡村发展问题做出了积极的探索。乡村振兴战略的提出是在中国共产党人不断地实践和检验的基础上做出的伟大决策，其实质就是新时代解决“三农”问题的重大决策部署。

中华人民共和国成立至今，“三农”问题从未淡出人民的视线。中国共产党人正是在“一穷二白”的基础上开始了探索“三农”问题发展道路的历程。早在中华人民共和国成立之前，1947年10月颁布的《中国土地法大纲》就已经开始实行耕者有其田的土地制度，但是效果并不显著。中华人民共和国成立时，全国大多数地区仍存在封建土地制度，占农户总数不到7%的地主、富农，占有耕地的50%以上，而占农户总数57%以上的贫农、雇农，仅占耕地总量的14%。

改革开放之后，特别是1982年开始一直到1986年期间，中共中央连续五年发布的中央“一号文件”，都把解决“三农”问题作为文件主题，推动和落实家庭联产承包责任制，1984年时全国99%的生产队实行了家庭联产承包制，自此，该制度在我国延续至今。进入21世纪，党中央继续关注乡村发展。尤其是在党的十六大召开之后，中国进了建设小康社会的康庄大道。党中央在2004年至2010年期间，又连续十七年发布以“三农”为主题的“一号文件”，中央“一号文件”已然成为解决“三农”问题的专属词，强调了“三农”问题在中国特色社会主义建设事业的重要地位。解决“三农”问题是全面建设小康社会的重大任务，必须跳出“就农业论农业、就农村论农村”的局限，要以我国经济社会发展的全局来谋划“三农”工作，把解决“三农”问题放在优先发展的位置来考虑。

2017年10月，习近平总书记在十九大报告中首次提出乡村振兴战略，指出农业、农村、农民问题依然是关系国计民生的根本性问题。党的十七大、十八大分别提出了城乡统筹发展和城乡一体化的发展理念，十九大提出的乡村振兴战略则是立足于乡村，发展要素从外生增长转变为内生动力，是发展城乡关系的一种思路转变。2017年12月，中共中央、国务院召开了中央农村工作会议。会议要求社会各界把经济建设、政治建设、文化建设、社会建设和生态建设相结合，综合运用到乡村社会发展的过程当中去，协同发展，实现乡村发展的现代化，以及乡村治理的现代化。乡村振兴战略作为“加快农村发展、改善农民生活、推动城乡一体化的重大战略”，不仅要求经济、社会和文化繁荣，同时强调生态文明进步和治理体系创新，是关于乡村发展路径和未来目标的综合性治理蓝图。其中，乡村发展现代化既是推动我国新时代农村改革的基础，也是推进国家治理体系和治理能力现代化的重要内容。

2018年《中共中央国务院关于实施乡村振兴战略的意见》、2019年《中共中央国务院关于坚持农业农村优先发展做好“三农”工作的若干意见》《乡村振兴战略规划（2018—2022年）》等重要文件对现阶段乡村社会的发展都做了明确的部署。

二、乡村振兴战略的主要理论依据

乡村振兴的理论依据是各级政府、学术界都关心的重大话题。归纳来看，主要的理论基础有以下几方面：

（一）点轴理论解析

从区域经济的角度来观察，繁华中心主要集中在一部分经济水平较高的区域，呈现斑点状分布。随着经济水平的提高，经济中心的范围向外延伸，点与点之间的连接是以交通线作为主要桥梁，进而产生点轴系统，多个点轴经过交织共同组成网络。城乡融合发展的重点是需要以加强城乡地域系统化为前提，增强扩散功能，产生城乡发展的立体空间以及网络体系。乡村振兴战略基于城乡融合发展和一、二、三产业融合。城乡融合是乡村振兴的目标和途径，乡村综合体是乡村振兴的基础，村镇有机体是乡村振兴的载体。乡村振兴战略，要逐步实现产业振兴、乡村文明、文化振兴等目标，从边缘到中心由城乡基础网、乡村发展区、村镇空间场、乡村振兴极等构成“网—区—场—极”的多级目标体系。

（二）系统理论解析

系统指的是一个具有特殊功能的有机整体，由两种或多种相互作用的要素根据特定结构而组成。根据系统理论，城乡融合系统包括三个层次，分别是地域、市域和县域，利用城乡基础网实现“三域”之间的结合。地域可以分为城市群区域、城市连绵区和城市化新区，形成的格局以都市区为主；市域分为超大城市、大城市以及中小城市，形成的格局主要以建成区为主；县域分为中心镇和农村社区，形成的格局主要以大乡村为主，其特征是城乡一体化。城乡是一个有机融合体，包含城镇和乡村两个地域系统，这两个地域系统相互促进、相互结合，其构成成分具体指中小城市、小城镇、城郊社区以及乡村空间等。①

村镇是乡村综合体要素集聚、空间组织的重要载体，村镇建设格局是乡村地域系统空间重构、组织重建、产业重塑的形态表征，其核心是优化乡村地区县城、重点镇、中心镇、中心村（社区）的空间布局、等级关系及其治理体系，通常以迁村并居、撤乡设镇、园区建设、空间集聚为特征，通过明确村镇地位、调整空间结构、强化中心功能，实现城镇与村庄的空间融合、功能契合，促进人居空间整洁化、田园化，产业空间集约化、园区化，生态空间文明化、优美化，文化空间地域化、多样化。

---

① 冯俊锋 . 乡村振兴与中国乡村治理 [M]. 成都：西南财经大学出版社，2018.

第二节 乡村振兴战略导向及其实施过程

一、乡村振兴战略导向分析

（一）坚持高质量发展

习近平总书记在党的十九大报告中指出，“我国经济已由高速增长阶段转向高质量发展阶段”“必须坚持质量第一、效益优先，以供给侧结构性改革为主线，推动经济发展质量变革、效率变革、动力变革”。2017年，中央经济工作会议提出“推动高质量发展是当前和今后一个时期确定发展思路、制定经济政策、实施宏观调控的根本要求”。实施乡村振兴战略是建设现代化经济体系的主要任务之一，乡村振兴高质量发展应该是实施乡村振兴战略的基本要求和重大导向之一。在实施乡村振兴战略的过程中，坚持高质量发展的战略导向，需要弄清楚什么是乡村振兴的高质量发展，怎样实现乡村振兴的高质量发展。

（二）坚持农业农村优先发展

习近平总书记在十九大报告中第一次指出坚持农业农村优先发展。其本质原因是工农城乡发展差距较大以及“三农”发展不够全面和完善，体现出中国的发展极其不平衡。“三农”的发展对于稳固和优化城乡关系、促进经济发展、缩小城乡收入差距以及预防和应对风险具有明显的促进功能，突出了公共品属性；而在市场经济条件下，“三农”发展没有体现出较强的竞争优势，容易产生市场失灵的情况。

市场在资源配置过程中起到决定性的作用，在此基础上，政府部门要发挥其功能，优先发展农业农村，控制好市场的稳定发展。根据农业农村农民问题与国计民生显著相关这一本质，应该重点关注和解决“三农”问题，并将其作为党的核心任务之一。除此之外，根据系统性、协同性的特征要求以及抓重点、补短板的原则，优先发展农业农村是乡村振兴战略实施的基本条件。[①]

（三）坚持走城乡融合发展道路

从党的十六大报告中提出的“统筹城乡经济社会发展”，至十七届三中全会提出的“将促进城乡经济发展一体化的新格局作为根本目标”，直至十九大报告中提出的“建立健全城乡融合发展体制机制和政策体系”，这种重大政策导向的演变反映了我国对加快形成新型工农城乡关系的认识逐步深化，符合新时代工农城乡关系的新方向，同时与优先发展农业农村的战略目标保持一致。在十九大报告中，明确指出“建立健全城乡融合发展体制机制和政策体系”应该优先于“加快推进农业农村现代化”。这充分表明建立健全城乡融合发展体制机制和政策体系，对推进农业农村现代化起到十分重要的作用。

工农城乡之间具有相互促进、相互影响的关系，而随着关系的加强，其人口、资源以及要素的流动越来越频繁，产业之间的相互促进与渗透关系更加明显，同样，资源、要素以及产权之间的重组关系也逐渐突出，城乡之间体现出“我中有你、你中有我”的格局。建立健全城乡融合发展的体制机制和政策体系，实现城乡之间的融合，已经成为实施乡村振兴战略的基本要求和重中之重。根据新型工业化、信息化、城镇化、农业现代化同步发展的要求，要迅速产生以工促农、以城带乡、工农互惠、城乡共荣、分工协作、融合互补的新型工农城乡关系。

二、乡村振兴战略实施过程分析

（一）乡村振兴战略实施的关键

实施乡村振兴战略，促进城乡融合发展，2018年中央“一号文件”已经给予明确而细致的部署。十九大对实施乡村振兴战略提出的“产业兴旺、生态宜居、乡风文明、治理有效、生活富裕”总要求具有同等重要地位，任何一项要求都不可偏废。总体而言，解决以下四大问题是至关重要的：

1.进一步推进城乡公共服务有机衔接

农村基础设施落后是制约产业兴旺的重要因素，自2006年中央“一号文件”

---

① 姜长云．科学理解推进乡村振兴的重大战略导向 [J]. 管理世界，2018，34（04）：17–24.

部署社会主义新农村建设以来，农村公共服务供给取得了明显进展，但仍然存在着水平低、城乡接续难和城乡不均衡等问题，要按照国家“十三五”规划纲要的要求，“坚持普惠性、保基本、均等化、可持续方向”，围绕“标准化、均等化、法制化”，尽快建立国家基本公共服务清单，列出哪些服务应该由政府供给、哪些应该由市场供给，分清政府和市场的职责，促进城乡基本公共服务项目和标准的有机衔接。

要积极吸纳国外先进经验，通过引入多元化供给机制、吸收社会资本、引入竞争环节，逐渐开展特许经营、战略布局、定向委托以及对比式评审等程序。政府可以召集有很好盈利能力的公共服务类项目组成友好的社会资本合作模式，利用资金补贴的形式不断带动项目前进。这种由企业负责人运行的模式不仅可以为政府减轻一定的财政负担，而且能保证公共服务项目稳步推进。财政实力对于公共服务能力均衡发展至关重要，尤其是政府的政策措施更为重要。所以，只有通过配合中央提供的政策方针指引，并跟随有能力、对“三农”有深厚情感的基层干部团队扎实推进，才能最终保证城乡基本服务等的顺利实施。

2.强化农村金融管理体制与支持政策

各种各样的经营主体高速发展既是产业兴旺的重要表现，也离不开强有力的金融支持。

第一，金融机构不仅要不断提高对农业产业化以及中小企业的产业支持，更要针对实际情况对那些具有强大竞争力、参与农业范围大、经济效益显著的企业或者农民合作社加大支持力度，通过增加投放贷款规模、创新改造金融产品等形式，使更多的金融产品适合“三农”以及微小企业。除此之外，还可以引导有条件有能力的农村专业户合作社投入信用合作中。

第二，坚持社员制、封闭性原则，不对外吸储放贷，不支付固定回报，推动社区性农村资金互助组织发展。在目前相关法律法规不健全的情况下，要合理加强对农村金融管理体制的控制，尤其是农村合作金融的管理力度，避免金融危机的发生。

第三，不断扩大供给农业保险品种。农业农村产业的特点在于低利润和高风险，因此，必须要有与之相配的保险体系来提高其应对风险的能力。为了应对农村农业产业快速发展的需求，不论是政策性的，还是商业性的保险机构，都要对现有的保险体系进行相应改革，开发出更多满足需求的保险品种。2017年修订的

《中华人民共和国农民专业合作社法》第六十六条规定，“鼓励农民专业合作社依法开展互助保险”，有利于小规模农户和家庭农场等新型经营主体在保险领域开展合作，也有利于商业保险机构在农民合作的基础上推广保险产品。

3.继续深化农村产业改革

乡村振兴以及产业兴旺必不可少的助力因素是改革。

第一，根据2016年提出的《中共中央国务院关于稳步推进农村集体产权制度改革的意见》，想要稳定地对农村集体产权制度进行改革，必须首先将核资水平进行清点，然后分产到人，开展经营性资产股份合作项目，通过一系列的改革措施，使农业农村多种经营主体能够发挥不同的创造性和新活力。

第二，继续推进农村土地所有权、承包权、经营权分置（“三权分置”）改革，这是农业农村现代化的基础，也是农业农村产业兴旺的基础。要按照2016年中共中央办公厅、国务院办公厅发布的《关于完善农村土地所有权承包权经营权分置办法的意见》，扎实做好农村土地确权登记颁证工作，建立健全土地流转规范管理制度，构建新型经营主体政策扶持体系，农村土地二轮承包到期后再延长30年，给农业发展提供长期而稳定的预期。完善“三权分置”法律法规，确保“三权分置”有序实施。

第三，正确认识宅基地所有权、使用权和资格权的“三权分立”政策，切实维护宅基地集体所有权，确保农民的宅基地使用资格与房屋产权，对这两项权利进行适当的放松。

第四，积极推动农业政策改革。以“黄改绿”为主要依据，对农机的购买和使用给予一定补贴，宏观调控棉花、大豆等农产品的目标价格，落实小麦以及稻谷等收购底价的改革，不断提升主要农产品的市场竞争优势，切实保证和稳步发展农村的自我改造、自我积累的实力，为进一步实现乡村振兴和产业兴旺奠定坚实的基础。

4.切实解决乡村振兴人才与资金短缺问题

乡村振兴的两个重点即乡村治理和产业发展。不论是哪个方面，都离不开人才支撑和资金支持，这也正是目前农村发展面临的两大主要困难。因此，要善于借鉴和学习其他发达国家的经验教训，建立健全农业农民制度，培养新型职业农民，加快建立一支属于农村的专业人才团队；通过合理的奖励机制，利用乡情乡愁的情感联系，呼吁和引导大批的优秀企业家、党政干部、专家学者、医护人员、建筑设计师、专业技能人才、规划师等专业技能人才为乡村事业的发展贡献自己的力量。

对财政的投入政策要进一步落实和加强，利用财政资金四两拨千斤的作用，将更多的社会资本引用到乡村振兴的事业中来；加强金融改革力度，在农村经济社会发展的关键点和基础差的环节，争取配置到更多的金融资源，尽可能满足乡村振兴的各种金融需求。以社员性和封闭性为主要原则，坚决抵制吸储放贷、支付固定回报等，使社区性农村资金互助组织能够和谐稳定发展。

（二）“五个振兴”路径方向

2018年3月8日，习近平总书记参加第十三届全国人民代表大会第一次会议山东代表团审议时发表重要讲话，就实施乡村振兴战略提出“五个振兴”，即“乡村产业振兴、人才振兴、文化振兴、生态振兴、组织振兴”。五个方面构成一个整体，也是实施乡村振兴战略的路径和主攻方向。

总体而言，产业振兴的根本在于将农业农村的各项产业做大做强，不仅为了实现人们对农业农村美丽生活的向往和追求，也能解决由于农业农村发展不平衡导致的矛盾。因此，必须保证农产品以及相关附属产品功能和种类尽可能丰富，同时保证其安全性，落实质量兴农方针，让农业农村实现绿色化发展。为了能让农民更快地收获来自农产品加工的良好收益，必须制订切实可行的方案政策来有效推进农产品加工业的发展；确保一、二、三产业合理配置、齐头并进，不断推进二产化和三产化，改善农业产业盈利不理想的状态；在保证培养新型农业经营主体的情况下，注意对小农户的扶持，针对不同的实际情况采取相应措施，帮助小农户实现与现代农业共同发展的目标。

人才振兴是指不断开发乡村人力资本，开发智力、提高技能、管理下乡通道，培养多种多样的乡土人才；对现有的农民制度进行全面建设和改革，根据针对性的政策方针，培养适合时代需要的新型职业农民；改进优化人才培养模式，不断开发和培养新的农业职业经理人、能工巧匠、文化牛人、非物质文化遗产传播与继承者等新型人才；通过科学合理的激励机制，利用科技作为支撑，大力宣扬人们的乡情乡愁，引入更多能够投身乡村建设的党员干部、企业家、专业人才、医护人员、乡村教师、建筑设计人员、规划师以及优秀科技人才等。

文化振兴是指提高农村思想道德修养水平，继承和发扬优秀的农村传统文化，完善和加强公共文化事业，大力宣传推广文化活动。

生态振兴是指在乡村生态上实现一个质的飞跃，不仅要保证生活富裕，还要维护生态平衡的美好环境，对乡村的山、水、草、木、渔、田进行全面控制管理；对农业污染问题要引起足够的重视并提出合理的解决方案，走绿色发展的农业道路；正确认识和处理开发与保护之间的关系，既要保证开发和提供更多更好的绿色生态产品，又要确保乡村生态环境不被污染破坏，使生态与经济共同发展，以形成良性循环。

组织振兴是指依靠农村党支部组织的模范带头作用和农村村委会的坚强后盾为基础，利用成立农民专业合作社等形式来进一步帮助农民互相团结，创办老人协会、婚丧嫁娶协会等有趣有意义的组织，激发广大农民爱家、爱村、爱国的热情，在保证经济稳步发展的前提下进一步促进社会和谐发展。

（三）“三治”理念创新乡村治理体系

十九大报告指出：“加强农村基层基础工作，健全自治、法治、德治相结合的乡村治理体系。”这是党中央首次提出把德治纳入乡村治理范畴。用“三治”相结合的理念创新乡村治理体系，具有重要的理论和现实意义。

早在2001年，党中央就提出了“以德治国”的理念，强调法治和德治相结合，这是新时期党的治国方略的新辅助，是在深刻总结国内外治国经验的基础上做出的科学论断。1998年通过的《中华人民共和国村民委员会自治法》确定了村民自治的大框架，在依法治国的大背景下实现了自治和法治的有机结合。但农村是熟人社会，大多数村是以家族为纽带构成的，因此，乡村治理有其特殊性。历史上，中国农村治理是以德为核心的家族式治理模式，虽然有其糟粕或不适应现代社会的一部分，但仍然有其值得传承的精华部分，比如孝敬父母、邻里和睦等，特别是在熟人社会里，德治的作用非常显著。因此，十九大报告提出的自治、法治、德治相结合的“三治”乡村治理体系非常及时，具有时代价值。

改革开放以来，中国市场经济体系取得了突出成就。目前，城乡居民整体上进入了生活富足阶段，物质供给得到了较大的满足。但市场经济观念对传统文化的冲击也是不容忽视的。在这样的背景下，要在乡村治理体系中植入“德治”理念，用传统文化中“德”这一要素来沁润、感化、引导村民，使其自觉接受传统文化的约束，自觉遵纪守法，从而在更高的层次上实现自治。

第三节 乡村振兴战略规划与运营保障

一、乡村振兴战略的重点——产业兴旺

（一）乡村产业兴旺国家政策梳理

“三农”是关系国计民生的根本性问题，1982年，中央出台了《全国农村工作会议纪要》，此后，国家对“三农”的政策力度有增无减。总的来说，国家农业政策经历了以下三个阶段的变化和演进：

第一个阶段（1982—2001年）强调农业生产，围绕农业市场化、规模化、体系化建设推行包括制度、要素投入等的一系列改革。

第二个阶段（2002—2016年）强调农业的经济和社会效应，要求农业发展在承担产业任务的同时，承担起城乡统筹建设、资源调整、产业体系延伸等多种功能，建立有保障、有质量、有效率、有产能、有格局的产业体系。

第三个阶段（2017年至今）强调农业产业发展的综合力量，农业要有赋能的属性，能够在一切需要它发挥作用的地方展现其应有的实力。农业不再作为一种产业体系而存在，而是超越了这种体系，成为全产业、全社会、全生态的体系。乡村产业不再局限于农业或者“农业+”，而是充分发挥农业的力量，实现“农业+”，成为衔接不同产业、不同格局的力量。在未来一段时间内，国家农业政策将聚焦于精准扶贫、农产品增质提效、绿色生产、产业结构和空间调控。

党的十九大报告提出，实施乡村振兴战略要坚持农业农村优先发展，按照产业兴旺、生态宜居、乡风文明、治理有效、生活富裕的总要求，建立健全城乡融合发展体制机制和政策体系，加快推进农业农村现代化。

按照中共中央、国务院决策部署，中华人民共和国国家发展和改革委员会2018年牵头编制《乡村振兴战略规划（2018—2022年）》（以下简称《规划》），按照程序上报中共中央、国务院。2018年5月31日，中共中央政治局召开会议审议《规划》。中华人民共和国国家发展和改革委员会根据本次会议要求，对《规划》进行修改完善，并报请印发实施。

《农业农村部财政部关于深入推进农村一、二、三产业融合发展开展产业兴村强县示范行动的通知》（农财发〔2018〕18号）提出：全面贯彻落实党的十九大精神，以习近平新时代中国特色社会主义思想为引领，以实施乡村振兴战略为总抓手，以农业供给侧结构性改革为主线，以产业融合发展为路径，以乡土经济、乡村产业为核心，以农业产业强镇（含乡，下同）示范建设为载体，以资金资源统筹、投融资机制创新为动力，推动农业转型升级，推进产业全面振兴，带动农村全面进步、农民全面发展，走出一条中国特色社会主义乡村振兴道路。

（二）乡村产业兴旺实施路线图

党的十九大报告要求，建立健全城乡融合发展体制机制和政策体系。产业发展是实现乡村振兴的核心，农村产业发展是农村可持续发展的内在要求。[①]初步归纳，基于乡村振兴战略的产业兴旺实施路线图如下：

第一，编制乡村振兴战略规划、产业振兴专项规划和三年行动计划。各级党委、政府要加强组织领导，明确各级发展改革、农业、工业和信息化、畜牧、林业等部门职责，加强协调互动，分工负责，研究制订和分解落实乡村振兴战略规划与三年行动计划。各部门制订乡村文明、文化旅游、组织建设、人才建设、科技研发等专项规划，完善各级乡村振兴的政策环境和产业政策，为产业兴旺提供科学的决策依据。

第二，积极推动并探索乡村振兴的产业兴旺模式。我国农村过去强调农业生产发展，目标在于解决农民的温饱问题。党的十九大以来，其主要目标是实现农业农村现代化。产业兴旺从过去单纯追求产量向追求质量转变、从粗放型向精细型经营转变、从不可持续发展向可持续发展转变、从低端供给向高端供给转变。

第三，采取问题导向，制定有序推进的步骤和策略。党的十九大将产业兴旺作为乡村振兴战略的核心。为解决我国农村产业发展的诸多问题，包括但不限于：地方特色和核心优势不明显、产业布局同质化、产业结构单一、产业缺少竞争力、效益增长乏力等，必须加强调查研究，改进管理决策水平，创新振兴模式，优化农业产业结构，补短板，降成本，打通农村产业发展的“最后一公里”。

第四，确定优势产业和培育产业。根据各地区资源和优势，运营分析模型，

① 孔祥智．乡村振兴的九个维度[M]．广州：广东人民出版社，2018.

确立产业组合和主导产业，明确产业发展的主要任务。积极探索农村产业模式和新业态，制订具体行动计划，推动农村一、二、三产业融合发展。严守耕地红线，大规模推进高标准农田建设和农村土地综合整治，加强永久基本农田保护，全面落实永久基本农田质量建设，建立健全耕地保护补偿和激励机制，构建数量、质量、生态协调发展的耕地保护体系。运用物联网、大数据、云计算、人工智能等技术改造提升传统农业，发展智慧农业、设施农业、都市农业。大力培育家庭农场，鼓励有条件的种养大户、农村经纪人和投身现代农业的高校毕业生登记注册成立家庭农场，开展示范创建，打造美丽农场、特色农场和智慧农场。

第五，落实责任分工和重点任务。以推进供给侧结构性改革为主线，明确产业兴旺的路线和主要责任，分工落实到各部门、各行业和重点农业示范园等，与重点项目相结合，不断优化、提升供给质量和效益，推动农业农村发展提质增效，实现农业增产、农村增值、农民增收。

第六，完善产业兴旺的要素配置和激励机制。重点是出台要素资源流动和优化配置的政策，制定出台财政、税收、金融和产业政策，发行产业扶持基金或乡村振兴战略基金，出台人才培育、引进和科技研发激励政策，制定各级党委、政府与乡村振兴、产业兴旺挂钩的政策与考核细则。加大责任考核和业绩兑现，提升规划制定和产业落地的力度和监督约束，推动产业兴旺目标的顺利实现。

（三）乡村产业兴旺实践案例分析

1.国际乡村产业振兴实践案例分析

全球各国农业实践可以为我国乡村振兴战略实施提供借鉴。本节系统梳理世界范围内重点国家的实践做法，按照效果显著、模式创新、有普遍参考价值的原则进行归纳提炼，总结出日本、马来西亚、意大利等几个典型国家的乡村产业发展案例，具体分析如下：

（1）日本——精致、品牌、融合。发展精致农业、品牌农业，提高农副产品品质。实施“六次产业”，挖掘农业多种功能。推动专业化分工、工厂化生产，有效保障农副产品商品化率。依靠农协组织提供的全产业链服务，协调并支持各地农业生产。获得政府大力支持并实施高强度的农业贸易保护政策，保护国内农产品市场。

（2）马来西亚——创汇、外资技术。实施农业经济多样化发展战略，重点支持橡胶、棕榈油、可可、热带水果、海产品等外向型、创汇型特色农业发展；

积极利用新加坡等国家的外资和技术，促进农业与农产品加工业发展。

（3）意大利——观光、有机。发展有鲜明地域特征、显著比较优势的蔬菜、瓜果等特色品种，优化农业种养结构；推动观光农业（世界上最早提出休闲农业概念的国家）与有机农业（欧盟有机农业生产面积最大的国家之一）发展，提高农业生产增加值；实施欧盟共同农业政策，加大对提高农业竞争力等政策的支持力度。

（4）韩国——特色、区域性产业。实行新村运动，采用政府主导、农村提出申请的方式进行精准建设；以提高农民收入为核心，着力改善农民生产生活环境，引导农村发展特色产业、区域性产业。

（5）美国——高端、全金融服务。对农业制定全方位扶持保护政策，促进农业规模化、高端化、品牌化发展；政策性、商业性和合作性金融机构三足鼎立，分别发挥引导、核心和扶持作用。

对筛选出的上述案例进行归纳发现，成功的乡村产业发展都遵循以下原则：

第一，注重可持续的规划管理，协调产业与生态、社会之间的发展关系。产业始终围绕“生态”和“以人为本”两个中心推进。强化可持续发展理念，尊重规划的权威性，规划一旦得到批准，就必须实施，不能随意更改，同时也兼顾规划的务实性、综合性、超前性与科学性。

第二，因时、因地、因势制宜，上下结合，充分发挥乡村主体的主观能动性。因时制宜，就是把握历史发展风口，推动乡村产业发展。韩国因时制宜，发起新村运动，以提高农民收入为核心，引导农村发展特色产业、区域性产业。因地制宜，就是充分利用资源禀赋，发挥本国比较优势带动乡村产业发展。马来西亚自然资源丰富，区位优势显著，以特色产业开局，以国际市场支撑多样化发展，充分利用毗邻新加坡的区位优势，引进外资和先进技术实行链上整合，提高附加值。因势制宜，就是对产业发展方向进行精准判断，顺势而为，带领乡村产业占领新高地。美国乡村产业发展一直采用因势利导的政策，农业与制造业、服务业一直“友好相处”，并通过双向资源、技术、资金输出建立完整的农业体系。日本首次提出“新六产”概念，在农业未来发展中抢占“跑道”，进行全链服务。除此之外，各类乡村产业发展成功的国家，无一不是在政府和市场双重努力下快速发展的，尤其是在乡村产业发达的国家，政府的规划布局起到了关键作用。

第三，重视乡村基础设施建设。各国乡村发展普遍经历了从单一目标向多元目标综合推进的转变，如基础设施建设、人居环境改善、乡村产业振兴等。乡村产业振兴始终是核心，改善乡村居住环境和基础设施条件普遍是首选，始终把基础设施和公共服务设施建设作为重中之重。在日韩等的发展规划中，优先将医院、学校、图书馆、广场、公园等公共基础服务设施放在重要位置，不断改善交通设施、通信设施及能源供给设施，以满足农村居民的生活与工作要求。适应信息化发展形势，不断完善乡村互联网，大力发展信息服务平台建设，为农村人才培训、农产品销售、农业信息资源开发等提供服务，全面普及农业信息化。基础设施作为有利的支撑条件不断推动产业发展，产业振兴后又反哺基础设施建设，形成良性循环。

第四，鼓励大众参与，充分发挥群众的积极性和创造性。在典型案例中，公众不仅可以在规划阶段参与，还可以通过座谈会、规划展示论证等多种方式参与规划的前期研究。为了鼓励公众参与，各国各地区均十分注重公众参与的法律权威，为公众参与提供了法律保障，没有经过公众论证的规划得不到主管部门的审批。公众在规划执行和建设阶段，积极履行监督责任，必要时可以对不合乎规划要求的行为进行申诉。

2.广东省点面结合乡村振兴发展模式分析

2018年，广东省发布了乡村振兴战略规划，对广东省乡村发展进行了全方位的部署。

第一，在学懂、弄通、做实上下功夫，深入开展现代农业发展改革“重中之重”的课题调研，认真谋划实施乡村振兴战略的思路举措，推动农业供给侧结构性改革稳健起步。严格落实全面从严治党“两个责任”，扎实推进“两学一做”学习教育常态化制度化，深入开展“走在前、做表率”活动，加强政风行风建设和监督执纪问责。

第二，加强政策制度供给，出台关于推进农村一、二、三产业融合发展、完善农村土地所有权承包权经营权分置、集体产权制度改革、深化屠宰行业改革等方面的政策性文件。推进农业“三项补贴”改革，首次实行农机购置补贴资金年度内动态调剂，开展植保无人飞机补贴、农机报废更新补贴“两个试点”。2019年7月，广东省委、省政府印发了《广东省实施乡村振兴战略规划（2018—2022年）》，并发出通知，要求全省各地、各部门结合实际认真贯彻落实。规划提出，按照“四个走在全国前列”、当好“两个重要窗口”的要求，着力打造农业农村经济高质量发展的先行区、农村基层治理的示范区、农村综合改革的试验区，力争3年取得重大进展、5年见到显著成效、10年实现根本改变，在全国率先基本实现农业农村现代化。

第三，优化农业结构布局，实施“藏粮于地、藏粮于技”战略，大力建设5个现代粮食示范区，举办水稻产业大会，重点建设了一批岭南特色水果种苗繁育场和品种改良示范基地，支持岭南中药材快速发展，推动48.7万个特色产业扶贫帮扶项目精准到户。新增畜禽标准化规模养殖示范场27个，将畜禽养殖规模化率提高到63%。根据环境容量调减生猪养殖213万头（占6%）。部署推进粮食生产功能区、重要农产品生产保护区划定工作，组织实施了雷州半岛农业现代化三年行动计划。

第四，培育新型经营主体，推进培育千家省重点农业龙头企业和百家农业龙头企业上市计划，培育省重点龙头企业820家（含国家重点龙头企业56家）、上市涉农企业65家，认定国家级和省级农民合作社示范社1651家。培育新型职业农民3万人。各类新型经营主体带动620.5万农户拓宽就业增收渠道，发展多种形式的农业适度规模经营。

第五，强化农业科技支撑，实施农业科技创新联盟专项工程，认定116个省级现代农业产业科技创新及转化平台。实施现代种业提升工程，育成农作物优良新品种97个，新增种苗繁育能力1亿多株，建立优良新品种示范基地60个，示范推广优良新品种370个（次）。保存农作物种质资源7.2万份，新建狮头鹅、华南中蜂国家级保种场。

第六，2017年下半年开始，全省各地陆续出台乡村振兴规划方案和行动计划，部分地区进入实际操作阶段。2017年11月，广东省委宣传部启动开展“广东改革开放百村探索”重大理论工程，系统研究广东百村的发展历程和经验，进行示范推广，实行以点带面、点面结合的发展模式，综合理论与实践，创新发展路径。

广东省的乡村振兴战略模式不同于其他地区，属于自下而上、以点带面、点面结合的发展模式。广东省通过激发各方面的热情，充分发挥各乡村的主观能动性，让各乡村扬长避短，形成优势产业，通过自下而上的方式进行查漏补缺、示范推广、以点带面、良性发展，推动乡村振兴战略的实施。广东省的点面结合发展模式值得借鉴。

3.上海市松江区泖港镇城郊集约型产业模式分析

松江区泖港镇位于上海市南部，距离市中心50公里，地处浦南中心位置。泖港镇占据了“气净、水净、土净”的优势，在环保、生态以及休闲农业上都发展得非常迅速，被称为上海的“后花园”，主要给上海以及周边的城市提供服务。

泖港镇是上海市首家市级生态镇，对环境卫生管理得非常到位，不断进行农村改造并建设了一些基础设施，以改善全镇的卫生状况和生态环境，创建出了国家级卫生镇。此镇主要以发展环保农业为主；在“三净”品牌的推动下也创建了其他农副经济；严格遵守节能环保指标，逐渐削弱落后工业产能。支持群众开办家庭农场，在2007年开辟了家庭农场模式的发展方向，并使此模式发展得更加专业化和规模化。

家庭农场模式在运作过程中主要进行了三方面的工作：第一，对土地流转情况进行严格规范，使分散的家庭农场全部集中起来经营；第二，不断完善服务管理体系，提升运行质量；第三，创建集约经营模式，完善运行模式。

泖港镇为了使大城市的度假需求得到满足，依据自然优势大力发展旅游业，向外引入了很多旅游项目，将一个没有任何旅游项目的城镇变成如今的农村休闲旅游镇。而且在发展旅游业的同时，泖港镇也没有遗弃自身的乡土民俗，以乡土文化为主旋律，为农村休闲旅游带来了独有的乡土气息。此外，泖港镇在满足市场需求的条件下，还对生态食品、养殖、农村文化、疗养度假以及餐饮等旅游项目进行了整合，使农村休闲产业得到统一管理和聚合。现如今，乡村旅游为泖港镇带来了不错的经济收入，同时也提高了农副产品的销售量，帮助农民解决了就业问题。

二、乡村振兴战略的关键——生态宜居

乡村是古今中外文人墨客描绘的景物，也是多数人留恋的故乡。乡村的美丽是许多人良好的愿望与憧憬，然而现实的乡村并不都是美丽的。由于诸多原因，我国很多的乡村是贫穷、萧条和污水横流的场景，亟待治理。而美丽中国、美丽乡村建设和乡村振兴战略已经吹响了让乡村再次美丽、令人向往的号角，美丽中国的起点和基础是美丽乡村。乡村振兴战略的重点是建设生态宜居的美丽乡村，这更加突出了新时代生态文明建设与人民日益增长的美好生活需要的内在联系。

乡村生态宜居是对“生产、生活、生态”为一体的内生性低碳经济发展方式的乡村探索。

（一）乡村生态宜居国家政策梳理

保护和利用生态环境是实现我国绿色协调目标，贯彻落实党的十八大、十九大会议精神，为全面建成小康社会补齐短板的关键举措，是我国经济社会可持续发展的内在逻辑与要求，也是增进民生福祉、建成美丽中国的基本保障。

《中共中央国务院关于实施乡村振兴战略的意见》《农村人居环境整治三年行动方案》《中共中央国务院关于全面加强生态环境保护坚决打好污染防治攻坚战的意见》以及《国务院办公厅关于转发国家发展改革委住房城乡建设部生活垃圾分类制度实施方案的通知》（国办发〔2017〕26号）指出，环境问题突出，资源保护培育机制匮乏，生活垃圾产生量迅速增长，环境隐患日益突出，成为新型城镇化发展的制约因素。实施乡村振兴战略，遵循资源化、减量化、无害化的绿色发展原则，是改善城乡环境、促进资源循环利用、加快“两型社会”建设、提高新型城镇化质量和生态文明建设水平的关键举措。

《国务院关于开展第二次全国污染源普查的通知》（国发〔2016〕59号）要求，开展全面系统的全国污染源调查与分析。《国务院关于印发土壤污染防治行动计划的通知》（国发〔2016〕31号）是推进生态文明建设和维护国家生态安全的重要内容。《国务院办公厅关于健全生态保护补偿机制的意见》（国办发〔2016〕31号）以及《国务院关于全民所有自然资源资产有偿使用制度改革的指导意见》（国发〔2016〕82号）提出，合理健全生态补偿、调动各方积极性、保护好生态环境的重要手段，是生态文明制度建设的重要内容。

农村道路建设是生态环境的重要组成部分。习近平在十九大报告中指出：要加快生态文明体制改革，建设美丽中国。“四好农村路”是习近平亲自总结提出、领导推动的一项重要民生工程、民心工程、德政工程。习近平指出，交通运输部等有关部门和各地区要认真贯彻落实党的十九大精神，从实施乡村振兴战略、打赢脱贫攻坚战的高度，进一步深化对建设农村公路重要意义的认识，聚焦突出问题，完善政策机制，既要把农村公路建好，更要管好、护好、运营好，为广大农民致富奔小康、为加快推进农业农村现代化提供更好的保障。

（二）乡村生态宜居实施路线图

关于乡村生态振兴工作，2018年中央农村工作会议明确指出，必须坚持人与自然和谐共生，走乡村绿色发展之路。以绿色发展引领生态振兴，统筹山水林田湖草系统治理，加强农村突出环境问题的综合治理，建立市场化多元化生态补偿机制，增加农业生态产品和服务供给，实现百姓富、生态美的统一。这为建设美丽宜居乡村指明了方向和行动路线图。

第一，编制并实施绿色生态、可持续发展的乡村振兴战略规划和行动方案。以绿色发展为引领，统一各级党委、各级政府的思想，增强“绿水青山就是金山银山”的科学发展理念。让“绿水青山”“蓝天白云”“沃土千里”成为守护美丽宜居示范村的环境摇篮，形成生态系统平衡发展的“动力”系统。

第二，制订实施山水林田湖草系统治理方案。坚决打赢蓝天、碧水、净土保卫战，加快生态保护与修复，改革完善生态环境治理体系，统筹实现“蓝天碧水绿草地”。对现有生态资源和山、水、林、田等进行全面规划和有序治理，不断优化生态环境。加强生态生物多样性保护，持续推进治水兴渔、护草守牧、荒山绿化行动。实施水污染防治行动计划，推进河长制湖长制，坚持污染减排和生态扩容两手发力，加快工业、农业、生活污染源和水生态系统整治，保障饮用水安全，消除城市黑臭水体，减少污染严重水体和不达标水体。全面提升乡村空间治理，改善农村人居环境，以循序合理的乡村建设与改造、治理，实现乡村生活“田园式”栖居。从“村村通”到“户户通”，持续推动基础设施与基本公共服务的升级保障，实施村容村貌改造工程。

第三，倡导绿色发展和低碳生活方式。生态宜居作为实现乡村振兴的底层和根本要素，全领域综合污染治理是关键先导工程，以攻为守，夺取和恢复宜居环境，实现“业有所栖”是基础保障工程。构建生态宜居振兴的“免疫动力系统”，从工业污染物排放监测和综合治理、移动机动排放监测整治、家庭生活用能排放与锅炉排放、建筑扬尘、秸秆燃烧等重点领域的监测整治、综合防治工业固废及噪声、危险废物、辐射环境污染的治理分类防治大气污染。加快调整乡村能源利用结构，鼓励高效清洁能源和新能源推广利用，推行激励与约束并举的节能减排新机制，完善农村环境税收价格政策，多渠道拓宽乡村节能改造、能源投融资渠道。实施生态发展提升工程，倡导绿色低碳办公、绿色出行，着力发展公共交通和骑行方式。推进循环生态体系和绿色建筑，减少能耗，增加森林覆盖率。

第四，全面治理农村污水、垃圾、道路、厕所等环境，打造美丽宜居乡村。分类管控防治大气污染，多措并举治理土壤污染，多方参与规范农村生态监管，全面建设美丽宜居示范村，强化乡村生态环境综合治理。强化区域联防联控，减少重污染天数，改善大气环境质量，增强人民的蓝天幸福感。以农村垃圾、污水治理和村容村貌提升为重点，治理农村人居环境。强化农村生活环境管理，保障农村饮用水安全，施行村容村貌改造工程，持续改善乡村生活居住环境。

第五，形成绿色低碳发展的产业体系。首先，遵循新发展理念，优化产业结构、能源结构、运输结构、用地结构。全面实施土壤污染防治行动计划，突出重点区域、行业和污染物，有效管控农用地和城市建设用地土壤环境风险。坚持自然恢复为主，统筹开展全国生态保护与修复，全面划定并严守生态保护红线，提升生态系统质量和稳定性。其次，加大土地污染综合治理与生态修复。实施监测“三公开”制度，建立属地监测中心站与上级及国家土壤环境信息化管理平台联动机制，加大年度定期自行土壤监测行动频率。以农业“两区”土地为重点，实施农田土壤污染防治行动计划，健全农田土壤污染监测预警体系，推进重金属污染耕地防控和修复，开展土壤污染治理与修复技术应用试点。在污染耕地集中区域，开展受污染土地综合治理与修复试点示范，探索土壤修复新技术、新模式。制定农用地污染防治相关技术规范，加快形成标准修复技术和科学治理推广模式。最后，落实问题清单、危险废物转移办结公示情况等全域污染源调查，采取重点问题式清单导向治理。实施流域环境和近岸海域综合治理，完善“四边三化”“三改一拆”等治污措施，确保水质达到五类，力争达到四类。

第六，完善生态补偿机制和监督约束办法，实现生态产业化、产业生态化。建立山水林田湖草生态系统首长责任制。实施山水林田湖草生态修复计划，推进生态系统有序治理。优化完善以奖促治政策，探索建立生态产品购买、森林碳汇等市场化补偿制度。推行生态建设和保护以工代赈的做法，提供更多生态公益岗位。

第七，实施农产品生态化工程，为社会各界提供生态、有机农产品和综合化的生产生活服务。大力发展绿色产业，关注调整改造传统产业和发展新能源、节能环保等新兴产业。推动产业绿色化发展，建设一批示范主体，打造生态循环农业新型农作模式。

（三）乡村生态宜居实践案例分析

山东省潍坊市乡村循环案例分析：

山东省潍坊市在乡村振兴战略推进过程中，全面推广资源再生模式，对各县市区因地制宜，分类实施。高密、诸城、寿光、昌邑、安丘、临朐、昌乐等养殖大县、产粮大县推进种养结合循环农业示范县建设，实施秸秆、畜禽粪便等种养业废弃物处理工程，试点探索种养业废弃物循环利用技术模式、筹资建设与运营机制等。实施“过程+末端”治理模式，推进畜禽养殖排泄物资源化利用与无害化处理。推广发展先进循环利用生态经营模式，推行畜禽粪污处理循环利用模式，推进畜禽养殖业主、种植业主之间的有效连接。推进农作物秸秆资源化综合利用，加快构筑秸秆收集贮运体系。推进食用菌种植和农产品加工废弃物的资源化利用。集成推广现代绿色农业先进实用技术，集成推广新型农作制度、节水灌溉、旱粮生产及节水、节肥、节药、节能、节地等节约化生产技术。推进“互联网+”集成推广现代农业绿色智能信息技术等智能化远程服务技术及实时监管技术。

三、乡村振兴战略的保障——乡风文明

乡村文明是乡村振兴的重要内容，是我国传统农耕文化和优秀乡村文化的传承与融合。乡风文明是乡村文化建设和乡村精神文明建设的重要目标，培育文明乡风是乡村文化建设和乡村精神文明建设的主要内容。

（一）乡村乡风文明国家政策梳理

文化是乡村的灵魂，文化兴，乡村兴。2018年3月8日，习近平在参加山东代表团审议时强调，要推动乡村文化振兴，加强农村思想道德建设和公共文化建设，以社会主义核心价值观为引领，深入挖掘优秀传统农耕文化蕴含的思想观念、人文精神、道德规范，培育挖掘乡土文化人才，弘扬主旋律和社会正气，培育文明乡风、良好家风、淳朴民风，改善农民精神风貌，提高乡村社会文明程度，焕发乡村文明新气象。这是乡村文明建设的指导思想。

2018年《中共中央国务院关于实施乡村振兴战略的意见》提出，要培育文明乡风、良好家风、淳朴民风，不断提高乡村社会文明程度。文明的乡风、家风和民风是乡村振兴的重要内容和有力保障。2019年10月，中央农村工作领导小组

办公室、农业农村部等11个部门联合印发《关于进一步推进移风易俗建设文明乡风的指导意见》（以下简称《指导意见》），对当前和今后一个时期的文明乡风建设工作做出全面的部署安排。《指导意见》提出，争取通过3—5年的努力，使文明乡风管理机制和工作制度基本健全，农村陈规陋习蔓延势头得到有效遏制，婚事新办、丧事简办、孝亲敬老等社会风尚更加浓厚，农民人情支出负担明显减轻。

（二）乡村乡风文明实施路线图

乡风文明是乡村振兴的关键。文明中国根在文明乡风，文明中国要靠乡风文明。乡土社会是中华民族优秀传统文化的主阵地，传承和弘扬中华民族优秀传统文化必须注重培育和传承文明乡风。推进乡村乡风、家风和民风文明，应重点实施如下路线图：

第一，加强群众思想引领。把习近平新时代中国特色社会主义思想作为实施乡村振兴战略，建设文明乡风、家风和民风的思想引领，持续传播党的十九大精神。聚焦脱贫攻坚、绿色发展、共建共治共享社会治理等农村热点问题，研究制定解决问题的思路和方法，引导农村干部群众坚定信心、鼓足干劲，自觉投身乡村振兴的伟大实践。

第二，建设乡村文明新风。积极推动和塑造农村新风尚，杜绝厚葬薄养、人情攀比等陈规陋习。传播科学健康的生活方式，移风易俗、敦风化俗，引导农民享受现代文明生活。落实村民议事会、道德评议会、红白理事会等村民组织，开展乡风评议，推动自治、法治、德治的融合，整治陋习，树立良好风尚。

第三，塑造优良乡风。开展乡村精神文明创建活动，培育和践行社会主义核心价值观。倡导良好家庭、家教、家风，加强农村家庭文明建设。开展“星级文明农户”“五好文明家庭”等评选活动，关爱农村留守儿童、留守妇女、留守老人，开展农村志愿服务活动。

第四，抓好乡村环境整治。将乡风文明与生态环境建设紧密融合，坚持人与自然和谐共生，践行“绿水青山就是金山银山”的理念，以建设美丽宜居村庄为指引，落实农村人居环境整治工程。加大农村垃圾污水治理和村容村貌建设，推进农村厕所革命，改善农民生产生活条件。深化农业供给侧结构性改革，主动补齐农村人居环境短板。树立现代生态文明观，倡导人与自然和谐共生，尊重自然、顺应自然、保护自然，建设生态宜居和谐的美丽乡村。

（三）乡村乡风文明实践案例分析

山东省潍坊市2011年启动实施乡村文明行动，到2020年经历了9年时间。全市以乡村文明行动为统领，推进农村精神文明建设，取得了明显的成效，全市城乡环卫一体化实现全覆盖，农村人居环境显著改善；移风易俗扎实开展，红白理事会基本实现对村居全覆盖；“新农村新生活”农村妇女培训和各类学雷锋志愿服务活动、群众性文化活动蓬勃开展，乡风文明程度有了显著提升。

潍坊市深入推进城乡环卫一体化工作，重点抓好五项工作：一是进一步强化组织领导。组织推动的层次和力度，是决定乡村文明行动成效的关键。深化乡村文明行动，必须从强化组织领导入手。二是进一步压实部门责任。各主要责任部门是推进乡村文明行动的重要工作力量。要进一步明确职责分工，消除依赖心理和空白地带。三是进一步树立问题导向。要坚持问题导向，把发现问题、解决问题作为提升工作水平的着力点。从群众反映强烈、测评中反馈出来的突出问题入手，抓整改，强基础。四是启动开展乡村文明行动“大调研、大宣传、大改进”活动。结合市委、市政府提出的“大学习、大调研、大改进”活动，启动乡村文明行动“大调研、大宣传、大改进”活动。五是进一步强化督察督导。始终聚焦现实问题，以强有力的检查督促推动问题整改、工作提升。

四、乡村振兴战略的根本——生活富裕

农民生活富裕是中国共产党和各级政府最重要的努力方向之一，也是考验地方党委和政府执政水平和政治素养的重要方面。

（一）农民生活富裕国家政策梳理

要振兴乡村，必须使农业强旺、农村美丽、农民富裕，其中让农民富裕是关键。中华人民共和国成立以来，中共中央始终高度重视农民生活富裕问题。党的十一届三中全会以来，我国农村发生了许多重大变化。其中，影响最深远的是，普遍实行了多种形式的农业生产责任制，而联产承包制又越来越成为主要形式。中国共产党第十二次全国代表大会提出了全面开创社会主义现代化建设的新局面，力争到20世纪末全国工农业年总产值翻两番的宏伟目标，并确定发展农业是实现这一宏伟目标的战略重点之一。

1983年，《中共中央关于印发当前农村经济政策的若干问题的通知》提出：我国农村只有走农林牧副渔全面发展、农工商综合经营的道路，才能保持农业生

态的良性循环和提高经济效益；才能满足工业发展和城乡人民的需要；才能使农村的剩余劳动力离土不离乡，建立多部门的经济结构；也才能使农民生活富裕起来，改变农村面貌，建设星罗棋布的小型经济文化中心，逐步缩小工农差别和城乡差别。现有的社队企业，不但是支持农业生产的经济力量，而且可以为农民的多种经营提供服务，应在体制改革中认真保护，切勿使之削弱，更不得随意破坏、分散。社队企业也是合作经济，必须努力办好，继续充实发展。要认真进行调整和整顿，加强民主管理和群众监督，建立多种形式的生产责任制。

2017年前后，中共中央、国务院及中华人民共和国国家发展和改革委员会、农业农村部、财政部、生态环境部等都出台了相应的政策文件。其中2017年中共中央办公厅、国务院办公厅印发《关于加快构建政策体系培育新型农业经营主体的意见》，集中体现了中共中央的战略意图，凝聚了各方共识，是今后一段时期指导新型农业经营主体发展的重要政策文件。主要目标是，到2020年基本形成与世界贸易组织规则相衔接、与国家财力增长相适应的投入稳定增长机制和政策落实与绩效评估机制，构建框架完整、措施精准、机制有效的政策支持体系，不断提升新型农业经营主体适应市场能力和带动农民增收致富能力，进一步提高农业质量效益、促进现代农业发展。①

《国务院关于印发“十三五”生态环境保护规划的通知》提出，要推动绿色产业建设发展，重点在加强林业资源基地建设，根本取决于加快产业转型升级，推进产业高端化、品牌化、特色化、定制化，以满足人民群众对优质绿色产品的需求。开展环保产业技术合作园区及示范基地建设，推动环保产业走出去。

2018年《中共中央国务院关于实施乡村振兴战略的意见》全面阐述了乡村振兴战略的指导思想、基本原则、目标任务、实施路线和保障措施等，是我国推动乡村文明和生活富裕的纲领性文件。

《国务院关于加强质量认证体系建设促进全面质量管理的意见》（国发〔2018〕3号）提出，通过3—5年的努力，我国质量认证制度趋于完备，法律法规体系、标准体系、组织体系、监管体系、公共服务体系和国际合作互认体系基本完善，各类企业组织特别是中小微企业的质量管理能力明显增强，主要产品、工程、服务尤其是消费品、食品、农产品的质量水平明显提升，形成一批具

① 贺雪峰 . 乡村治理与农业发展 [M]. 武汉：华中科技大学出版社，2017.

有国际竞争力的质量品牌。

（二）农民生活富裕实施路线图

生活富裕是乡村振兴的目标和决定性指标，关系到我国“十三五”规划的实施成效和决战全面建成小康社会胜利的关键。全面建成小康社会，标志性的成果至少含有农村贫困人口全部脱贫、贫困县全部摘帽。打好脱贫攻坚战，关键是打好深度贫困地区脱贫攻坚战，攻克贫困人口集中的乡和村。乡村振兴战略事关国家现代化和中华民族伟大复兴。生活富裕是乡村振兴的重要目标，也是各地区“三农”工作的重点。结合2018年《中共中央国务院关于实施乡村振兴战略的意见》精神，实现农民富裕可实施以下的工作路线图：

第一，增加集体和农民收入。按照“消除空壳村、扶持薄弱村、壮大富裕村”的思路，优先保障集体经济发展，加强农村“三资”管理，拓宽农民增收渠道。加强县、镇两级农村经济管理队伍建设，优化完善农村集体“三资”委托代理服务，积极推行会计聘任制，规范村级财务公开。开展村庄经营，引导新型经营主体和集体经济组织建设标准厂房、商铺、营业用房和来料加工点等农民创业基地。鼓励村集体和有条件的农户依法向金融机构融资担保、入股从事农业产业化经营，获取财产性收入。

第二，提升创业就业质量。加大乡村人力资源开发，多渠道支持农民创业，全方位提高就业质量，多元化提供创业就业保障，提升创业就业质量。引导工商资本和各类人才下乡，开拓农村创业“蓝海”，享受农村创新创业“红利”。构建一批“线上线下、虚实一体、阳光便捷”的就业服务平台。培育一批家庭工场、手工作坊、乡村车间，鼓励在乡村地区兴办环境友好型农产品加工、传统工艺类、大数据类、休闲旅游类、农耕文化类、农业服务类新企业，实现乡村经济多元化，提供更多就业岗位。

第三，推动城乡基础设施互联互通。完善交通物流和仓储基础设施，强化水资源和能源、通信等基础保障，实施数字乡村战略，构建清洁高效能源体系，促进城乡基础设施互联互通，推进农村基础设施提档升级。全面推进城乡客运公交化和城乡公交一体化建设，鼓励发展镇村公交。倡导低碳生活，节约利用生产生活用水，保障水资源供应能力，施行水资源消耗总量和强度双控行动，加大水资源统一调度力度，确保空间均衡，合理分配客水指标，保证居民基本用水。加快农村地区宽带网络和第四代移动通信网络覆盖步伐，开发适应“三农”特点的信息技术、产品、应用和服务。深化农村能源服务体制机制创新，构建“清洁高效、多元互补、城乡协调、统筹发展”的现代农村能源体系。

第四，构建农村公共服务体系。优先发展农村教育，重点发展农村医疗，持续优化社会保障，构建覆盖城镇、普惠共享、公平持续的基本公共服务体系。加强新型农民职业教育，建立与区域经济社会发展需求、现代产业体系和社会就业相适应、相互衔接、协调发展、开放兼容的现代职业教育体系，逐步分类推进中等职业教育免除学杂费。健全学生资助制度，把农村需要的人群纳入特殊教育体系，推动优质学校辐射农村薄弱学校常态化。优化完善农村教育保障体系，建立健全长效运营机制。全面实施社会保险改革，推广全民参保登记计划，完善城乡一体化的社会保险体系。

第五，打好精准脱贫攻坚战。做好乡村振兴与扶贫攻坚有机衔接，坚持精准扶贫、精准脱贫，把提高脱贫质量放在首位。推动产业扶贫、开展教育扶贫、加强精神扶贫、实施金融扶贫、推进社会扶贫、夯实重点扶贫，打好精准脱贫攻坚战。完善社会扶贫供需对接机制，整合全行业志愿服务资源。探索“互联网+”社会扶贫模式，搭建农村最低生活保障工作的动态化精细化管理系统，实现扶贫资金、资源与贫困对象精准对接。

第六，出台产业优先扶持政策。在土地、资金、人才等方面优先向农业农村倾斜，并加大党管农村和干部任用力度，提高各方面对农业农村的重视和投入，快速提高农业发展质量和效率。

（三）农民生活富裕实践案例分析

山东省潍坊市以扶贫推动农民致富：

山东省潍坊市在推进乡村振兴战略中，按照抓重点、补短板、强弱项的要求，把乡村建设成为幸福美丽新家园。增加集体和农民收入，提升创业就业质量，推动城乡基础设施互联互通，构建农村公共服务体系，打好精准脱贫攻坚战，推进生产生活融合和城乡融合，调动广大农民的积极性、主动性、创造性，把广大农民对美好生活的向往化为推动乡村振兴的动力，增强农民群众的获得感、幸福感、安全感。

潍坊市聚焦重点区域和重点人群集中发力。重点扶持山区库区、1个省级重点扶持乡镇、3个省扶贫工作重点村和8个市级重点扶贫镇街。根据脱贫攻坚实际，按照总资金不低于50%的比例，将新增的脱贫攻坚资金、脱贫攻坚项目、脱贫攻坚举措，向脱贫任务重点区域倾斜，确保重点区域与全市同步高质量打好脱贫攻坚战。重点帮扶贫困人口中60岁及以上老年人、身患病残以及基本无劳动能力的贫困户，确保重点群体有稳定的收入、有病能治、孩子能上学、房子有保障。发挥“311”民生公共政策体系兜底作用，综合运用民政救助政策、资产收益、实物供给、孝善扶贫、邻里互助等方式进行兜底保障。探索设立互助养老公益岗位、政府集中供养、医养结合等模式，为重点人群提供帮扶。

五、乡村振兴战略的后盾——乡村治理

作为国家治理体系的重要组成部分，乡村治理关系着乡村振兴战略的成败与否，更是习近平新时代中国特色社会主义思想中，推进国家治理体系和治理能力现代化的重要表现形式。治理有效，是乡村治理的目标。构建治理有效的乡村治理体系，是实现乡村振兴战略的基础。

2014年3月5日，习近平总书记参加第十二届全国人大二次会议上海代表团审议时指出：“治理和管理一字之差，体现的是系统治理、依法治理、源头治理、综合施策。”习近平总书记的这一论述对政府职能进行了系统性论述，推行国家治理以及最终实现治理能力现代化是题中之义。2018年《中共中央国务院关于实施乡村振兴战略的意见》不仅明确指出当前农村治理体系存在的问题，“农村基层党建存在薄弱环节，乡村治理体系和治理能力亟待强化”，而且也提出了以“加快推进乡村治理体系和治理能力现代化”为核心的解决路径。此外，文件也对乡村治理体系的宏伟蓝图进行了规划，即“到2020年，乡村振兴取得重要进展，乡村治理体系进一步完善……到2035年，乡村振兴取得决定性进展，乡村治理体系更加完善”。习近平总书记对“三农”问题与中国发展的逻辑关系进行了系统性的阐述：“中国要强，农业必须强；中国要美，农村必须美；中国要富，农民必须富。农业基础稳固，农村和谐稳定，农民安居乐业，整个大局就有保障，各项工作都会比较主动。”（2013年12月，在中央农村工作会议上的讲话）乡村治理正是实现农村和谐稳定、农民安居乐业的关键因素。因此，在农村治理体系亟待进一步完善的大背景下，将乡村治理纳入国家治理体系并不断完善，创新乡村治理体系，走乡村善治之路，实现乡村治理有效的目标显得尤为重要。实现乡村治理有效的抓手包括以下三个方面：一是建设现代乡村社会治理体制；二是健全自治、法治、德治相结合的乡村“三治结合”治理体系；三是以基层党组

织为抓手实现乡村形态的稳定。

（一）现代乡村社会治理体制解析

习近平总书记在2017年中央农村工作会议上明确指出："建立健全党委领导、政府负责、社会协同、公众参与、法治保障的现代乡村社会治理体制。"建设现代乡村社会治理体制需要做到党委领导、政府负责、社会协调、公众参与和法治保障五个方面。完善乡村社会治理体制，建设现代乡村社会治理体制，是实现乡村振兴战略总要求中"治理有效"的重要制度保障。农村基层社会治理有效运转，关系着国家治理现代化目标的实现。当前，乡村社会治理的重点和难点是农村基层，具体表现为乡村治理的目标性偏离以及治理效率偏低的现实难题，亟须构建"政府引领、社会参与、制度保障"的现代乡村社会治理体制。所谓"政府引领"，指的是以政府为核心，规范乡村治理目标和引导乡村治理的方向，解决乡村治理的目标性问题，对应"健全党委领导、政府负责"两个方面。所谓"社会参与"，指的是充分调动社会多方力量，参与到乡村治理之中，对应"社会协调、公众参与"。所谓"制度保障"，指的是依托法律等制度强制性约束，解决乡村治理中出现的棘手难题，对应"法治保障"这一方面。

1."政府引领"式乡村治理机制

"政府引领"式乡村治理机制是发展和完善中国特色社会主义制度的基本要求，也是深入推进国家治理现代化的重要着力点。习近平总书记指出："国家治理体系和治理能力是一个有机整体，相辅相成，有了好的国家治理体系才能提高治理能力，提高国家治理能力才能充分发挥国家治理体系的效能。"（《习近平谈治国理政》）显然，"政府引领"式乡村治理机制反映出了中国特色社会主义制度下的国家治理体系的科学性和治理能力的执行力。明确好乡村治理的目标、把握住乡村治理的方向，既是国家治理体系科学性的反映，也是解决乡村治理中方向不清、目标不明的措施。国家治理现代化是一个有机整体，建设现代乡村社会治理体制正是这一有机整体的重要组成部分。"政府引领"式乡村治理机制需要明确以下三个方面的内容：

第一，明确"政府引领"式乡村治理机制需要坚持马克思主义思想不动摇。马克思主义的基本原则是实事求是，"政府引领"式乡村治理体制正是在充分判断当前乡村治理体制目标性不明确、方向性不清晰的实际情况下所做出的结论性表述。马克思主义思想与中国实践紧密结合，构成了符合中国实际的马克思主义中国化，研究和解决中国的实际问题。实现乡村和谐稳定和治理有效，就需要坚持运用马克思主义的立场、观点和方法，结合符合时代特征和人民群众愿望的民族语言予以论述，依托“政府引领”式乡村治理机制把脉问诊乡村基层治理。因此，“政府引领”式乡村治理机制的重要前提是坚持马克思主义思想不动摇。

第二，明确“政府引领”式乡村治理机制需要补充完善国家治理体系内涵。乡村治理体系的构建是补充完善具有中国特色的国家治理体系的重要内容。国家治理体系是一个庞大的系统工程，不是短期之内的一蹴而就，而是需要持之以恒、久久为功，最终实现国家治理现代化的结果。国家治理体系是一个有机整体，剥离出任何内容都会造成国家治理体系的瓦解。把解决好农业、农村、农民问题作为党和国家工作的重点难题，实现农村和谐稳定和农民安居乐业的要求离不开“政府引领”式乡村治理机制。

第三，明确“政府引领”式乡村治理机制需要厘清目标任务以及重点难点。“政府引领”式乡村治理机制是掌舵乡村治理的方向，这就需要厘清政府引导下乡村治理的目标、任务、基本原则以及重点难点。“政府引领”式乡村治理机制是依托政府的力量解决乡村治理中“谁来治理”的问题，并对“怎么治理”提出了方向性判断。因此，需要牢固确立这一乡村治理机制的目标是实现乡村治理有效，任务是解决以往乡村治理中的靶向性偏离问题，以马克思主义思想和推进国家治理现代化作为基本原则，重点难点是如何在顺应经济发展新形势、社会主义主要矛盾发生转变的背景下，做到科学、准确地判断治理方向，实现有效的乡村治理。

2.“社会参与”式乡村治理机制

“社会参与”式乡村治理机制的目标是实现多方参与，解决治理效率偏低和“谁来治理”的难题，是实现国家治理现代化最终目标的重要着力点。习近平总书记在十九大报告中提出了共建、共治、共享的社会治理理念，即“加强社会治理制度建设，完善党委领导、政府负责、社会协同、公众参与、法治保障的社会治理体制”。“社会协同”和“公众参与”正是共建、共治、共享理念的表现形式。现代乡村社会治理体制是一个有机整体，“社会参与”式乡村治理机制作为其重要组成部分，具有社会自我调节功能。“社会参与”式乡村治理机制需要做到以下三个方面：

第一，“社会参与”式乡村治理机制需要发挥优势、实现优势互补。“社会参与”式乡村治理作为多个社会参与主体共同治理的方式，旨在充分调动不同社会主体参与治理的能动性，实现多方参与、共同治理，治理效果最大化的局面。然而，任何一项决策都需要考虑到成本与收益，多方参与不可避免地面临着如何实现不同参与主体之间的协调问题，这就会带来高昂的协调成本。因此，“社会参与”式乡村治理机制亟须发挥不同社会参与主体的比较优势，降低高昂的协调成本，实现优势互补。

第二，“社会参与”式乡村治理的参与主体需要明确责任与义务。“社会参与”式乡村治理的每个参与主体作为协同治理的一部分，需要明确参与乡村治理过程中的责任与义务，做到责任与义务相统一。责任与义务的不统一必然会出现矛盾，进而会产生高昂的协调成本，降低治理的效率。因此，构建“社会参与”式乡村治理，需要明确参与主体在参与乡村治理过程中的责任与义务，并予以监督，做到责任与义务相统一。

第三，“社会参与”式乡村治理的参与主体需要做到知法与懂法。参与主体在参与乡村治理过程中，需要遵守规章制度，做到知法自律、懂法自护。“社会参与”式乡村治理的各个参与主体在从事乡村基层治理过程中，不可避免地会遇到一些纠葛，因此知法和懂法就显得尤为重要，既可以做到自律，又是自我保护的一种表现形式。因此，加强对乡村治理的社会参与主体的法律意识宣传，具有非常重要的现实意义。

3.“制度保障”式乡村治理机制

“制度保障”式乡村治理机制的目标是以依托制度文件的方式对参与主体的行为进行规范，为实现乡村治理有效目标从制度层面提供了保障，也是实现国家治理现代化最终目标的重要着力点。习近平总书记指出：“法律是治国之重器，法治是国家治理体系和治理能力的重要依托。”（摘自习近平《关于中共中央关于全面推进依法治国若干重大问题的决定的说明》）可见，依法治理既是现代治理的核心，也是乡村治理的核心。作为一个有机整体的现代乡村社会治理体制，“制度保障”式乡村治理机制显得尤为重要，核心是保障了现代乡村社会治理体制的有序运行。“制度保障”式乡村治理机制需要明确以下四个方面：

第一，“制度保障”式乡村治理机制需要做到有法可依。乡村治理机制中的有法可依是指在乡村治理过程中，出台或颁布以实现乡村治理有效为目标的法律、法令、条例、决议、命令和地方性法规，保证乡村治理过程中重要的和基本的关系具有法律化和制度化的性质。有法可依是“制度保障”式乡村治理机制的前提。

第二，“制度保障”式乡村治理机制需要做到有法必依。乡村治理机制中的有法必依是指在乡村治理过程中，各个参与主体必须遵循法律的要求，做到遵纪守法。尤其是在乡村治理过程中出现法律纠纷，要依据现行的法律进行处置，避免法律成为一纸空文。有法必依是“制度保障”式乡村治理机制的可靠基础。

第三，“制度保障”式乡村治理机制需要做到执法必严。乡村治理机制中的执法必严是指在乡村治理过程中，执法机关和执法人员要严格按照法律要求，做到实事求是，维护法律的权威性，根据法律条例尊重公民的合法权益。在乡村治理过程中，遇到纠纷事件要做到执法必严，以儆效尤。执法必严是“制度保障”式乡村治理机制的重要条件。

第四，“制度保障”式乡村治理机制需要做到违法必究。乡村治理机制中的违法必究是指在乡村治理过程中，不管地位多高、功劳多大都没有违反法律的资格，一旦违反法律都要受到法律的制裁。违法必究是“制度保障”式乡村治理机制的有力保障。

（二）自治、法治、德治三结合环境下的乡村治理

十九大报告以及2017年中央农村工作会议都对如何完善乡村治理体系做出了战略性部署，即“健全自治、法治、德治相结合的乡村治理体系”。实现自治、法治、德治三结合的“三治”，是实现乡村治理的重要思想性创新。依托“三治”实现治理有效，理应是健全乡村治理体系的重要路径选择。21世纪以来中国乡村基层治理政策文件详见表3-1[①]。

表3-1 21世纪以来中国乡村基层治理政策文件梳理

年份	文件名称	主要内容
2005	《中共中央国务院关于进一步加强农村工作提高农业综合生产能力若干政策的意见》	建立健全村党组织领导的充满活力的村民自治机制
2006	《中共中央国务院关于推进社会主义新农村建设的若干意见》	健全村党组织领导的充满活力的村民自治机制

① 本节表格均引自：吴维海．新时代乡村振兴战略规划与案例 [M]. 北京：中国金融出版社，2018.

年份	文件名称	主要内容
2007	《中共中央国务院关于积极发展现代农业扎实推进社会主义新农村建设的若干意见》	健全村党组织领导的充满活力的村民自治机制
2008	《中共中央国务院关于切实加强农业基础建设进一步促进农业发展农民增收的若干意见》	完善村民自治制度，健全基层党组织领导的充满活力的基层群众自治制度
2010	《中共中央国务院关于加大统筹城乡发展力度进一步夯实农业农村发展基础的若干意见》	发展和完善党领导的村级民主自治机制
2012	《中共中央国务院关于加快推进农业科技创新持续增强农产品供给保障能力的若干意见》	完善农村基层自治机制，健全农村法制，加强和创新农村社会管理，确保农村社会和谐稳定
2013	《中共中央国务院关于加快发展现代农业进一步增强农村发展活力的若干意见》	进一步健全村党组织领导的充满活力的村民自治机制
2014	《中共中央国务院关于全面深化农村改革加快推进农业现代化的若干意见》	完善和创新村民自治机制，实现村民自治制度化和规范化。探索不同情况下村民自治的有效实现形式
2015	《中共中央国务院关于加大改革创新力度加快农业现代化建设的若干意见》	在有实际需要的地方扩大以村民小组为基本单元的村民自治试点，继续搞好以社区为基本单元的村民自治试点，探索符合各地实际的村民自治有效实现形式
2016	《中共中央国务院关于落实发展新理念加快农业现代化实现全面小康目标的若干意见》	依法开展村民自治实践，探索村党组织领导的村民自治有效实现形式
2017	《中共中央国务院关于深入推进农业供给侧结构性改革加快培育农业农村发展新动能的若干意见》	完善村党组织领导的村民自治有效实现形式，健全自治、法治、德治相结合的乡村治理体系
2018	《中共中央国务院关于实施乡村振兴战略的意见》	坚持自治、法治、德治相结合，确保乡村社会充满活力、和谐有序；深化村民自治实践，坚持自治为基；建设法治乡村；坚持法治为本，树立依法治理理念；提升乡村德治水平
2019	《中共中央国务院关于加强和改进乡村治理的指导意见》	深入贯彻落实党的十九大精神和《中共中央国务院关于实施乡村振兴战略的意见》部署要求，推进乡村治理体系和治理能力现代化，夯实乡村振兴基层基础

十九大报告首次提出“健全自治、法治、德治相结合的乡村治理体系”。2018年《中共中央国务院关于实施乡村振兴战略的意见》指出“坚持自治为基，坚持法治为本，提升乡村德治水平”。由此可以看出，以自治为主的乡村治理体系正在转变为“三治”相结合的乡村治理体系。这一重大思想性创新对于健全乡村基层治理体系，实现治理有效具有极为深远的意义。自治、法治、德治相结合

是农村基础治理的一次理论创新和实践创新，出发点和落脚点是实现农村基层和谐稳定，核心要义是为了农村人民群众。

1.自治是健全乡村治理体系的核心要义

乡村治理极其复杂，一方面是因为治理主体的多元性，另一方面是治理内容的复杂性。如何做到治理有效，两个关键因素是发挥社会内在力量和降低乡村治理成本。长期以来，乡村治理多是依靠内生性的力量实现农村家庭的内部治理和乡村的自我管理，内生性动力的压抑阻碍乡村治理体系的完善。正是源自内生性动力，广大农村居民具有乡村自治的期望。此外，乡村自治也更好地解决了乡村基层治理中高成本的困境。中国的乡村是以“熟人”为纽带的乡土社会，村庄社会并不是依靠外部力量而形成的，而是依靠坚固性的自身力量所形成的。自治能够更好地发挥乡村精英的主观能动性，依靠弱关系的方式实现人与人之间的管理，降低了交易成本。

以村民自治为核心要义，是让农村居民直接行使自身的民主权利，实现民主选举、民主决策、民主管理和民主监督的一项政治制度。中国特色社会主义政治制度的一项内容是基层民主政治建设，村民自治则是农村基层民主政治建设的重要途径。此外，乡村治理面临着规范性和乡土性相交融、传统民俗与现代文化相统一等问题，乡村经济社会面临着巨大变迁等问题，所以赋予乡村治理充分的自主性就显得格外关键。2017年12月15日，国务院新闻办公室发表的白皮书《中国人权法治化保障的新进展》显示，超过98%的村庄都制定或者修订了村规民约或村民自治章程，更加凸显出自治在乡村基层治理中的重要地位。作为中国农民的一项伟大创举，村民自治制度已实行超过30年。十九大之前的一系列政策文件针对农村基层治理核心的论述便是村民自治。

自我管理是村民自治的一项内容，显现出的是村民自治的自主性。自主性是自治的前提，失去了自主性，村民自治则是一纸空文。广大农民群众的自愿程度也影响了治理的有效性，并决定着治理的有效程度，自愿参与是自主性的表现形式。要大力赋予乡村基层治理过程中基层自治的权利，引导广大农民群众增强自我管理、自我监督、自我服务的能力，避免出现“名为村民自治，实则放任自流”的现象，削弱了农村基层的治理能力。自治的力量在于以农村基层党组织作为村民自治的抓手，做到村务公开，并结合各类人才（如乡村精英、社会人才等），完善乡村基层治理体系，为实现乡村治理有效的目标做出贡献。充分挖掘村民自治在乡村治理体系中的内在价值，既能够激发村民参与村庄管理的热情，又能够解决政府公共物品供给不足的难题。因此，健全乡村治理体系的核心要义是自治，自治的核心是内生动力的挖掘。

2.法治是健全乡村治理体系的应有之义

法治是国家治理的根本，也是实现乡村治理有效的重要制度保障。治理有效，法治先行。特别是在当前，依托法治解决乡村治理体系中的重点难点理应是健全乡村治理体系的应有之义。

当前乡村法治建设受限于农村人力资本水平、经济发展水平以及形式主义等问题，总体上看仍滞后于城市法治建设。具体来说，一是当前村民法治意识淡薄。农村人力资本水平低下表现在许多村民对基本的法律不甚了解，甚至出现村民因不懂法律而侵犯他人合法权益却浑然不知的现象，也有村民不知道如何依托法律维护自身合法权益。二是当前村庄经济发展水平滞后于城市经济发展水平。经济发展水平的滞后意味着农村居民收入水平较低，村庄想要发展经济不可避免地会涉及乡村土地问题。而耕地纠纷、宅基地纠纷以及集体建设用地的处置不当，都是乡村法治治理的难题。三是乡村法治宣传力度的薄弱也是造成乡村基层治理中法治效力不高的重要原因。流于形式的法律宣传既达不到法律宣传的初衷，也会影响村民法律意识认知水平的提升。

此外，乡村治理中仍面临着一些重要领域法律空白的难题。一些亟须颁布施行的法律（如农村集体经济组织法需要抓紧制定，以解决农村集体经济组织的产权边界不清等方面的问题）尚未制定出台，一些法律仍需通过立法修法调整修改，不少法律还停留在行政法规、地方法规和部门规章的层次上，缺乏法律效力，没能充分发挥法治在乡村基层治理中的效果。社会主义法治社会的建设离不开农村法治建设，农村法治建设的关键是执法必严、违法必究。然而，当前乡村基层治理中执法不严、违法不究的司法不公现象时有发生，囿于传统观念以及熟人社会的影响，完全依托法治解决纠纷难度不小，乡村基层治理有效亟须破解这一掣肘。因此，法治理应是健全乡村治理体系的应有之义，法治的关键是增强乡村全体成员的法治观念。

3.德治是健全乡村治理体系的扬善之义

德润人心，以德治国一直是中国的治国方略。早在春秋战国时期，以德治国就被提及。为政以德是对为官者德行的要求，也是一名合格的党员干部必须要具有的品行。乡村治理中的德治，是维护乡村良好秩序的内生动力，是以马克思列宁主义、毛泽东思想、邓小平理论、“三个代表”重要思想、科学发展观和习近平新时代中国特色社会主义思想为指导，以为广大乡村人民服务为出发点和落脚点进行乡村基层治理。如何实现人人向善、人人趋善、人人为善，这就需要发挥德治在乡村治理中的作用。

乡村德治能够提升广大基层干部的道德素质，将社会主义核心价值观融入乡村基层理念之中，转化为乡村人民群众的情感认同与行为准则，充分挖掘出中华民族的优秀传统文化，为实现“四个自信”中的文化自信指引方向。习近平总书记对传统文化做了重要阐述：“要深入挖掘和阐发中华优秀传统文化讲仁爱、重民本、守诚信、崇正义、尚和合、求大同的时代价值，使中华优秀传统文化成为涵养社会主义核心价值观的重要源泉。”（习近平：以中华优秀传统文化涵养社会主义核心价值观）而乡村基层建设中的德治，则是充分挖掘中华优秀传统文化的举措。乡村是农村居民的精神家园，中华优秀传统文化起源于乡村，植根于乡村。古往今来，许多优秀的乡村文化正是人们长期在乡村劳作和生产生活中积累和孕育而出的，如家风家训、人文历史、村风民约、乡贤乡绅等。

应当注意的是，乡村德治是一个长期的过程，并随着环境的变化而改变。因此，乡村文化环境的建设也是不容忽视的问题。良好的乡村文化环境离不开学习与宣传，离不开乡贤和乡村精英。总的来说，乡村治理中的德治，正是要紧紧抓住孕育于乡村、植根于乡村的传统文化，以乡村文化建设为抓手健全乡村治理体系。农村家庭是乡村德治的基础载体，基层组织是乡村德治的关键载体。因此，德治理应是健全乡村治理体系的扬善之义。

（三）农村基层党组织建设与乡村基层治理

1.农村基层党组织建设的重要性

农村基层党组织作为党在农村工作的执政之基，是最能接触到人民群众的末梢，乡村基层组织肩负着乡村振兴的使命，是党联系广大人民群众，带领人民群众打赢“三农”攻坚克难战，夺取全面建成小康社会的排头兵。因此，实现乡村形态的稳定，做到乡村治理有效，就需要充分发挥农村基层党组织的战斗堡垒作用和党员干部的先锋模范作用，为深化农业农村改革、推进社会主义现代化进程和实现乡村振兴战略提供保障。党的执政地位牢固是新时期全面深化改革，推动各项事业发展的重要基石。因此，农村基层党建工作是巩固党联系群众的组织基础，是扎实推进党在农业农村各项工作的重要保障，也是完善乡村基层治理体系的重要举措。牢牢把握住农村基层党组织建设在乡村基层治理体系中的作用，才能保证乡村形态稳定、不动摇。

高度重视农村基层党组织建设，是中国共产党在深化农村改革过程中所凝练出的重要结晶。因此，加强农村基层党组织建设工作，是破解乡村治理各项难题的一项重大举措。党的组织体系分为中央组织、地方组织和基层组织三个部分。改革开放以来，伴随着经济社会的不断发展，农村基层党组织建设工作得到了长足发展。经过几十年的洗礼，农村基层党组织建设工作始终是中国共产党农业农村工作的重要任务，与农业农村工作的目标相契合。

2014年《关于全面深化农村改革、加快推进农业现代化的若干意见》更是首次提出了建设农村基层服务型党组织这一指导方针，即“深入开展党的群众路线教育实践活动，推动农村基层服务型党组织建设”，旨在提高农村党建科学化和党组织的先进性和纯洁性。农村基层党组织的建设离不开上级党委的重视，2016年《关于落实发展新理念加快农业现代化实现全面小康目标的若干意见》明确强调“建立市县乡党委书记抓农村基层党建问题清单、任务清单、责任清单，坚持开展市县乡党委书记抓基层党建述职评议考核，从严加强农村党员队伍建设，持续整顿软弱涣散村党组织”，全方位狠抓农村基层党组织建设。2017年和2018年《中共中央国务院关于深入推进农业供给侧结构性改革加快培育农业农村发展新动能的若干意见》《中共中央国务院关于实施乡村振兴战略的意见》在对党组织科学管理的基础上，着力强调了农村基层党组织在乡村治理中的作用，即完善村党组织领导的村民自治有效实现形式和加强农村群众性自治组织建设，健全和创新村党组织领导的充满活力的村民自治机制，旨在要求农村基层党组织在乡村治理中发挥出重要作用。

2.农村基层党组织建设的演变历程

关于2004年以来农村基层党组织建设的相关政策文件见表3-2。

表3-2 2004年以来农村基层党组织建设的相关政策文件梳理

年份	文件名称	主要内容
2005	《关于进一步加强农村工作提高农业综合生产能力若干政策的意见》	深入开展农村党的建设“三级联创”活动，增强农村基层党组织的创造力、凝聚力和战斗力，充分发挥农村基层党组织领导的核心作用，进一步巩固党在农村的执政基础

续表

年份	文件名称	主要内容
2006	《关于推进社会主义新农村建设的若干意见》	继续开展农村党的建设“三级联创”活动，加强基层党风廉政建设，巩固党在农村的执政基础
2007	《关于积极发展现代农业扎实推进社会主义新农村建设的若干意见》	继续开展农村党的建设“三级联创”活动，选好配强乡村党组织领导班子，加强以村党组织为核心的村级组织配套建设，加强农村基层党风廉政建设
2008	《关于切实加强农业基础建设进一步促进农业发展农民增收的若干意见》	深入推进农村党的建设“三级联创”活动，加强以村党组织为核心的村级组织配套建设，建立城乡党的基层组织互帮互助机制，健全农村党员联系和服务群众的工作体系
2009	《关于2009年促进农业稳定发展农民持续增收的若干意见》	建立健全城乡一体党员动态管理机制，加强农民工党员教育管理，完善村党组织两推选、村委会直选的制度和办法
2010	《关于加大统筹城乡发展力度进一步夯实农业农村发展基础的若干意见》	推动农村基层党组织工作创新，扩大基层党组织对农村新型组织的覆盖面，推广在农民专业合作社、专业协会、外出务工经商人员相对集中点建立党组织的做法
2013	《关于加快发展现代农业进一步增强农村发展活力的若干意见》	扩大农村党组织和党的工作覆盖面，加强基层党组织带头人队伍建设。加强农民合作社党建工作，完善组织设置，理顺隶属关系，探索功能定位
2014	《关于全面深化农村改革加快推进农业现代化的若干意见》	深入开展党的群众路线教育实践活动，推动农村基层服务型党组织建设
2016	《关于落实发展新理念加快农业现代化实现全面小康目标的若干意见》	建立市县乡党委书记抓农村基层党建问题清单、任务清单、责任清单，坚持开展市县乡党委书记抓基层党建述职评议考核
2017	《决胜全面建成小康社会夺取新时代中国特色社会主义伟大胜利》	切实加强农村基层党组织建设，全面规范农村基层党组织生活，持续整顿软弱涣散村党组织，选好管好用好农村基层党组织带头人，实行村党组织书记县级备案管理。完善村党组织领导的村民自治有效实现形式
2018	《中共中央国务院关于实施乡村振兴战略的意见》	加强农村群众性自治组织建设，健全和创新村党组织领导的充满活力的村民自治机制
2019	《中国共产党农村基层组织工作条例》	加强和改进党的农村基层组织建设，加强和改善党对农村工作的领导，推动农村经济发展和社会进步，保证党在农村改革和发展目标的实现

纵观农村基层党组织建设的演变历程，作为农村基层治理重要抓手的基层党组织在演化中不断赋予新的使命，不仅加强了农村基层党组织的组织制度建设，完善了农村基层党组织的各项制度，也顺应了新形势下农业农村发展的要求。农村基层党组织建设与乡村治理相结合，既能够充分发挥农村基层党组织在基层治

理中的优势，确保意识形态不动摇，又能够在党和政府赋予基层党组织新使命下，做到基层党组织的健康发展。农村基层党组织建设作为一项农村重要工作，事关农村政治生态、经济发展和社会稳定大局。因此，以农村基层党组织作为重要抓手，是实现乡村形态的稳定与乡村治理相结合的重要举措，理应坚定不移地强化农村基层党组织在乡村治理中的地位，狠抓意识形态，为实现乡村治理有效的目标不断奋进。

3.基层党组织与乡村治理的有效衔接

治理有效是乡村振兴的基础。实现治理有效，在保证乡村意识形态不动摇的基础上，既要能够实现现代乡村社会治理体制的构建，又要充分发挥自治、德治和法治相结合的乡村治理体系作用。针对当前乡村基层治理存在的一系列问题，如何实现现代乡村社会治理体制的构建，如何确保自治是健全乡村治理体系的核心要义、德治是健全乡村治理体系的扬善之义、法治是健全乡村治理体系的应有之义，如何做到基层党组织与乡村治理的有效衔接，这就需要结合实际情况展开深入研究，打好建设乡村治理有效的攻坚战，具体如下：

（1）两个“明确”

第一，明确乡村治理的意识形态不动摇。乡村治理，政治是首位。乡村治理过程中，意识形态是关键，要坚持马克思主义思想为指导，坚持党管农村不动摇，充分发挥中国特色社会主义政治制度的优势。

第二，明确乡村治理的目标任务及难点。乡村治理，目标是方向。乡村治理的目标任务是治理有效，乡村治理中需要将治理牢记心中。乡村治理的难点是如何实现治理效率的提升，即首先是如何降低乡村治理的低成本、提高治理的准确性和激发群众的参与性，其次是如何将低成本的乡村自治、具有目标导向性的政府主导和发挥比较优势的多方参与三者有机衔接。

（2）三个“加法”

第一，增加乡村经济发展水平。乡村经济发展水平的提升，既能够有效地巩固农村基层党组织建设，又能够增加乡村的凝聚力，避免重大纠纷事件的发生，为实现治理有效的目标提供财力保障。

第二，增加乡村人民群众福利。乡村人民群众福利的提升，在一定程度上表现为村民收入水平的提高、幸福感与归属感的增强，既能够构建和谐的农村环境，又能够调解乡村治理中的诸多问题，为实现治理有效的目标提供人才保障。

第三，增加乡村吸引力水平。乡村吸引力水平的提升，能够提高社会协同和多方参与的可能性，进而完善现代乡村社会治理体制的构建，实现政府组织和村组织在乡村治理中的优势互补，使它们为实现治理有效的目标做到协同发展。

（3）三个“减法”

第一，削弱乡村治理结构的层级化。乡村治理中面临着多重利益博弈，涉及多个层级，如县、乡、村。乡村治理中各个层级只有利益平衡才能实现乡村的治理有效。在乡村治理中针对乡村治理结构的层级化需要以做强乡村、做精乡镇为目标，平衡好乡村治理各个层级的利益。

第二，解决乡村治理目标的不一致。乡村治理的多元主体在乡村治理中存在着目标不一致的问题，如国家的目标是实现乡村的和谐稳定、长期发展，地方政府领导的更迭可能会造成乡村治理有效的目标不能实现。此外，基层乡村社区的目标也多是基于自身利益的考虑，做到乡村治理各利益主体的目标一致性尤为重要。

第三，降低乡村治理过程的高成本。如何降低乡村治理过程中的高治理成本，是实现乡村治理有效的重要难题。高治理成本包括层级之间沟通交流的交易成本、各参与主体之间的交易成本以及基层组织与村民之间的交易成本。较高的交易成本带来的是低效率的乡村治理的结果，是乡村治理有效的最大难题。因此，降低交易成本是乡村治理过程中的重要一环。

（4）两个“乘法”

第一，放大自治、德治和法治的乘数效应。实现乡村治理有效的目标，需要充分发挥“三治”相结合的乘数效应，实现“1+1+1＞3”的效果。自治、法治和德治三者理应是一个整体，相互作用才能发挥最大效果。自治离不开德治和法治，法治需要与德治相结合，德治需要以自治和法治为依托，三者有机结合，是实现乡村治理有效的重要方式。

第二，放大基层党组织、社会组织和村民自治组织的乘数效应。实现乡村治理有效的目标，需要充分调动各参与主体的能动性。做到基层党组织、社会组织和村民自治组织三者有机结合。基层党组织在乡村治理中离不开村民自治组织，也需要与社会组织相结合；社会组织也要嵌入乡村环境中，做到与基层党组织和村民自治组织互动；村民自治组织更需要借助基层党组织的战斗堡垒作用和社会组织的协同效应。

第四节　乡村振兴战略下的乡村文化产业发展

一、乡村文化产业发展对乡村振兴的意义

（一）乡村文化产业有助于农民脱贫致富

进入21世纪后，中央通过文件的形式，连续多年强调农业、农村和农民问题，说明这些问题在中国经济和社会发展过程中占据重要位置。“三农”问题中，引领农民摆脱贫困，勤劳致富又是重中之重，这是我党以及政府，乃至全社会的重要任务。社会主义制度的本质和目标是消除贫困现象，让全国人民实现共同进步、共同富裕。现阶段，农村与城市发展、中西部与东南地区发展差距较大，带领农民脱贫致富奔小康的过程中，农村文化产业是否获得顺利发展也起到非常重要的作用。

在农村地区发展文化产业，一是能够使农村传统文化获得发展，得到传承；二是能够为农民提供更多的就业岗位，增加他们的收入。农村文化产业有一个突出的特点，即劳动密集型，大力发展农村文化产业，能够让大量的农村剩余劳动力有机会实现就业，降低农村劳动力的就业压力，农民收入也会随之增加。

（二）社会主义新农村建设的需要

1. 通过传播先进文化发展农村文化产业，促进农村社会和谐

中华文化有着数千年的发展史，历史悠久，博大精深，中华民族历朝历代的精神追求积淀其中，对于中华文化来说，其精髓源于优秀的传统文化，是中华民族的文化标志，有了这些优秀文化作为基础，中华文化才得以在国际上站稳脚跟。在各行各业中，各个领域大力推进自主创新，其中包括在文化产业领域传承中华文明，推进自主创新，让中华文化源远流长。[①]

在弘扬中华文化、传承中华文明过程中，文化产业的进步能够起到重要的促

① 王宝升．地域文化与乡村振兴设计[M]．长沙：湖南大学出版社，2018.

进作用。要通过发展农村文化产业，传播传统文化，弘扬中华优秀传统文化，构建与社会主义制度相符的核心价值观，让农村渗透先进的文化思想，优化农村文化环境，提升农民文化素质，营造更加和谐友好的人际关系。

2.发展农村文化产业有助于培养新型农民

在新农村建设过程中，新型农民的培养是其中一个关键环节，做好这项工作，才能解决“三农”问题，在社会主义发展与建设过程中起到关键性的作用。

要提升农民的整体素质，让他们成为真正意义上的新型农民，仅靠政府单纯开展劳动技术培训还远远不够，更重要的是农民要切实认识到只有掌握了劳动技能，才能实现就业，也才能增加收入，从而调动自身学习意识和技能的积极性与主动性。

发展农村地区文化产业，能够促使农民主动转变身份。作为文化产业主体的农民，同时也生产和创造农村地区的传统文化。要使农村文化产业得到发展，首先要具备一定的文化发展氛围，具备一定的基础，特别是要有既懂文化，又善经营，还会管理的复合型人才投身农村文化产业的发展中。目前，文化市场的竞争异常激烈，要想在竞争中站稳脚跟，农民就要不断学习新知识，掌握新技能，开阔自己的眼界，汲取更多管理经验，让自己的文化素养不断得到提升，掌握更多的劳动技能。在发展农村文化产业过程中，可以同时促进科技培训的开展，实施针对农民的职业培训与教育，通过产业的发展培育更多新型农民，通过对新型农民的教育和培训，促进文化产业发展，建设好社会主义新农村。

在农村文化产业发展过程中，不仅农村地区的社会以及经济得到长足发展，而且会提升农民素质，让农村传统的生产、生活方式得到改变，农民的价值观念也会因此而发生有益的改变。

（三）促进社会主义文化强国建设

发展农村文化产业是增强全民族文化创造活力的重要路径。其一，农村文化产业最主要的创造者以及直接的生产者是农民，他们将自己非常熟悉的文化资源开发成文化产品，被外界接受，这是对当地文化传统以及传承人技艺的一种认可，对于农民来讲是值得骄傲的事，因此参与的积极性也会相应提高。一些人通过对农村文化产品的消费，从中受到启发，也会参与对农村传统文化的开发。其二，城里人在消费农村传统文化产品的过程中，也会发现农村传统文化产品有着巨大的利润空间，吸引他们进行投资，不仅有资金方面的支持，而且在人才、技术等方面有了新鲜血液的输入，有利于形成城乡共同参与文化产业开发与发展的有利局面。

大力发展农村文化产业，让民族文化的创造过程充满活力，需要做到以下几点：其一，坚持社会主义文化建设的基本方向，努力生产被大众普遍接受的，富有时代特色的，突出中国特色的文化产品，促进农村文化产业健康、快速发展。其二，在发展农村文化产业过程中，要体现以人为本的原则，将农民作为文化产业的主体对待，维护农民的根本利益，调动农民参与文化产业发展的积极性，用科学的理论武装农民的头脑，用正确的舆论引导农民的思想，用优秀的传统文化丰富农民的生活，在农村营造健康向上的思想氛围和文明有序的生活方式。其三，要将经济效益与社会效益相统一，要以社会效益为先，兼顾经济效益，并且针对农村文化建设开展法制教育和建设，不仅要追求文化的繁荣，也要加强对文化的管理，保证农村文化产业的可持续发展。其四，要提高文化安全意识，以开放的态度发展农村文化产业，要让农村文化走得更远，走出本地，走出国门，吸收和借鉴国外优秀文化的精髓，也是对国家文化安全的有效保障。

（四）推动中国特色社会主义建设

大力推进农村文化产业发展，加快中国经济建设的步伐。一方面，只有敞开大门，兼收并蓄，开拓投融资渠道，才能有效推进农村文化产业发展；应大力宣传并鼓励农民在农村兴办文化企业，开发农村的传统文化资源，搞活农村经济，增加农民收入的同时，还能让地区经济更具创造力，增加其活力，为中国经济文化事业发展添砖加瓦。另一方面，要让农村文化产业得到快速有效发展，首先要赋予非公有制经济拥有与公有制经济相同的地位，在兴办农村文化产业过程中，政府不应大包大揽，否则农村文化产业会失去自身的“造血功能”，失去发展活力。正确的做法是，由政府搭建起农村文化产业发展平台，由农村和农民自己来唱戏，要播撒文化的种子，让其生根发芽，而不只是简单的送文化进乡村。

在建设中国特色政治体制过程中，发展农村文化产业有着重要作用。在农村和农民中树立正确的价值观，农村文化产业才能得到健康发展。长时间以来，思想意识形态方面的教育在农村一直是薄弱环节，农村地区也是维护社会稳定的重点和难点地区。因此，借助文化产业发展，将政治思想教育融入其中，将正确的价值观借助文化宣传渗透农民的思想意识中，让他们在获得娱乐产品的同时，接受思想方面的宣传教育，提升农村的思想道德素质，引导他们认真学习相关技能，促进农村地区社会稳定。通过开发农村文化产品，促进农村产业文化发展，促进社会主义文化建设全面展开。只有农村的文化产业与文化事业之间的关系得以理顺，农村的文化产业才能健康发展，才能保证中国文化建设的顺利开展。

在中国特色社会主义文化建设过程中，农村文化建设是其中重要的一个部分，文化建设有两个重点：一是文化事业的建设。保障人们的文化权益是文化事业的根本作用。二是文化产业的发展。文化产业是对文化事业的一种补充，能够令民众的精神文化需求得到满足。目前，中国农村地区的公共文化服务还有极大的发展空间。近年来，国家、政府和社会在这方面也进行了多方努力，在发展农村文化产业，促进农村文明建设方面形成一系列新观点、新思想。因此，只有营造良好的生态环境，人与社会才有发展的根基，惠及所有民众；有了良好的生态环境，才能创造出优秀的人类文明。这说明党和政府应高度重视生态文明建设，而农村文化产业发展也备受关注。文化产业是一种环保型产业，面对生态环境日益遭受破坏的严峻形势，大力发展文化产业，有利于社会环境的改善，有利于生态文明的维护。

二、乡村文化产业发展的利弊

（一）有利于乡村文化产业发展的条件

1.源远流长的传统文化提供肥沃的土壤

产业的发展和进步需要考虑切入点问题，而文化资源是农村文化产业的切入点，是发展的基础。农村文化的发展离不开农村经济提供更加丰富的资源。农村文化产业的长期发展保障是丰富的传统文化资源，是指由人类通过物质或非物质形态创造、发展和保留下来的文化遗产。我们可以通过外在表现形态和类型将其划分为以下几类：城市文化、乡村文化、现代文化、古代文化等。中国乡村文化有其独特的历史特性和多样特性，表现形式各异，在多民族融合和发展过程中，将中华传统文化的多样性和生态性表现得淋漓尽致。

中国农村传统文化是在儒家文化思想上建立起来的，和西方农村传统文化有本质区别；农村传统文化以农业为背景，受到不同民俗文化、地域类型、气候条件等的影响，形成对土地具有强烈依赖感的生活方式。

农业是农村传统文化的基本资源，属于传统文化范畴。中国农业发展历史悠久，农业资源和农村文化资源丰富，因此农村传统文化也就是农业文化。我们将其分为四种类型：民风民俗、民间表演艺术、农村传统饮食文化、民间工艺。民风民俗主要指农村的相关节日庆典、祭祀活动、二十四节气等；民间表演艺术指武术、杂技、戏曲、舞龙、舞狮、花灯等形式；农村传统饮食文化指农家乐、特产、特色小吃等；民间工艺指剪纸、陶瓷、花灯、编制、雕刻等。这些传统文化都是农村文化产业发展中必不可少的基础和推动力。

然而，这些具有优势的文化资源没有得到很好的开发和使用，特别是古代建筑、特色服饰、传统节日、方言、婚姻习俗等没有进行传承。现阶段，各级政府都在加大农村文化建设的支出，利用图书馆、文化交流站、剧院等形式改善农村文化氛围，要积极开发和使用农村优质资源，发展农村文化建设，帮助人们学习文化精神。这是一个开发农村文化资源和发展农村文化产业的黄金时期。在经济欠发达地区，传统文化底蕴深厚的地方，要将文化资源变为经济收入，帮助村民发家致富，在建设当地文化过程中发展经济。

2.日益增长的文化消费需求提供不竭动力

文化需求的日益增加、文化消费的增长、文化水平的进步，都是文化产业发展的动力。马斯洛需求层次理论（Maslow's Hierarchy of Needs）认为，人的需求分为五个层次，最底层的是生理需求和安全需求，在满足这两方面需求后，人类会追求情感需求和归属需求，接着是尊重需求，最顶层的是自我实现需求。我们可以发现，在需求理论的金字塔顶端是对精神层面需求的满足。在经济发展和社会进步过程中，人们对文化的需求日益增强。21世纪，随着技术和社会的发展，经济水平的提高，农村地区的文化精神消费越来越高，也反映了经济水平的提高，代表文化产业在农村的巨大潜力，发展文化企业具有广阔前景。

但是，快速增长的文化消费空间与文化产业实际发展之间的差距仍然很大，中国文化产品生产与服务在很长一段时间还处于需求大于供给的阶段，文化产业发展的空间很大。单靠各级政府加大财政投入兴建农村文化基础设施，如修建图书馆、文化站、电影院、剧院等，是难以满足广大农村人民群众日益增长的精神文化需求，难以有效快速推动社会主义新农村文化建设的迫切要求的。只有大力发展农村文化产业，开发特色文化消费，提供个性化、分众化的文化产品和服务，对农村所蕴藏的丰富文化资源进行发掘并加以利用，才能有助于中国优秀传统文化的传承和发展，有助于满足人民日益增长的精神文化需求。

3.日臻强大的经济实力提供资金来源

强大的经济实力对文化产业的发展起保障作用。文化产业是一种高投入、延产出型产业，没有强大的经济实力作为支撑，要想发展好文化产业，使文化产业成为国民经济的支柱性产业只能成为空谈。美国具有强大的经济实力，而且每年投入文化产业的资金比重占国民经济相当大的一部分，再加上拥有世界一流的科学技术和高水平的创意人才，使得美国的文化产业实力独占鳌头。

世界文化产业的发展需要强大的经济实力作为支撑，中国农村文化产业的发展亦如此。当前，中国国民经济实力不断增长，农民收入也逐年增加。尽管中国国民经济不断增长，农民收入水平不断提高，但从目前情况看，中国农村用于投入文化消费的资金比重并未明显增加，农民对文化娱乐的消费反而减少。农民文化消费支出的减少不利于农村文化产业资金的筹集，从而遏制了对农村文化产品的供应，形成恶性循环。应努力打破这种坏现象，鼓励农民积极开展文化消费。应完善农村公共文化基础设施服务，提供适合农民需求的价格低廉的优秀文化产品，引导农民积极开展文化创建活动，活跃农村文化气氛，抓住当前农村经济增长的优势大力发展农村文化产业。

4.日益增强的城市文化产业辐射带来发展机遇

城市化的发展有利于农村文化建设。城市文化产业也正在由城市转移到农村，农村文化产业发展正在向城市看齐。

一是城市文化产业从中心城市的溢出和转移。一方面，中心城区商业成本的提高对郊区在发展文化信息产业方面都是利好的，可以通过充分发挥郊区在成本、环境方面的优势，加大对文化产业的引进、扶持和培育。另一方面，随着科技的进步，有些文化产业对中心城区的地理依赖性低，从业人员对地段的观念也相对淡漠，郊区完全可以发挥成本、政策的优势，承接文化产业从中心城区的溢出和转移，形成文化产业创建基地、文化产业影视基地和文化产业集聚园区。

二是城市文化产业经营领域的延伸。随着城市文化产业竞争越来越激烈以及同质化现象的严重性，一些城市文化产业企业开始把目光投向农村，在农村寻求发展文化产业的商机。

5.相继出台的文化产业政策可营造良好的发展环境

党中央对文化产业的重视程度越来越高，出台许多文化产业发展的政策文件，并在文件中明确提出要对农村文化产业进行建设和发展，不但为农村文化发展提供了方向，而且对农村文化发展进行了规划。

6.日益频繁的国际文化交流提供有利的发展平台

中华人民共和国成立以来，一直重视对外文化交流活动，频繁开展对外活动，主要包括文化外宣、文化贸易、文化交流等工作重点和文化国家博览。

国际文化交流能够促进农村文化产业的发展。河北吴桥杂技通过“中国吴桥国际杂技节”品牌走向世界。通过杂技节的交流，学习和借鉴外国先进技术进行创新和发展，增强国际竞争优势。农村文化产业发展要积极响应“走出去”战略，以此将中国农村文化建设事业推向全球。

（二）不利于农村文化产业发展的条件

1.文化生态面临破坏威胁

文化生态是指各地区各民族自然而然的原生性的、历史传承下来的日常的生产方式和生活方式，包括物质文化遗产和非物质文化遗产，如一些手工艺、古建筑、传统服饰、民风民俗、民间演艺等。文化生态具有不可再生性，这些具有鲜明地方特色的文化遗产不仅反映了中国源远流长的历史和丰富多彩的民族、民间、民俗文化，也是人类文明的历史见证。

农村是文化产生的源泉，如果历史文化遗产被破坏，人类的生态环境被破坏，那么传统的风格也会改变，这将是人类文化的一大损失，对于农村的文化产业来说也是如此，因此需要对文化遗产的保护以及追究责任制度进行完善，加快文化遗产保护法制建设，同时执法力度也要相应提升；要安排文化遗产保护专项资金，加强文化遗产保护管理机构和专业队伍建设；要加大宣传力度，鼓励全民保护文化遗产。

随着经济全球化趋势和现代化进程的加快，中国的文化生态正在发生巨大变化，文化遗产及其生存环境受到严重威胁。不少历史文化名城（街区、村镇）、古建筑、古遗址及风景名胜区整体风貌遭到破坏。文物非法交易、盗窃和盗掘古遗址古墓葬以及走私文物的违法犯罪活动在一些地区还没有得到有效遏制，大量珍贵文物流失境外。由于过度开发和不合理利用，许多重要文化遗产消亡或失传。在文化遗存相对丰富的少数民族聚居地区，由于人们生活环境和条件的变迁，民族或区域文化特色消失加快。文化生态是农村文化产业的根基，文化生态被破坏将会严重影响农村文化产业的发展，因此，加强文化遗产保护刻不容缓。

2.文化消费观念尚未形成

生产分配，消费和交换，这些关系互相联系，又相互制约，在这个辩证关系中，生产居于首要地位，起着主导性作用，一定的生产决定着一定的分配、交换和消费；而分配交换和消费并不是单纯消极地由生产所决定，它们又积极影响和反作用于生产，促进或制约着生产的发展。生产的最终目的是消费，消费是人类自我实现的过程，它包括物质消费和文化消费，休闲娱乐是文化消费的一种表现形式，具有经济功能。提高农民文化消费水平是促进农村文化产业发展的内生动力。

就现在来看，农民的文化消费观念尚未形成。此外，消费形式比较单一，同时农村的文化产品供应不足，主要表现在：①农村缺乏公共文化设施，供不应求导致供给不足，降低了效率，使得结构不够平衡，同时，由于农村文化产品的供给都是自上而下的，并没有让居民进行自我创造，不能准确地反映居民需求。②文化产品供给不足，不能满足农民的文化消费需求，所以形成一些消极文化，对农村文化建设十分不利。

应加大对农村文化设施和服务网络的投入，改善农民文化消费需求的物质基础，同时使农村文化供给更加丰富，使农村消费水平得到提高，因此应加强宣传引导，使农民转变消费观念，同时开展多样的文化建设活动，目的是使农村居民的文化消费水平和能力得到提高，形成消费观念和习惯，使自身具有较高的文化消费素质，同时要对当地农民真正的文化需求进行调查，满足其需求；切切实实为农民提供真正需要的文化产品，满足农民精神文化需求。要努力扩大文化消费，培育新的文化消费增长点。应千方百计增加农民收入，提高文化消费能力。发展农村文化消费最根本的就是发展农村经济，不断增加农民收入，提高他们对未来的预期和货币支付能力，只有如此，才能激发他们的消费欲望，最终把对精神文化消费的潜在需求转化为现实的购买力。

3.城乡二元结构阻碍农村文化产业发展

城乡二元结构指维持城市现代工业和农村传统农业二元经济形态，以及城市社会和农村社会相互分割的二元社会形态的一系列制度安排所形成的制度结构。在城乡二元经济结构之外，还有城乡二元的经济结构，城乡二元结构对农村文化产业进行阻碍，主要体现在以下方面：

第一，农村产生了空心化，使得文化建设缺少主体。农村空心化是指随着工业化、城镇化快速发展，大量农村人口尤其是青壮年劳力不断“外流”，农村常住人口逐渐减少，很多村庄出现了“人走房空”现象，并由人口空心化逐渐演化为人口、土地、产业和基础设施整体空心化。人口空心化是导致农村空心化的主要根源。由于城乡二元结构的存在导致农村不管在经济还是社会的发展水平上远远滞后于城市，这就使得大量的农村劳动人口纷纷涌向城市去求出路、谋发展，形成了以“老弱病残”为主体的空心村，农村人口的空心化已成为一种普遍的现象。在农村文化产业和创作中，农民是主体，所以这一结果必将导致主体的缺失，这对于急需人才支撑的农村文化产业发展是十分不利的。当前，人口的空心化现象严重地阻碍了新农村文化建设的进程，成为一个迫切需要解决的难题。

第二，落后的文化基础设施对文化产业发展氛围的形成不利。城乡二元体制已经长期形成，政府对农村公共文化产品经费投入不足，文化基础设施比较落后。但是，一些基础设施，比如广播和电视站比较发达，但其他文化基础设施在建设上仍然存在不足。

第三，如果文化价值观失衡，会使农村文化过于边缘化。

第四，尚未形成文化资源开发利用的整体机制。如今，在城乡二元结构框架之下，正在激烈地发展着城市文化，而农村文化发展却被忽视，没有形成一套完整的机制，农村文化资源没有被良好地开发，尚未形成农村文化资源开发利用机制，将会导致农村文化资源虽有开发，但因缺少保护，粗放型发展模式明显，资源浪费现象严重。一方面，文化资源的开发利用机制还没有形成，难于形成文化自信，在对外界进行宣传时，底气不足，难于引资，在自身财力不足的情况下，对农村文化产业的发展十分不利。另一方面，文化资源开发机制尚未形成，对文化资源摸底不清楚，所以没有针对性地对文化资源进行保护和开发，没有做好相应的传承。

第四章

乡村文化产业发展及其体系构建

随着中国经济文化进入快速发展轨道，乡村振兴成为话题，越来越多的学者开始研究乡村文化产业的发展路径、乡村文化建设的艺术驱动、乡村文化人才与产业建设、乡村振兴战略下中国优秀艺术体系的构建。

第一节　乡村文化产业的发展路径

一、农村文化资源概况

中国农村幅员辽阔，历史悠久，农村文化资源丰富，农村文化资源得到一定的开发，农村文化产业发展崭露头角，取得一定成就。但是，农村文化产业发展目前还属于萌芽阶段，农村文化资源尚未很好地转为文化资本，呈现出小、散、乱的局面，部分地区的古村落、古遗址等农村文化遗产遭到破坏，部分地区存在重复开发、浪费资源、同质化竞争明显现象，资源利用率低，部分民间手工艺面临后继无人、濒临灭绝的危机。农村需要建立一套完善的调研、评审机制，对濒临灭绝的农村文化优先保护，对已经开发的文化资源，建立定期监督机制，完善农村文化资源开发法制建设，并组建长效的乡村文化资源研究智囊团。文化资源的合理评估与分类是选择文化产业发展路径的基础，为农村文化产业规划提供依据。

（一）文化资源调研机制的建立

文化是一种态度。在浩瀚的几千年的历史长河中，人们将积极向上、追求美好和平的生活态度寄予一些物品或者活动上，形成流传至今的民间工艺、民俗活动、古建筑等多姿多彩的传统文化资源。如中国结正是中华古老文明中的一种文化体现，“同心结”是中国人民追求“白头偕老，永结同心”美好生活的态度。文化资源是在一定生活态度的作用下，凝结了人类无差别劳动成果的精华和丰富思维活动的物质和精神的产品或活动。由此可见，文化资源具有精神和物质双重属性。农村文化资源是指在农村区域范围内的文化资源，同样具有精神和物质双重属性。农村文化调研是指在农村区域内，在一定时间段，调查者系统收集、记录、整理、分析和总结文化资源及其相关因素的信息资料，以确定文化资源的开发情况、存量情况、濒危情况（包括文化传承人）、保护情况等，为文化市场规划、开发、决策者提供依据的活动。农村文化调研时应该考虑到文化资源的双重属性。

（二）文化资源评估机制的建立

对文化资源进行合理评估也是非常重要的。国内乡村文化资源丰富多彩，包罗万象，若是能转化成文化资本，将是一份不可估量的财富。因此，对文化资源进行科学评估，可以对乡村文化资源的优势进行充分挖掘，避免文化资源之间出现恶性竞争，防止资源未得到合理利用和建设重叠现象的发生。

文化评估可以促进产业结构的优化和整体布局的优化，对农村文化的分散、凌乱以及微小等情况产生较大改善，有利于文化朝着精品方向发展。农村文化资源评估机制要有评价规则，并且在评估过程中综合各个因素进行考虑，是一项系统的、整体性的工作，对文化资源的评估也要注意个性化特征，所以，文化资源的评估结果不是一个定量的值，所有符合实际情况的评估都可以看成是评估结果。

评估原则主要包括三条：一是客观性，二是数量化，三是可比性。这三项原则中，客观性原则又是最重要和最基础的，因此在评估时，要采取回避原则，也就是本地人员不能参与文化资源的评估，这样才能客观公正地得出评估结果。数量化原则是要求对文化资源先进行指标、标准的数量化，然后再通过系列的评估方法得出评估结果的一个过程。可比性原则是在评估时要将文化资源进行同类型资源比较，使得评估有依据、有科学，同时使得评估思路更加清晰和简化。

对农村文化资源进行评估时，可以借助城市的力量，实现城市的有效帮扶体系。城市的文化资源评估比农村要先进和完善，并且积累了很多切实可行的成功经验，农村文化资源评估借鉴城市经验，能够有效提升评估结果的合理性和科学性，具体措施包括：其一，农村可以委派学习力强的青年到周边城市以及一些发展较好的城市进行学习和取经，学习相关文化资源评估方法。其二，聘请文化评审团或专家到农村进行现场文化资源评估指导，制定文化产业评估方法。其三，将类似的文化资源评估方法和经验传授给邻近的村庄。其四，对乡村文化评审维度的制定，要符合农村的具体情况。一般来说，资源价值判断、文化资源质量、流传方式、环境和能耗指标是五个评判指标，也是评估的优先级指标，在这个指标指导下会进行二级和三级指标的确认。

根据文化资源的品相因素进行评估。文化资源的品相主要指文化资源的内在属性和个性化特色，是具有地域性和民族象征的文化特征，大部分都表现为国家非物质文化遗产形式，比如泉州的拍胸舞、莆田的木雕、客家土楼的建设技巧、惠安石雕等，都是非常具有地域特色，并代表一个地方的文化资源特征，是一种宝贵的文化资本。

文化资源的个性化是由其地域的不同、民族习俗的不同所造成的，是文化资源区别于其他地区文化资源的一个显著特色，也是其形成文化资本的一个重要前提。文化资源的稀缺性是经过历史选择和淘汰后所形成的结果，是一种资源和社会的双向选择。对此应该加大力度促进这些稀缺资源转换成资本，如布依族的音寨、贵州南华的苗寨等，都可以进行深入开发，使其社会价值和经济价值得到充分发挥。但是，有些文化资源具有隐形特征，对其特色需要经过深入开发和验证后才能被发现，对其开发成本比较高，所以这类文化资源则没有挖掘的必要性。

文化资源价值方面的评估标准，可以从文化、消费、历史等方面进行资源评估。相近或相关联文化资源的评估，则可以采取邻近乡村的文化相似度和文化资源数等进行。一般情况下，对文化资源进行评估可以采用问卷评价法、专家系统评价法、统计报表评价法等方法。在具体评估时，可以对几种方法进行结合使用。在统计报表评价法中，对文化资源保护等级的评估，往往以文化资源年度异动报表和资源统计台账两种方法为主进行确定，并以此确定文化资源的关联价值。比如，对敦煌莫高窟的保护级别可以看出其文化资源价值的巨大。从时间上来说，历经时间越长，其文化资源价值也会越大。

根据文化资源的效用因素进行评估。经济效用、消费人群、资源市场规模、社会效用和民间风俗礼仪等都属于农村文化资源的文化效用因素。精神需求的满意度、公众道德建设情况、对意识形态的认可度等，都会在一定程度上决定社会效用。社会效用是进行农村文化资源评估所不能忽视的一个重要方面。文化资源的发展首先要满足人们的基本利益，其次才会产生经济效用。对文化资源进行挖掘和开发前，先要了解该文化资源消费人群的广度和宽度，若是消费人群比较窄小、市场份额较少，对该文化资源进行开发则没意义。一般来说，问卷评价方法是对社会效用进行评估时最常采用的方法，另外还会从资源市场规模和消费人群的分布等方面进行经济效用的评估。

根据文化资源的传承能力进行评估。文化资源的成熟度、文化资源所处环境、文化资源的规模以及文化资源的综合实力等，在一定程度上反映了文化资源的传承能力。对文化资源规模进行评估时，对优势文化资源的鉴定主要是以是否已经开发为准则，而且未开发的文化资源可以形成潜在的竞争优势。

从文化资源是否具有品牌效应，且市场占有率如何，产业集群程度是否达到要求等反映文化资源的传承能力。一般来说，越是成熟的资源，其竞争力和发展空间也越大，其传承能力也越强，并对资源环境的形成产生较大的推动作用。文化资源的文化包容程度和抗外来文化冲击的防御度等，都是判断文化资源成熟与否的重要依据，而文化程度的变异程度直接影响其传承能力的形成，也就是说，变异程度和传承能力成正比。

文化资源环境方面的评估标准。文化资源环境是文化发展的硬件指标，是促进文化资源开发和研究的有力保障，可以分为投资环境、人力环境、设备环境等。生活服务能力指农村文化资源所在地区的生活便利程度。比如福建省南安蓉中村抓住这个机会，大力发展乡村文化资源，为乡村创造舒适干净的环境，完善教育体制，并在当地成立了中国东方演艺集团蓉中文化产业有限公司。

（三）文化资源研究智囊团的组建

中国艺术智囊团在国际上被称为文化资源研究智囊团，欧美一些国家也称之为艺术顾问团，对当地文化进行定位和策划等是该组织主要的工作职责。对农村文化产业发展进行统一规划和设计，需要建立一个以县政府为引导的部门，专门调研，从而对各个乡镇以及农村文化资源情况进行统一调配和统筹安排。但是，要在县城甚至农村建立可以与城市媲美的文化资源智囊团的难度是无法估计的，主要包括以下困难：其一是县城经济基础无法赶超城市，薄弱的经济基础决定了其文化、艺术发展的局限性，加上没有足够经费，也无法聘请到专家指导艺术发展；其二是很多农村企业并不注重文化艺术发展，也无法吸引相关文化艺术人才；其三是很多民间手工艺后继无人，面临绝迹的困境，比如福建省漳浦县院前村，在20世纪80年代就有着“打铁村”的称号，而发展至今，该村的打铁铺面临绝迹；其四是农村文化自信心严重缺失，致使文化创业激情被淹没。

县城建立文化资源研究智囊团可以从五个层面进行努力和改进：其一，成立高素质的文化资源研究智囊团，首要工作是招兵买马，尽量吸引退休干部、退伍军人，还有一些具有号召力、喜爱文艺的村民。其二，由县政府出面，邀请城市艺术顾问团来县城进行经验传授和指导，开发团队中的农村文化策划人才、农村文化经营人才、农村文化产业管理人才、民间手工艺术人才等，还可以不拘一格地进行人才选拔，最初从草根艺人开始，逐步向专业化领域进军。其三，在有文化渊源并受到国家认可的古村落开展文化艺术活动；提供就业机会，可以采取乡村文化产业股份机制等激励措施，从而吸引一些有文化艺术基础的人参与团队。其四，在乡村特色、生态旅游文化中融入当地民间手工艺、民俗文化因素，打造一条有农村特色的文化艺术发展之路；其五，对乡村文化资源调研结果要进行及时公布，并大力宣传乡村文化产业成功案例，从而激发农民的文化自信心，让农民挣脱思想束缚，积极参与乡村先进特色文化学习。

二、优化农村文化产业布局

新农村文化产业要获得平稳发展，必然离不开政府的指导思想和激励政策，政府要主抓文化产业整体布局，并将资源发挥到最大效用，防止一些恶性竞争和同化竞争情况的发生，并发展优质的新农村文化产业媒介，真正体现农民在新农村文化产业发展中的主导地位，才能有效提高传统文化资源效用，加速农村文化产业升级换代，带动乡村文化产业进步。

（一）农村文化产业布局原则

对农村文化产业进行布局是指县城政府对于农村今后一段时间内的文化产业发展水平、规模和目标能有较清楚的认识；进行科学合理的农村文化产业布局，能够推动农村文化产业持续发展，并对有关产业发展产生积极的影响。政府在农村文化产业布局优化时，要符合优势互补和可持续发展的要求。在进行农村文化产业布局优化过程中，要根据农村文化产业底子较弱、经济基础较差的实际情况进行，切勿好大喜功，不考虑实际规划要求，使得文化产业目标变成一个不可能完成的任务。

此外，对农村文化主体缺失的现实情况要有正确的认识，要不怕困难，不畏艰险，制定可以达成的目标，而非不可触及，不切实际的目标，否则，将会对农村文化主体的积极性造成非常大的影响，也不能将农村文化资源优势进行充分挖掘和发挥。优势互补要求指要对各个县城的文化资源特色进行了解和分析，并发挥最大优势，对劣势进行规避，并结合其他县城相关资源，保留当地文化特点的同时，充分发挥当地资源特色，同时加强和邻近县城文化资源的交流和沟通，既可以做好文化产业布局经验的积累工作，整理文档归类，方便以后进行查阅，还可以和邻近县城进行项目合作，在国家文化产业振兴规划要求下进行可持续发展战略，提高资源利用率，并彰显各个县城的特色文化，坚持一条互补化、差异化的发展之路，提高文化发展的可持续性。战略目标的制定要符合科学要求，未雨绸缪，切勿为了眼前利益而导致发展中出现重大问题。

（二）农村优势文化产业发展

不同的地理位置造就不同农村文化资源的较大差异，对农村文化产业布局进行规划时，切忌不分轻重缓急，更要防止本末倒置、贪小失大，对文化产业布局需要从整体入手，对文化资源进行有效整合；充分结合政府的引导和市场调节手段，发挥特色县城文化资源优势；对文化资源的利用也要科学合理，防止结构趋同、重复建设现象的出现，给农村文化产业发展创造一条有特色、有优势的发展之路，且可以加强农村文化企业进行跨县、跨市投资和交流，为农村文化产业开拓更广阔的发展空间。

农村优势文化产业要取得重大发展，需要增加文化产业的管理投入和制度完善，要不断加强知识产权和创新项目的吸收和借鉴，大力支持有核心竞争力、有文化创新能力和有实力的文化产业集团的发展，从而做出自己的品牌并表现出自己的实力，丰富文化产业体系的层次化，并加大力度保护和合理开发有关历史文化资源、生态文化资源和民族民间文化资源等，实现文化资源的市场化和商业化，走一条有层次、有自身优势的文化发展道路。

总之，建设农村优势文化产业，必须基于农村文化发展目标、文化消费市场和未来经济发展趋势，从而打造出自己的支柱产业和重点产业。发展最具差异性竞争力的文化资源优势，创造自己的文化品牌优势，使得农村文化产业发展更加规模化、集约化和品牌化。城市郊区具有自然景观秀美、独特的优势，因此可以对此优势加以充分利用和开发，打造优质的乡村旅游文化。例如，家住北京怀柔区雁栖镇的刘滨兄弟俩，结合自己所住地的自然景色、优美环境等优势，创造了一个乡村旅游服务项目，为需要回归自然、释放压力的城市人们提供农家乐、民宿等服务，并给自己的店取名“山吧”，人们可以在网上进行民宿订房，每周无一空房，停车位也一位难求，这一尝试可谓非常成功。

抓住新的发展机会——乡村旅游，要走生态化发展方向，增加基础设施建设；要带动当地村民通过自身劳动发家致富，引进文化创意地产，打造古色古香的原生态文化产业链；科学合理地开发乡村旅游项目，打造具有特色的旅游文化因素。可以对项目进行充分认识和了解，从而加强乡村度假产业以及茶文化产业，使得乡村文化产品向着多层次、多类型、文化多样性趋势发展，在乡村优势文化建设中解决相关问题，推动其不断进步；发展田园体验文化产业；还可以建立民间文化基地，重视历史文化对文化产业发展的作用，充实文化资源，让文化产业发展更加具有文化底蕴；加大力度建设自身民族民间文化资源地区的文化产业建设，将当地手工艺资源特色发扬光大，像华安玉雕、惠安石雕、莆田木雕、临沂柳编和宁德竹编等，打造出自己的品牌。

对民族民间优势的文化资源要进行深入挖掘和开发，可以有效打造具有特色的文化产业，让文化产业结构更加完善，能够较好地保护和传扬传统文化，并带动当地文化产业经济的发展。让文化产业技术含量更高，打造标志性的民族手工艺、特色纪念品；通过民族工艺研究中心的创立，建立各种激励制度和评级制度，让民族民间工艺得到有效传承；对民族工艺产品生产提供专项资金扶持，为企业提供纪念馆、文化产业项目推介、旅游资源等多种推广模式，促进工艺品宣传和销售。

民族工艺创造者也要不断创新，打造自己的民间工艺产品发展之路。对一些有创意的文化产业要进行扶持和培育，加强对中小企业以及文化个体户的管理和帮助，并结合高校、当地文化机构和人才培养中心，传承历史文化，帮助文化工作者找到更好的发展空间。加大力度对地方文化、生态文化和历史文化进行发展，并积极发展节庆、娱乐、展会等创新活动形式，营造创新文化产业园；对进行长征文化、地方民族文化表演的团体和艺术人才进行培养，从而让长征文化、民族文化的表演更具有特色和新意；在当地农产品资源和民族工艺基础上，发展有创造力的工艺产品产业链。利用民间手工艺的优势，发展手工艺商品市场，既传承了文化，又满足了市场。

农村优势资源文化产业可以从农村手工艺业进行突破。农村手工艺产品生产大部分还未产业化，甚至有些手工艺面临后继无人的窘状。首先，需要将观念进行更新和转变，将手工艺产品的制作进行职业化，使其成为一个专业化的生产产业。其次，需要在资金、经费上得到政府的护持和帮助，可以将国家支农资金拿出一部分来支持农村手工艺产品的生产，改变手工艺现状。从组织专业培训到生产就业再到产品销售渠道，政府可以提供一系列政策支持。比如，杨家埠就是一个成功的典范，由于当地政府对手工艺的大力扶持，让当地手工艺产业链得到非常好的发展。再次，传统手工艺的发展需要寻找合适的方法和渠道，从而能够适应现代社会发展的需要，对待传统手工艺产品的发展要采取开放的眼光，利用旅游等渠道拓展手工艺产品产业链的发展，让其能够在现代化社会发展中获得一席之地。最后，可以将农村手工艺生产融合到高校教育中，比如山东工艺美术学院开设手艺农村课题，很好地结合了农村手艺发展需求，对农村手工艺培养传承人有着重大的意义。

（三）发展农村创新型文化产业

创新型文化产业是一种全新的产业形式，利用人们的知识、智慧和技能进行创新，其附加值、创意性和流通性非常强，推动了社会经济发展。国内农村文化产业还在起步阶段，基本上还未涉及高新科技领域，要紧随时代发展，不断加强对科学技术的运用，注重创新，打造有口碑、有实力的创新品牌。整体来看，可以从以下方面入手：

其一是对创意环境进行建设，从而有利于文化产业品位的提升。广东省遂溪县文车醒狮队通过努力，开创了一条创新发展之路，在2003年“中法文化节”活动中大放异彩，还打破了吉尼斯世界纪录，遂溪县被称为著名的中国醒狮之乡。

其二，建立完善的创新体制，为文化资源转化为资本创造条件。对经过评审、调研后的农村文化资源要实现商业化，必须进行市场化创新机制规划。浙江省永康市五指岩连续19年在重阳节举办农民文化艺术节，为文化旅游业发展创造了内在推动力，并结合五指岩坡度等特点，又加入攀岩这一运动，收到非常好的反响。

其三，注意创新品牌的打造，才能有效提高文化品牌的聚集效应。农村文化品牌意识不强，基本上很少发展品牌，也没有品牌聚集效应。因此，更需要在现有农村文化品牌如惠安服装、南音、高甲戏的地方特色文化带动下，创造更多的农村文化品牌，积极宣传文化品牌，以此带动产品销售。

其四，将高新技术带到乡村文化发展中，才能创造出比较高端的乡村文化产业。现代文化产业注重自动化、数字化、网络化，在产业化进程中融入高科技，有利于创造更加有竞争力的品牌，使得企业更具有活力和张力，从而带动品牌经济的快速发展。例如，厦门游家网络公司创设了4399游戏动漫平台，吸引了过亿的游戏玩家。游客玩家身份可以快速变换，既提高了游戏本身的吸引力，有助于促进游戏玩家增长，还能够积极宣传当地的旅游资源。

（四）发展集约型农村文化产业

国内文化创意产业正面临着重要的升级转型时期，其转型有三个方面的体现：首先是由市场主导取代以政府为主导；其次是目标从规模增长转变成质量效益的提升；最后是由国民经济体系整体的发展大局，带动文化产业局部发展。农村文化产业具有资源粗放特色，表现在文化资源具有严重的部门分割趋势，区域化之间存在恶性竞争，文化资源条块分割严重、重叠严重，资源未得到充分利用等。例如，福建地区土楼资源开发由于产生了恶性竞争，重复进行开发，导致资源浪费。农村要获得比较有效的农村文化产业发展之路，必须紧跟时代要求，进行文化创新，主抓整体布局规划，从根本上变革农村文化产业粗放型发展，加大力度保护中小微企业发展，使得文化产业链具有尖、特、专、精等优势，提升文化产业质量，而非规模化发展。

加大力度扶持农村中小微企业发展，让农村文化市场发展更具活力。中小微企业是文创产业的主要成员。农村文化产业还处于萌芽状态，基本上是一些小微企业，因此对小微企业的政策扶持可以保证其获得长期发展。

农村小微企业的发展可以借鉴城市文化产业发展的成功经验，从而对自己的优缺点和现状有比较客观的认识。农村合作社还需要为小微企业进行信用评估，扩大借款抵押资产范围，为小微企业发展提供资金支持，政策上还可以采用税收优惠政策进行扶持，从而帮助小微企业获得可持续发展；加强文化资源要素的流动性，对农村优势资源进行充分开发和利用，促进不同资源之间协同发展。

中国农村文化资源具有多样性，且表现形式各具特色。因此，农村文化产业发展需要突破常规，互相借鉴和优势互补，对各类型农村文化资源进行整合，从而创造出一条共赢、共享的发展之路。厉无畏在加强文化资源要素流动性上，提出要对文化创意产业发展进行改革设计，并突破行业壁垒、行政主导和利益垄断的限制，促进文化资源交流和发展，营造良好的文化产业发展氛围。

地域型文化产业集群是文化产业的一种集群模式，另一种是主导型文化产业集群。当然，任何模式的文化产业集群，其目的都是减低交易费用，促进经济发展，加强企业的抗风险能力。例如，山东省临沂市农村柳编工艺品产业集群，将纺织品加工、油漆、胶带、集装箱运输等行业作为其辐射行业。在这个集群中，纸张生产是利用编柳丢弃的柳条，带动印染和包装行业的进步，如果将纺织加工运用到生产中，还能够促进集装箱和运输产业的进步和发展。这种集群效应对资源的最大化利用、经济效益的提高和交易费用降低等具有重要意义，这个集群的创立取得了非常大的功效。

三、改革农村文化体制与机制

（一）文化体制与机制改革的关系

农村文化体制和机制是两个不同的概念，它们之间又存在着相应的辩证关系。从文化制度层面来看，文化体制与文化机制有着两种不同的内涵，文化体制以静态形式存在，反映的是文化制度的相关组成要素以及基本框架，是位于外部的一种宏观大环境；文化机制以动态形式存在，反映的是以不同方式运行的各种主体之间的相互联系以及相互作用，是企业内部在运营过程中的一种微观现象。对文化体制进行改革，主要涉及政府与企业分开、企业与事业分开、对文化单位实施企业化改革、对文化市场进行开放等，这种改革同宏观决策相关。

体制是机制的大环境，文化机制由文化体制所决定，如果文化体制发生变化，文化机制也会随之出现变化，只有进行变化，才能与文化体制的变化相适应，才能令文化企业的效益得到保障。文化体制在微观上是通过文化机制实现的，所以要进行文化机制方面的改革，文化体制先要做出改变。

（二）文化体制与机制改革目标

与文化体制改革相关的文化，实际上是一种广义上的文化，这种文化所包含的内容有两类：一是文化事业；二是文化产业。之所以要在乡村进行文化机制改革，目的是对现有文化资料加以充分利用，为农村和农民提供大量优质的文化产品以及服务，满足人民群众的精神文化需求，不断提升中国软实力。在农村文化体制与机制改革过程中，政府要做好引导工作，而不能把文化向市场一推了之，要摒弃改革的唯一目的是减轻财政负担的观念。政府需要转变观念，将工作重点放在对市场的监管上，引导社会对文化市场开展管理。只有确立了明确的目标，布置详细内容，文化体制以及机制的改革才能顺利推进。

在农村实行文化体制改革主要有以下目标：一是将文化产业与文化事业相区分，前者是以营利为目标，后者带有公益性质，制定产业政策时要注意保持其可操作性；二是转变文化市场中各自为政的局面，避免市场被分割，减少行业间存在的壁垒；三是对政府职能做出改变，过去政府会出面兴办文化产业，今后要转变角色，成为文化产业的管理者；四是要理顺对文化市场的监管机制，不能出现交叉管理以及多头管理的现象，不能缺位也不能越位；五是切实加强对文化产品的监管，不仅要对产品价格以及质量实施监管，还要在执法监督、准入规则等方面实施管理。

在农村实施文化机制改革的目的包括：一是从工业化企业的经营管理中汲取经验，针对农村文化企业的管理模式实施改革；二是对企业人才管理制度实施改革，在企业内部制定更加有效的用人机制，完善对人才的激励机制，让企业能够吸引人才并留住人才；三是对文化产业中的人员进入机制以及退出机制实施改革；四是对文化产业中的收入分配机制实施改革。

（三）农村文化体制改革

近些年，党和政府高度重视农村文化产业的发展与创新，陆续出台了一系列政策支持农村文化建设，在财政资金方面也给予了大力支持，并且致力农村文化体制、文化机制的改革与创新。

首先，推动文化单位进行企业化改制，将企业与事业单位分开。将政府与企业分开，将政府与事业单位分开，政府不再办文化，而是转向对文化的管理，从而理顺政府同其所管辖的文化企业及事业单位的关系。目前，在中国农村地区仍然存在政府办文化的现象，在农村地区公共文化事业与文化产业之间的界限并不明晰，因此要推进文化体制与机制改革，要将这种界限理清，才能让农村文化市场更具活力。

其次，进一步完善农村文化管理体制。在促进农村产业发展过程中，乡镇政府在其中起到关键性作用，因此乡镇政府必须要转变观念，树立为文化发展提供全方位服务的理念，并将其作为自身的执政理念，不仅要在辖区内实施管理，也要为文化发展提供服务。乡镇政府要在工作中启动联动机制，对文化进行内容管理、行业管理，提高对网络突发事件的处理能力，对于网络环境不仅要依法进行管理，还要积极进行正面引导，营造良好的网络舆论氛围。各级党委要加强对农村文化产业的管理，做好与政府的沟通与协调，在党委和政府领导下，整合各类行政管理相关资源，对部门间存在的交叉职能进行彻底清理，对农村文化产业实行综合管理，各部门、各相关单位应当联合开展行动，针对农村文化市场大力开展“扫黄打非”行动，在农村文化产业发展过程中做好管理、协调与服务工作。

再次，对农村文化产业融资渠道进行拓展。对于农村文化产业来说，在发展过程中，资金困难是最大的问题，因此政府应当制定更加优惠的政策，促进文化经济进一步发展，对文化产业给予适当资助，在文化采购方面给予更多支持，让社会资本更容易进入文化市场，促进文化市场的建立；要借鉴在文化发展方面取得显著成绩的先进经验，引导和鼓励社会各界通过捐赠的方式支持农村文化产业发展，将社会资本、金融资本以及农村文化资源结合在一起，支持私营文化企业在农村进行投资与开发，让投资与融资渠道以及方式更加多元化，让文化企业能够灵活创业，高效运转，利益共享。

最后，进一步开放农村文化市场。与城市相比，农村地区能更好地保存一些传统文化，原因在于农村更倾向于自给自足的经济模式，这也是农村地区文化产业长期处于滞后状态的主要原因。农村文化产业要获得发展，需要改变自给自足的经济模式，打破农村地区的封闭状态，应当鼓励更多的文化企业到海外开拓文化市场，积极组织开展人文项目的交流与合作，还应当借鉴国际上优秀的文化要素与成果，积极引进先进的管理经验、有能力的人才以及技术。

（四）农村文化机制改革

农村地区的文化企业发展普遍较为滞后，导致农村文化产业发展也相对滞后，进一步发展和壮大农村文化企业是农村文化产业改革的目标。因此，改革中要注意做到：一是对文化产业中从业人员的绩效考核评定机制进行修订和完善；二是对企业生产经营模式进行改制，对管理方式进行创新；三是对企业中人才的奖惩与管理机制进行改革；四是对企业工作人员的分配模式进行改革，促使农村文化市场更具活力。

首先，改革文化企业工作人员的考核机制。对此类人员的考核应当有群众参与。过去对于这类人员的考核主要是根据领导评议结果来决定，而现在应当建立起新的考核和评定机制，按照考核结果实行优胜劣汰，对不符合管理规定的人员要进行及时调整，改变过去人员只进不出的状态，建立更加有效的激励办法与机制，将专业素质好、业务能力强的农村文化产业从业者补充进来，为文化人才建立起更加畅通的流动渠道，充分发挥文化人才特长，在文化领域中建立起良性的竞争机制。

其次，对文化企业的管理机制以及生产经营模式实行改革。对于文化产业来讲，重点在于对文化进行产业化管理，文化造诣并非是其关注的重点，重点在于经营过程中的获益和管理中所取得的成效。当工业化的生产模式产生并成熟之后，文化产业也有了发展基础，文化产业的发展与创新是在工业化基础上进行的，因为在工业化的过程中，已经积累了一系列成熟的管理模式以及技术。所以，应当引导和鼓励农村文化企业中的从业人员到生产管理经验相对丰富的公司观摩学习，为文化产业发展培养一批富有管理经验的人才。

农村文化企业可以主动派人员到当地的优秀企业中学习先进管理经验，利用工业化进程中形成的经验以及成果，促进文化产业发展，让文化产业的经营管理更富有成效，从而加快农村文化产业的发展脚步；还可以鼓励和组织农村中一些有特色，并且具有一定实力的文化企业人员到大城市学习管理经验，开阔眼界，转变理念，对工业化的相关流程加以模仿，发展受市场欢迎的文化产品以及文化服务项目，淘汰品质不佳的文化产品以及服务，对文化产品的生产者给予相应管理。

再次，对分配机制实施改革。现阶段，中国农村地区文化企业大多还是由政府出资兴办，单位性质也大多属于事业序列，从业人员的职级仍然决定人员的收入水平。但是，农村文化产业是一种新型的产业形式，创业激情与创新能力决定农村文化产业发展的方向以及速度，现有分配制度难以调动创业者的激情，农村文化企业的进步与发展也因此被阻碍，在农村地区从事文化产业相关工作的人员，其收入也难以与城镇相同职业人员的收入水平相比，农村文化企业中的工作人员队伍难以稳定。对有能力的工作人员，应从精神以及物质两个方面给予表彰和奖励，激发文化产业从业人员的工作积极性，营造良好的、益于创新创业的氛围。

最后，对人才管理机制实施改革。以人为本是文化产业的根本所在。农村文化产业的发展过程中，专业人才的严重匮乏是其发展的瓶颈与短板。农村文化产业中的从业者大多成长于传统的文化体制中，文化程度普遍不高，也不具备现代化的经营管理水平，而高素质的从业人员又招不进来，也留不住，人才结构严重失衡。对于农村文化产业来讲，首先要培养当地文化传承人。民间文化是精神文明的宝贵遗产，而文化的传承人是不可或缺的传递者和重要桥梁。现阶段，中国很多民间文化都处于无人可传的窘境之中，因为民间艺人大多年事已高，年轻人对民间文化艺术又缺乏兴趣，而且民间文化艺术本身在传承机制上存在一定的问题。以满语为例，目前满族的口语在中国几近失传，只有个别偏远的村落还有一些老人会说满语，而且使用频率也在不断降低。一些民间艺术形式的传承人已去世，某些艺术形式已完全失传。因此，农村文化的发展与传承已迫在眉睫，需要做的是：

第一，对文化传承人的选拔应当建立起更具有操作性的标准，对农村传统文化的传承人进行认真发掘，并且需要将这些传承人留住。第一，要制定切实可行的文化传承人的选拔标准。中国非物质文化遗产保持政策实施之前，各行各业都曾对传承人进行过认定。农村文化产业发展过程中，也可以参考相关评级模式以及认定标准，特别是要完善本地区农村文化传承人的认定标准。第二，深入调研农村民间文化相关传承人的基本情况以及现状，建立起详细的数据库。第三，地方政府应当划拨专门经费，对民间文化传承人给予经济上的补贴，对他们的生活给予适当照顾，营造出利于文化传承的良好氛围。第四，地方政府应当按照规定采取多种形式，挖掘和发展农村传统文化传承人。

第二，积极兴办民间传统文化教育，让文化的种子生根发芽。只有将教育作为基础，民间文化才能得到传承和发展。教育的过程并不只是文化传承的过程，也是文化交流的过程，文化创新的过程。当今世界各民族都要思考的一个问题是，如何充分利用现代化的教育手段，让本民族的传统文化得以传承，获得更好的发展。中国一些少数民族有自己的语言和文字，国家应在当地积极推进三语教学，即汉语、英语和本民族语言，避免更多的少数民族语言失传，同时为各少数民族文化传承筑牢基础；应当建立起专业体系，建立专门机构，培养民间传统文化的传承人。在民间有一些通过口头形式来继承传统文化的艺人，他们学习文化技艺时主要依靠的是实践经验的积累和对技艺的领悟，所以在学习技艺时难免出现囫囵吞枣的现象，无法从理论上理解文化本身的内涵，导致他们难以从更深的层次对艺术做出创新。针对这种情况，一些文化企业应当与高校建立联系，努力促成联合办学。

第三，让文化传承人从文化产业的发展过程中受益。部分经济条件较差的农村地区，农民无暇传承和发展当地传统文化；一些经济较发达的农村，文化传承人的基本权益得不到应有的保障，外部环境无法给予传统文化传承以足够的支撑，比如缺乏资金，无活动场所，传承人的署名权无法得到保障等，使得文化传承人逐渐失去传授民间技艺的责任感以及热情。

农村文化只有在发展过程中才能得以传承，其原因在于：一是文化传承人的文化作品以及服务可以获得更多的展示机会，自身会获得成就感和满足感；二是文化传承人可以通过销售文化产品，提供文化服务获得更好的经济效益，从而产生传承文化的兴趣与动力。例如，山东省潍坊市杨家埠镇是传统的风筝之乡，该地区的民间手工艺人能够与时俱进，对传统风筝进行改良，迎合现代消费者的审美标准和需要，将风筝做成家居装饰品，还可以作为企业宣传海报，将风筝这种传统技艺的外延进行延伸，不仅让更多的人了解了风筝之乡，了解传统的风筝制作工艺，也让当地群众通过风筝制作增加了经济收入。

四、建立现代农村文化市场体系

（一）农村文化市场主体的培育

农村文化企业是农村文化市场体系的主体，要对农业文化企业进行培育，可以通过对农村文化市场进行建立。

对农村文化企业进行培育，需要更新企业主体——农民的观念。农民思想相对落后，农村的旧习惯和习俗影响农民的思维，文化企业发展速度也相对缓慢。因此，人们既要对农村的文化特色进行保留，又要使其与时俱进、共同发展，使文化自信心得以增强，加强互助。特色使得农村的文化手工业能够更加规模化、产业化。但是，农村文化手工业整体发展的产业组织形式还不够完善，农民整体产业在产业链条中较为被动，属于低端位置。例如在山东，一共有三种类型的文化手工业生产类型：一个是消费者经由国内外销售公司，通过中间人传达给农户；另一个是消费者经由销售地点，通过批发商和中间人，转到农民手中；最后一个是消费者作坊和农户之间的运转，具有供需链条较短的特点。在山东，这三种生产是比较典型的。

对农村文化企业进行培育，需要加大开放力度，在对市场进行监管和引导过程中，政府起到至关重要的作用，但是监管仍然存在分割的情况，会产生交叉现象。对此，需要企业之间进行交流，使行业壁垒和区域限制得以突破，最后进行专业化和集约化的生产经营。

（二）农村文化市场消费终端对象的培育

建立完善的农村文化市场体系既是“丰富农民群众精神文化生活”的需要，又是新农村建设必不可少的组成部分，更是全面建设社会主义核心价值体系的必经之路。对农村文化市场培育的方法，可以运用市场准入和财税优惠、调节价格等政策，对各种市场主体进行引导，主要引导方向是电影放映、文艺表演等领域，积极开发农村文化产业，使农民有自己筹集资金的能力，并且自主管理产业。宁波市文化局开展了“万场电影千场戏”的文化活动，并为此投入500万元资金，对农民书舍和电影放映进行大力支持，采用市场化运作和农村自主选择运作相结合的方式，激活农村文化场面。通过开展“万场电影千场戏”活动，有效地连接了农村文化产业链条上的生产者与消费者，同时优化农村文化市场资源，农村地区的文化中介机构、经纪人制度也逐渐发育起来，对于农村文化产业是一个极大的助推力。宁波市文化局此次激活农村文化市场是对农村文化体系的建立，核心步骤是农民文化消费能力的提高。

首先是提供农村文化产品和服务，使农民的文化消费能力得以提高。在对文化产品进行开发时，需要考虑不同的消费群体，针对农村的留守老人，可以根据老人的生活需求，开发生活以及心理等文化产品，还要价格合理，能够使其易于消费，陕北秦腔就是如此。文化产品的开发者需要抓住留守儿童的成长心理及其需求进行文化产品开发，同时需要符合家长心理，在文化产品中加入教育功能，同时开发提高儿童智力的产品、书籍和家教产品等服务。例如，在河北省开展的一百场儿童剧进校园文化活动，是针对农村儿童开展的一项公益性文化活动，社会效果非常好。

其次，使农民的收入得以提高，才能够使其消费水平得以提高。消费的基础是收入，农村留守妇女可以开展农村手工艺活动，增加其收入，同时能够对乡土文化进行传承。

最后，对农村文化市场的消费环境进行改善。农村文化市场的消费环境包含很多环节。提高农村文化产品服务以及消费环境，可以相应地提高农村人民的消费意愿。文化消费场所的创造要具有合理性，需要选择交通便利的地点，易于人民消费，不能影响村民正常作息。文化消费渠道或者平台会影响文化的知晓度和文化渗透力，要搭建较好的文化消费渠道或者平台，直接连接文化生产和文化消费。文化消费的状况受到文化消费观念的影响，需要对文化消费观念进行塑造，并且对文化消费进行鼓励，政府要不断进取和改革，使农村文化市场能够发展并更加繁荣，使农村文化市场更加现代化。

（三）农村文化产业行业自律协会

要使现代文化市场体系更加健全，需要使文化产业组织机构能够被建设。政府是将市场与人民联系起来的桥梁，要发挥好作用；同时政府也是服务主体，对诉求进行反映，并且规范规则；文化市场需要健全信用制度，又因为文化产品灵活多样，更加需要多样的渠道；制定文化市场规则，市场也需要建立良好的秩序，对财产以及知识产权进行保护。

在文化市场契约主体关系以及文化市场交易活动中，文化产业的行业自律协会起到至关重要的作用，能够维持市场生机和活力。例如，温州的烟具行业协会成立之前，市场十分混乱，许多企业会运用不法手段进行利润的提取，竞争没有秩序，仿冒伪造和偷工减料的现象盛行。

（四）农村文化市场法律法规的健全

在企业与政府关系中，农村文化产业行业协会起到至关重要的作用，可以对沟通成本进行大幅度降低，同时提高整体效率。但是，对于农村文化市场规范性建立问题，行业自律协会可能无法进行解决，政府还需要对市场进行监督和管理。农村文化产业市场的相应法规制度也需要建立起来，促进农村文化市场运营规范发展。政府需要规范市场经济原则，依据相应法律法规，建立良好的市场外部环境。

农村文化市场能够健康发展，需要加强文化法制建设，主要有四个方面：第一，农村文化市场违规举报程序简洁化，透明度提升，公开进行审批。第二，加强问责和监管制度，对于高新技术，比如网络游戏或者动漫等，可以融合农村传统文化，同时清除不良文化。第三，创建完整的市场管理体系，主要是防范，其次要做好监督和监管。

要健全文化市场法律，加强保护版权，需要在保护过程中运用法律、科技等手段，简化农村文化产品产权审批过程，使得农村文化的新技术更加活跃。同时，积极鼓励文化产品和服务的专利申请、标注商标和版权，对盗版依法惩治，侵犯知识产权的行为要依据法律进行惩治，还要健全文化市场综合执法机构，理顺互联网管理体制，建立文化市场秩序，依法经营，公平交易。

五、营造农村文化产业发展氛围

（一）政府增加对农村文化产业的扶持力度

从整体来看，农村文化产业还在起步阶段，政府在其发展过程中起到了至关重要的作用，应出台相应政策进行支持，例如建立融资平台，资金可以通过个人募捐或者慈善机构、地方政府的资助以及文化基金会等渠道筹集。

（二）提高文化企业安全意识

我国文化产业发展环境相对比较稳定，如果要支持农村文化产业发展，需要保证文化安全，只有文化安全，才能保证国家文化主权和国家文化生态平衡，这两个方面在文化发展过程中是必要的，不能有任何一个出现差错，否则国家文化将受到威胁。因此，需要在农村建立保护文化安全的意识，让文化资源能够可持续发展，并且得到社会的认可。

（三）发展文化惠民工程

文化对人民的优惠主要体现在能够满足人民与日俱增的精神需求，尤其是在当代农村，传统文化发展堪忧，并且极度缺乏文化娱乐项目，导致农村低俗文化大肆猖獗。

在农村中，最重要的是西部农村教育不是十分发达，所以要重点发展西部农村的文化和教育，农村要发展，需要优先发展教育，使文化生产力得到解放，并且要不断发展，使农村能够摒弃其落后的文化，发展优秀先进的文化，使中国社会主义文化不断进步繁荣。

在农村优先发展教育事业的同时，要拓宽农村信息传播和文化资源共享渠道。拓宽农民的视野，了解自身村庄文化资源的优势，实现村际共享文化资源，做到资源互补。地方政府一方面要引导文化单位、企业、村委会积极开展面向农民的文化娱乐活动，面向农村提供流动服务、网点服务，推动媒体办好农村版和农村频率频道，建立农村文化的基层网点，支持演艺团体深入基层和农村演出；另一方面要建立以城带乡联动机制，合理配置城乡文化资源，鼓励城市对农村进行文化帮扶，把支持农村文化建设作为创建文明城市的基本指标。

为了使农民群众的文化权益得到保护，使农民群众能够更加方便地阅读书籍，需要在农村建造书屋工程，由政府进行建设和组织，向社会筹集捐助资金，共同推进，达到资源整合，还要广泛动员社会力量，在国内外采取各种方式进行募捐。农家书屋涉及民间工艺、民间习俗、法律知识、医学常识等各个门类，将会极大地提高农民自助解决问题的能力，促进新农村建设和社会和谐。

第二节　乡村文化建设的艺术驱动

一、艺术对乡村建设的影响

在当代乡村建设的热潮中，其中既有“自上而下”式的政府主导，也有“自下而上”式的社会参与。“自下而上”式的社会参与对于当代乡村建设至关重要，是对政府主导的乡村建设的有力补充。因此，从当代乡村建设的现实需求来说，面对从工业社会到后工业信息社会的大转型所带来的中国乡村危机与困境，在有众多社会领域参与的乡村建设实践中，艺术介入能为乡村重塑提供一种新的思考方式与救助手段。

从艺术学科的发展来说，艺术介入乡村建设的目的是探索在商业社会中迷失的当代艺术介入社会、服务大众的社会价值。艺术乡建设正是艺术介入社会这一优良传统的当代实践。中国的当代艺术需要走出自我封闭和自我陶醉的狭小天地，迅速摆脱商业化的掌控和误导，成为一种积极介入社会的力量，探索艺术介入乡村重塑的社会价值。对于强调实践、关注现实的设计艺术学科来说更是如此，将设计聚焦于解决现实社会问题和实现“设计社会化”“社会创新”等成为趋势。这种艺术介入社会的新思潮不是传统意义上的视觉审美和个人趣味的游戏，而是社会学意义上对艺术改善大众福祉的社会价值的严肃探索。

二、乡村振兴设计模式

当代中国农村已经基本摆脱贫困，即将全面迈入小康社会，新时代的农村建设更应注重物质和精神的全面建设，这里将当代乡村振兴设计的模式与原则总结为如下三个方面：

（一）“产业→社会→环境→文化”整体营造

1.设计艺术介入乡村建设的模式类型

乡村振兴的目的是改善农村生活福祉。对当代艺术乡建设的国内外典型案例进行深入分析，可以得到设计艺术介入乡村建设的模式包括：

（1）记录→保护→传播→传承乡村文化。在城乡二元对立发展体系中，乡村生活方式、价值观念被边缘化，甚至成为落后的代名词。因此，重建乡土文化与信仰、重塑乡村文化价值认同势在必行，这是乡村振兴的前提和基础。[①]可以通过田野调查并运用图文、影像等多媒体手段记录、保存地方文化，通过互联网平台、展览等形式进行文化传播，帮助地方社区在当代生活和生产中保护与传承乡土文化。

（2）重建社区公共生活，改良乡村建筑景观和公共服务设施。乡村振兴设计项目的首要工作往往是构建村民的公共生活，通过集体活动完成社会资本重构，增强社区合作力与凝聚力。

发挥设计艺术的专业优势，对价值较高的古建筑进行专业修复；在尽量保留传统精髓的前提下，对老旧或闲置房屋空间进行设计改造，满足居民当代需求；对于将要建造的建筑、景观和公共设施，要充分尊重和传承社区的传统营造文化，如陶瓷社区、木作社区、稻作社区等类型的社区中富含地方文化特色的建筑景观营造传统，在传统与现代、特色与标准之间取得平衡。

（3）提供社区赋能教育。通过向村民讲解村落历史与文化，激发乡村社区居民的文化自觉与文化自信；通过信息图示化的艺术手法表现、宣传国家政策和先进文化；对乡村留守儿童进行美术教育；为村民提供知识技能培训，如手工艺、科学农作、食物制作、电子商务、旅游业服务礼仪、合作社运营管理等。

（4）振兴乡村产业。设计师与地方手工艺人协同设计具有地方特色的文化创意产品，并利用互联网以及联合各类实体销售渠道等方式进行乡土特产品牌的传播营销；本地社区通过参与协同创新过程，可以实现社区赋能，获得经济回报；依托乡村特色资源和生活方式，综合打造集生态农业观光、农耕体验、休闲度假、乡土文化教育、养生居住为一体的乡村生态旅游产业品牌，用设计创新驱动乡村从传统种植业转型到现代服务型农业，其中设计的介入方式包括：文化产

① 蒋高明．乡村振兴选择与实践 [M]. 北京：中国科学技术出版社，2019.

品和旅游产品创新设计、乡村服务设施设计、乡土特色建筑景观设计、交互式建筑景观设计、传统表演编排以及其他文娱活动设计等。

2.“产业→社会→环境→文化”的设计特点

乡村振兴设计在“产业→社会→环境→文化”四个方面的特点为：①经济性。振兴地方产业，创造能够提升居民知识技能的社区赋能系统，使地方社区获得经济独立与繁荣。②社会性。培养社区自我管理能力以及协同合作力，重塑社区公共生活，增强社区凝聚力，打造充满互助、互爱与互动的地方社区，激发社区居民强烈的社区归属感与自豪感。③环境性。创造安全宜居的优质生活场所和自然人文环境，包括环境优美、无污染的生活空间，完善的公共服务设施，社区成员的衣、食、住、行、乐、育、医等生活需求得到很好的满足。④文化性。保护和传承社区优良文化传统，使其渗透在社区生活的方方面面，打造极具地方个性的魅力社区。

3.实现“产业→社会→环境→文化”的整体设计建议

乡村振兴设计应该是综合实现“产业→社会→环境→文化”四个目标面向的整体设计，包括解决社区问题的“问题解决型设计”以及改良社区生活的“探索改良型设计”两种类型。

（1）根据系统设计思维，进行乡村振兴设计。乡村振兴设计所提倡的“整体设计”理念对于当代中国乡村建设具有重要的现实指导意义。乡村振兴设计应该具有系统化思维，“产业→社会→环境→文化”四个方面应该齐头并进、相互交融。目前无论是乡建相关政府部门的划分，还是高等教育中乡建相关学科专业的设置，大多是采用割裂式、单维度的思维模式来解决问题。在社会大转型时期，为了解决复杂棘手的乡村发展问题，具有系统设计思维的乡村振兴设计势在必行。

（2）“点、线、面”的概念性乡村振兴设计。乡村振兴是一个长期渐进的过程，能够在“产业→社会→环境→文化”各个方面齐头并进固然最好，但在实际项目中受到各种因素的制约，往往采用“以点带面、循序渐进”的方式进行，甚至可以在实际项目开展之前进行很多具有实验探索性质的概念设计，通过参加国际展览或竞赛的形式得到关注认可，然后再过渡到实际项目。可以通过在“点”上做出成绩，让各利益相关者看到实效，然后逐步进阶到“面”的整体发展规划。

（3）由短期目标逐步向全面营造发展。从长远目标来说，乡村振兴设计应该是在“产业→社会→环境→文化”四方面的乡村整体营造，在短期内可以先专注于一个或数个目标，然后逐渐扩展全面营造的目标。很多社区营造项目都是始于社区环境整顿（环境性）；环境整治的成果进一步提升了社区营造的信心，同时在集体活动中增强了社区合作力和凝聚力（社会性）；社区意识的提升使居民开始关心社区历史文化问题，于是对村落的历史文化进行梳理挖掘，强化了社区的文化认同感与文化自豪感，进而转变成主动保护与传承社区传统文化的行为（文化性）；随着社区自然环境和人文环境的改善，地方特色逐渐形成，从而促进乡村生态旅游业的发展（经济性）。

（二）立足社区的内生性发展策略

中国幅员辽阔，乡村类型多种多样：有的自然风景和气候条件优越；有的物产资源丰富；有的文化资源丰富；有的临近大城市，具备很好的地缘优势；有的则是受到地震等自然灾害的打击，面临灾后的完全重建；有的农村具有上述的一种或数种优势，但中国的广大农村更多的是普通的，毫无优势可言的。乡村振兴设计就是要因地制宜地立足本地社区，充分发掘乡土文化和资源的当代价值，打造各具特色的魅力乡村社区。

面对全球化和城市化带来的单一标准化、文化同质化和去本土化劣势，立足社区的本地设计可以创造多姿多彩的生活方式，这种丰富的生活文化保留了地方社区多样性的文化生态。生物多样性使得各个物种在生态位和功能上具有互补和可替代的性质，使自然生态在承受外界压力时恢复得更快；同理，文化多样性可以使乡村社区在面对社会大转型时期的各种社会、经济、文化、环境问题的重压时能够反弹恢复而不至于被压垮，从而变成可持续的“弹性社区”。

乡村问题的解决方案存在于乡村社区的个性和历史之中，一个地方的成功经验在另外一个地方机械复制可能完全行不通。因此，乡村振兴设计提倡因地制宜的理念，用立足社区的本地设计来推动乡村整体营造。立足本地社区主要包括以下三个方面：

1.以“人”为本

乡村振兴设计的最终受益者是本地社区，明确了乡村振兴的受益主体，可以激发社区的内生活力，培养乡村社区民众的主人翁意识，赋予他们创造自己生活的主导权。社区积极主动的参与反过来又强化了居民的知识技能、协同合作力以及为获得经济回报者提供更多就业机会，从而为乡村振兴提供可持续发展的动力。因此，在乡村振兴设计项目中坚持以“人”为本的“社区参与、社区受益”的理念，既可以深入地了解本地需求，得到本地的支持，又可以创造本地就业机会，实现改善乡村生活福祉的目标。

2.活用本地资源

在“人、文、地、产、景”资源五分法基础上，提出“产业→环境→社会→文化”的资源四分法。社区资源是一个在历史进程中相对稳定却又不断变化的动态集合，几种类型可以交叉重合。本地资源具有成本低、获取方便、增加当地就业、体现地方特色等特点。活用本地资源的模式主要分为两类：①优势资源继承型，包括原始资源的活用升级、文化意象提取转换、技能行为传承利用等类型；②劣势资源转化型，把看似负面的劣势资源转变成对社区营造有帮助的正向资源。

3.尊重动态历史文脉

乡村建设中普遍存在“外生式”“移植型”和“快餐式”开发模式，即将发达国家或地区的成功经验、城市规划经验生搬硬套于乡村营造之中。乡村振兴设计提倡尊重地方社区历史文脉的“适当设计”“适当技术”“低技术”“中间技术”等理念，不要迷信高技术、新材料，要尽量从各自传统的低技术中获取灵感，并且加以设计、改进，找到能够为乡村建设所用的合适技术。比起“高技术”，上述理念反而更能鼓励社区的深度参与，更容易促进成熟的社区赋能系统的建成。

由于地方文脉千差万别并且总是处在动态变化之中，日本学者三桥俊雄将地域振兴设计的类型分成五类：资源保护型、渐进发展型、病理治疗型、灾后重建型以及全新开发型。乡村振兴设计师应该敏锐识别并且尊重各地不同的历史文脉和实际需求，这样才能得到本地社区的支持，避免因为盲目追求先进技术和高新材料所造成的浪费，打造出具有鲜明历史文脉的特色魅力乡村。

（三）开放互联的乡村创新建设

乡村建设，应该充分激发各方力量参与，建立合作机制与协同网络，使得各方知识技能实现合理优化配置。

创新驱动乡村振兴是一个宏大的时代命题，在本质上就是创新活动的“设计”必将在乡村振兴中大有作为。设计学科的内涵和外延发生了很大变化，设计社会化成为趋势，社会设计、社会创新设计、关联设计、参与式设计、开放设计、协同设计等成为热门话题。乡村振兴设计是典型的社会设计或关联设计，乡村设计师承担着多重角色，既要做好设计师的本职创新工作，用创新方法驱动乡村振兴，又要作为促进者、组织者和沟通者创建一个开放互联的交流网络，在尊重各自知识技能的前提下，让各利益相关者以合适的方式参与到乡村建设之中，激发本地社区的深度参与，通过协同创新实现中国乡村的当代伟大复兴。开放互联使得智力、技术、资本和其他各种外部资源的输入成为可能，使乡村能够突破传统发展的现有格式，实现社会跳跃式发展，新技术、新材料的引入，为跨越式发展提供了基本的物质技术条件。

总之，在信息时代的分布式经济浪潮中，人、物、事、环境既可自成系统，又可高度互联，因此，在乡村振兴设计过程中，既要立足本地社区资源，又要保持开放式创新。乡村振兴设计本质上是一种本地设计、整合设计和整体设计，应该基于特色地域文化和乡土资源，用协同创新手段以及系统设计思维，从产业、环境、社会、文化四方面实现乡村整体营造，用设计创新驱动乡土文明的当代重塑。

第三节　乡村文化人才与产业建设

实施乡村振兴战略，必须破解人才瓶颈制约。要把人力资本开发放在首要位置，畅通智力、技术、管理下乡通道，造就更多乡土人才，聚天下人才而用之。乡村振兴，根本在政策支持，出路在制度创新，要害在人才支撑。[①]人才是行业发展的基础，尤其是在农业现代化程度不断提高的背景下，农业的发展急需一批懂农业、爱农村、爱农民的“三农”人才，使之推动农业现代化的发展进程。只有汇聚各类农业人才才能够为乡村振兴注入更多动力，进而实现乡村振兴。其中，大力培育新型职业农民、加强农村专业人才队伍建设、发挥科技人才支撑作

① 温铁军，张孝德．乡村振兴十人谈：乡村振兴战略深度解读 [M]. 南昌：江西教育出版社，2018.

用、鼓励社会各界投身乡村建设等是实现乡村振兴的重要抓手。

新型职业农民是以农业为职业、具有相应的专业技能、收入主要来自农业生产经营并达到相当水平的现代农业从业者。新型职业农民是一种主动选择的“职业”，可分为生产经营型、专业技能型和社会服务型三种类型。从经济角度来说，它有利于劳动力资源在更大范围内的优化配置，有利于农业、农村的可持续发展和城乡融合发展，尤其是在当前人口红利萎缩、劳动力资源供给持续下降的情况下，更是意义重大；从政治和社会角度来说，它更加尊重人的个性和选择，更能激发群众的积极性和创造性，更符合“创新、协调、绿色、开放、共享”的发展理念。

一、新型职业农民的发展与培养

自2012年新型职业农民概念提出后，相关文件陆续出台，强调大力培育新型农民和农村实用人才，着力加强农业职业教育和职业培训。充分利用各类培训资源，加大专业大户、家庭农场经营者培训力度，提高他们的生产技能和经营管理水平。制订专门计划，对符合条件的中高等学校毕业生、退役军人、返乡农民工务农创业给予补助和贷款支持。

加大对新型职业农民和新型农业经营主体领办人的教育培训力度。积极发展农业职业教育，大力培养新型职业农民。将职业农民培育纳入国家教育培训发展规划，基本形成职业农民教育培训体系，把职业农民培养成建设现代农业的主导力量。办好农业职业教育，将全日制农业中等职业教育纳入国家资助政策范围。依托高等教育、中等职业教育资源，鼓励农民通过“半农半读”等方式就地就近接受职业教育。开展新型农业经营主体带头人培育行动，通过多年努力使他们基本得到培训。

加强涉农专业全日制学历教育，支持农业院校办好涉农专业，健全农业广播电视学校体系，定向培养职业农民。引导有志投身于现代农业建设的农村青年、返乡农民工、农技推广人员、农村大中专毕业生和退役军人等加入职业农民队伍。优化财政支农资金使用，把一部分资金用于培养职业农民。总结各地经验，建立健全职业农民扶持制度，相关政策向符合条件的职业农民倾斜。鼓励有条件的地方探索职业农民养老保险办法。

重点围绕新型职业农民培育、农民工职业技能提升，整合各渠道培训资金资源，建立政府主导、部门协作、统筹安排、产业带动的培训机制。全面建立职业农民制度，完善配套政策体系。实施新型职业农民培育工程，支持新型职业农民通过弹性学制参加中高等农业职业教育。积极发展现代农业职业教育，大力培育新型职业农民，加强民族地区职业教育，建立公益性农民培养培训制度，开发精品教材，整合教育培训资源，并鼓励农村青年农民在农村创业兴业，造就高素质的新型农业生产经营者队伍，为农业可持续发展提供坚实的人才保障。

新型职业农民的培育，能够对农民在产前、产中以及产后环节所出现的问题或困难给予解决和引导。通过系统的职业教育，能够培育出一批具备较高文化水平、较高技能素质、较强经营能力的新型职业农民。引导小农户使用现代经营管理方式、技术手段，加快农户与现代农业发展有机衔接，从而为乡村振兴的“三农”队伍建设提供智力支持。具体来说，新型职业农民的培育主要包括以下模式：

1.政府主导类的新型职业农民培育模式

政府主导的培育模式主要是指政府牵头统筹新型职业农民工作，根据新型职业农民培育对象的文化层次和培育需求，分别对生产经营型、专业技能型和社会服务型的职业农民，组织教育培训机构开展从培训到中职、高职教育的多层次培育。其中，政府起主导作用，并负责协调财政、农业、教育、金融、保险等部门共同出台扶持政策，同时提供有利于新型职业农民发展的政策环境。

2.多方联动类的新型职业农民培育模式

该模式包括：

（1）新型农业经营主体带动为主导的培育模式。以当地种养大户、家庭农场经营者、农民专业合作社领办人和社会化服务体系专业技能人员等新型农业经营主体的经营者为重点培养对象，发展新型职业农民队伍。在新型职业农民培育过程中，依托家庭农场、农民专业合作社等新型农业经营主体，结合农时季节对新型职业农民进行技术示范指导，创造有利于农业新型职业农民培育发展的良好环境。此外，依靠政府与新型农业经营主体的力量，整合多方资源打造包含信息、技术、政策、销售等模块为一体的新型职业农民服务平台，为新型职业农民的成长提供服务，并促进其带动周边农户。

新型职业农民是中国农业生产的重要主体，新型职业农民队伍的壮大与发展能够提高农业生产力。新型职业农民的培育，能够带动农业农村的发展，实现乡村振兴，并加快小农户与现代农业的有机衔接。中国未来将拥有更多的新型职业农民，因此，应实施新型职业农民培育工程，全面建立职业农民制度，实施新型职业农民培育工程；支持以新型职业农民为主体的农村实用人才，通过弹性学制参加中高等农业职业教育。

（2）产业主导的培育模式。以产业发展为主导，在政府部门的指导下，培训机构开展产业教育培训和科技指导服务，共同完成新型职业农民培育。此外，根据当地农业优势产业，政府对农业院校学生定向招生、专项培训，能够有针对性地促进新型职业农民培育与农业产业相结合，在解决农业院校学生就业问题的同时，为当地农业发展留住一批高素质新型职业农民，促进当地农业经济的发展。

（3）实践操作为主导的培育模式。通过农业龙头企业，为新型职业农民的培育提供实际操作演练的设备、场所，以及产品研发、生产、销售等多方位的实践机会。此外，政府在新型职业农民培育过程中起政策引导、资金扶持以及宏观管理的作用，为新型职业农民的培育提供保障；农业院校为新型职业农民提供专项课程训练。在培育新型职业农民过程中，拓展新型职业农民的思维，增强创新能力和实践能力，并提高培育新型职业农民规范生产的意识。通过“政府+学校+企业”的联动，促进新型职业农民在创业兴业实践中发展成长，带动行业发展。

二、农村专业人才队伍的构建

建立县域专业人才统筹使用制度，提高农村专业人才服务保障能力。推动人才管理职能部门简政放权，保障和落实基层用人主体的自主权。推行乡村教师县管校聘。实施好边远贫困地区、边疆民族地区和革命老区人才支持计划，继续实施“三支一扶”、特岗教师计划等，组织实施高校毕业生基层成长计划。支持地方高等学校、职业院校综合利用教育培训资源，灵活设置专业（方向），创新人才培养模式，为乡村振兴培养专业化人才。

农村专业人才是一类以农业为职业的、具有一定的专业技能的现代农业从业者。农村专业人才中职业经理人、经纪人、乡村工匠等属于新型职业农民中社会服务类型的职业农民，即在社会化服务组织中或个体直接从事农业产前、产中、产后服务；而非物质文化遗产传承人、文化能人属于生产经营类型的职业农民，即以农业为职业、占有一定的资源、具有一定的专业技能。整体而言，专业人才队伍建设可以与新型职业农民培育相结合，从教育培训、队伍管理角度入手。

（一）农业专业人才队伍的发展

农业专业人才队伍的建立需要进行严格把关，加强整体队伍的技能水平，提高其生产力。其中，认定管理是培育的重要环节，要公平公正、科学合理地对专业人才进行评价，充分发挥专业人才在实施乡村振兴战略中的示范带动作用和支撑作用。

（1）专业人才队伍的管理。专业人才认定主要包含三个方面的内容：①专业人才要具备一定的专业技能，如获得相应专业技能证书。②专业人才还应具备职业道德，如商品农产品质量过关、无欺骗行为及积极发展农业生产服务。其中，可以将是否按照正规程序注册农产品商标，申请无公害农产品认证、绿色食品认证、有机食品认证或其他符合国家标准的农产品认证作为考核标准。③专业人才管理还应综合考虑个人的整体水平，如受教育程度、生产经营规模、经营收入等。

（2）专业人才队伍的发展。支持地方高等学校、职业院校综合利用教育培训资源，灵活设置专业（方向），创新人才培养模式，为乡村振兴培养专业化人才。农村职业教育的基础以义务教育为主体，同时包括普通高中教育和其他学历教育。在培养专业化人才过程中，应大力促进职业教育和普通教育、中等和高等职业教育的协调发展，健全农村专业人才培养平台。

实施边远贫困地区、边疆民族地区和革命老区人才支持计划，继续实施“三支一扶”、特岗教师计划等，组织实施高校毕业生基层成长计划。加强对农村经济困难家庭学生接受职业教育培训情况的资助、跟踪管理与服务。通过职业教育系统“培训一人，输出一人，帮扶一家，带动一片”。

以对农村经济困难家庭提供特殊扶持为重点，建立促进农村学生优先、全面参加职业教育的制度。提高职业教育的社会吸引力，从国家政策上鼓励农村学生优先参加职业学习。同时，以县为单元建设县域职业教育培训网络，把农村文化技术学校与中小学、职业教育学校有机结合。紧密结合农业生产的实际，围绕产业发展，积极探索和创新人才培养模式，分产业、分品种地培养专门人才。积极利用广播、电视、网络等形式，组合资源要素，开展送职教下乡、进村、进社区活动。为边疆民族地区、革命老区培养专业人才，带动当地农业发展。

农村专业人才长期工作在农村，熟悉农业政策，服务农民生活。加强这部分群体队伍的建设，能够为新时代农业发展提供人才支撑，并促进乡村振兴。同时，加强农村专业人才队伍的建设，能够促进农村整体农业生产水平，促进农户了解并合理使用科学技术生产管理田间作物。

（二）农村教育培训制度的建立

务农农民是中国农业生产经营主体的重要组成部分，同时也是实现小农户与农业现代化有机衔接的重要落脚点。务农农民的科学文化素质、技能水平和经营能力直接决定着农业的生产力水平。为其提供职业教育培训，能够有效、快速地提升其生产效益和生产力。

教育培训能够将专业技术、技能和经营管理知识传授给农民，提升岗位适应性和工作能力，使其有效运用新的技术成果和手段，进而不断提高农业生产经营效率。其中，可以将具有一定文化基础和生产经营规模的农民，培养成为具有新型职业农民能力素质的现代农业生产经营者，进而快速扩大专业人才队伍。

教育培训可根据人群的不同进行分类培训：①为正在务农的农民提供免费的教育培训。建立中等职业教育免学费制度，并对误工、误餐等进行补助，通过实行农学结合弹性学制，采取“送教下乡”等教育模式，鼓励和吸引务农农民参加农科学历教育，培养具有农科中高等职业教育水平的新型职业农民。②为返乡农民工和农村退伍军人进行免费培训。对从事农业生产经营或在农业领域创业的返乡农民工和农村退伍军人进行全程免费培训，帮助他们提高职业技能和经营能力。③为已具备一定专业技能的人才提供再教育培训。此类教育培训的目的在于更新其技术、管理方式，优化其知识体系，提高其市场竞争力。建立与干部继续教育、工人岗位培训类似的经常性教育培训制度，明确教育培训内容、时间、方式、机构和经费保障。从而，使农民及时了解和掌握农业产业政策的调整、农业科技的进步和农产品市场的变化，提高农业生产经营效益。

（三）农业科技人才的支撑作用

中国现代化的重要组成部分是农业现代化，随着中国农业现代化进程不断加快，农业生产过程日益专业化、协作化，这对高新技术产生了较高的需求。在农业分工越来越细致、科学及专业的背景下，发展现代农业也需要农业科技人才的支撑。而提高农业现代化水平的关键在于提高农业的生产力，这就更需要发挥农业科技人才在农业生产中的支持作用。

农业科技人才是指受过专门教育和职业培训，掌握农业行业的某一专业知识和技能，专门从事农业科研、教育、推广服务等专业性工作的人员，包括农业科研人才、农业技术推广人才、农村实用人才等。中国农业科技人才的培养，包括农科研究生教育、本科生教育及中高等农业职业教育。

现代农业的发展，需要拓宽农业技术的范畴并建立现代农业技术体系；需要在提高土地产出率和劳动生产率的同时，提高要素的利用率以及质量安全。因而，重视科学技术、发挥科技人才在农业产业中的支撑作用至关重要。其中，发挥科学技术在乡村振兴中的支撑作用，不仅取决于科学技术本身的应用效率及其对农业农村的适用性，还取决于科技应用主体对技术进步的适应能力，以及与技术进步、推广应用相关的体制机制的变革。发挥科技人才支撑作用可以从以下几方面入手：

1.保障社会权益，完善分配政策

全面建立高等院校、科研院所等事业单位专业技术人员到乡村和企业挂职、兼职和离岗创新创业制度，保障其在职称评定、工资福利、社会保障等方面的权益。探索公益性和经营性农技推广融合发展机制，允许农技人员通过提供增值服务合理取酬。推进科技体制改革，放活科技人员和科技成果，健全种业等领域科研人员以知识产权明晰为基础、以知识价值为导向的分配政策。

深化基层农技推广体系改革，推进公益性农技推广机构与经营性服务组织融合发展，探索提供技术增值服务合理取酬机制。全面实施农技推广服务特聘计划，强化农科教协同推广。提高农业科技人员收入，使其有时间与精力投入科研，提高农业科研成果转化和转让中科研人员的收入分配比例，积极探索科技成果以专利入股等形式参与收益分配。增强农业科研单位和人员与基层农技推广机构、企业、农民之间的合作关系，引导和鼓励科研机构和科技人员更多地向农业生产经营单位和农民服务，更多地开发适用、实用的农业技术，充分利用现代化的信息技术和信息网络转化农业科技成果，提高农业科研成果转化率。

健全种业等领域科研人员以知识产权明晰为基础、以知识价值为导向的分配政策。培育农业科技成果转化和交易市场，建立健全农业科技成果转化和交易的法律法规体系，规范农业科技成果转化和交易行为，探索新型成果转化和交易模式，为农业科技成果转化及市场交易提供便利条件和措施保障，推进农业科技产业化。此外，依托战略性核心关键技术研究和共性科技研究项目，形成学科之间联合与协作的创新体系和科研平台。以开展战略研究、制定发展规划为导向实施创新基地建设，集中组织实施重大创新项目，创建精干高效的跨学科优秀人才队伍。

2.先进科学技术装备的支持

在农业分工越来越细致、科学及专业的背景下，现代农业的重要标志是现代化的农业物质装备、科学技术。支撑乡村振兴战略需要科技人才带动农业农村的发展。通过发挥科技人才的作用，实现中国农业在关键技术、核心技术领域取得突破，使中国农业科技达到世界先进水平。同时，促进农业科技成果的转化，满足当前现代农业的发展需求，提高农业生产力，进而推动农业现代化的发展，促进乡村振兴。

（四）乡村建设的多元化人才需求

随着农业现代化水平的不断提高，乡村振兴战略的实施，需要一批懂技术、掌握科学管理方式、具备创新能力的人。创新型人才、经营人才、管理人才、技术能手等不仅需要从农村本地培训，也需要城市向农村输送或者回流。在培养乡土人才的同时，鼓励社会各界投身乡村建设，发展农村。鼓励社会各界投身乡村建设需从以下几方面入手：

1.完善农村激励体制机制

以乡情乡愁为纽带，建立有效激励机制，吸引支持各界人士，通过各种方式服务乡村振兴事业，引导更多的企业家成为职业农民。以规模化、高科技支撑的农业经济吸引城市中的企业家，引导其将资金用于广阔的农村市场。城市企业家进入农村，不仅可以为农村发展快速注入新的活力，而且可以迅速突破传统农业的种养殖限制，发展农村的规模化经营，扩大农产品加工、包装、物流等产业的服务。同时，企业对土地的规模经营也必然会促进原有土地上的农民转化为农业产业工人，在农业生产环节获取更多的现金收益和更多的发展机会。

加快制定鼓励引导工商资本参与乡村振兴的指导意见，落实和完善融资贷款、配套设施建设补助、税费减免、用地等扶持政策，明确政策边界，保护好农民利益。通过引导工商资本下乡共同参与乡村振兴，激发企业投资农业农村的热情和活力，可以带动人力、财力、物力以及先进技术、理念、管理等进入农村，进而推动产业发展、实现农民增收。

2.发挥群体组织的作用

发挥工会、共青团、妇联、科协、残联等群团组织的优势和力量，发挥各民主党派、工商联等的积极作用，支持农村产业发展、生态环境保护、乡风文明建设、农村弱势群体关爱等。

中国农村专业技术协会是在中国农村经济体制改革中，由农民自发组织、自发创办、自愿参与、自我管理、自主发展的群众性经济合作组织。它的出现，有利于提高农民的组织化程度，推动农业产业化发展，促进农业科技推广应用，已成为推动农村改革发展的重要力量。中国农村专业技术协会自成立以来，在全国依托科协组织陆续建立起省、地、县三级农村专业技术协会组织，其自身也建立了相应的职能部门，并按照专业类别建立起相应的委员会和技术交流中心，确立了农村专业技术协会社会化服务体系的地位。中国农村专业技术协会自成立以来，基本形成了上下一体、左右相连，完整的具有协会特色的新型社会化服务体系。其在农业农村发展中具有重要作用，不仅促进了农业科技创新和实用技术推广，还提高了农民组织化程度和农业社会化服务水平，推动了传统农业向现代农业的转变。

3.吸引青年投入农村建设

现代农业发展需要青年提供强有力的人才支撑，组织实施现代青年农场主培养计划是贯彻落实中央决策部署、拓宽新型职业农民培育渠道的重要举措，是激发农村青年创造创新活力、吸引农村青年在农村创业兴业的重要手段。

原农业部同教育部、团中央组织实施现代青年农场主培养计划，采取培育一批、吸引一批、储备一批的方法，经过培训指导、创业孵化、认定管理、政策扶持和跟踪服务等系统的培育，在全国形成一支创业能力强、技能水平高、带动作用大的青年农场主队伍，为现代农业发展注入新鲜血液。

对回乡从事农业生产经营和在农业领域进行创业的农业院校，特别是中、高等农业职业院校毕业生，在就业补贴、土地流转、税费减免、金融信贷、社会保障等方面给予扶持，鼓励、引导、吸引农业院校学生到农业领域就业创业，建立农业院校定向招生支持制度，对定向招录农村有志青年特别是种养大户、家庭农场主、合作社领办人等子女，在生均拨款、实训基地建设等方面给予倾斜，鼓励和支持农业院校设立涉农专业，为培养新生代职业农民创造条件。

4.社会参与的重要性

乡村建设是一项系统工程，在政府作为主导、多元参与以及协同市场与社会力量的背景下，需要充分调动各界积极性，为乡村建设提供持续的动力。社会参与的主要力量包括企事业单位、社会团体、民间组织与志愿者，通过自主参与、合作参与、协同参与等方式对乡村建设提供服务、援助及投资等。

建立人才对接平台，鼓励支持返乡创业人员、新乡贤、志愿者及具有乡村情怀的能人贤达投身乡村建设，积极引导高校及研究机构利用其科研优势为乡村建设提供技术支撑。建立和完善社会参与乡村振兴战略的体制机制，营造氛围，以乡情乡愁为纽带，吸引支持企业、高校、事业单位等多方面的人才投身乡村建设，进而提高农业农村组织化程度和社会化服务水平。同时，为青年提供平台，提供技术与资金支持，提高其适应生产力发展和市场竞争的能力，共同发展乡村，推动传统农业向现代农业的转变。

三、乡村振兴中的人才支撑

（一）乡村振兴中的人才支撑现存问题

实施乡村振兴，解决乡村的人才支撑问题是关键，实现人才支撑最主要的是发展并壮大从事农业的人员队伍，这是关系农业长远发展，特别是现代农业建设的根本大计和战略举措。为实现人才支撑，可采取加强新型职业农民培训、加强农村专业人才队伍建设、发挥科技人才支撑作用，以及鼓励社会各界投身乡村建设等措施。但在各项措施的推行过程中存在着许多问题：

1.农业人才队伍培育体系不健全

目前，农业的教育培育能力无法满足新型职业农民、农村专业人才、科技人才等相关人才的培养。由于人才培养规模大、类型多、要求高以及时间紧等问题日益突出，培训的社会资源分散，人才队伍培育无法满足农业发展的需求。这些日益突出的矛盾，加大了发展和壮大农业人才队伍的工作压力。

2.农业职业教育吸引力不强

当前，在农业职业教育体系中，中国职业院校里农科专业的吸引力不强，面临招生困境，使得农业科技专业的人才数量不足。其主要体现在，全国高等职业院校农科专业学生、中等职业学校农科专业学生占总体学生数量的比例较低，农业院校所招收的农科专业学生与中国农业体系能够承载的劳动力的比例失调。由于经营农业收益较低，多数农科专业的毕业学生回农村务农或创业的意愿较低，使得农业的人才数量更为短缺。

3.农民接受与实践相关的再教育较为困难

由于受到经济、生产、时间、地点等条件的限制，既很难进入传统围墙式的职业院校学习，又很难通过自我学习获得必要的知识和技能。虽然务农农民具有强烈的学习意愿，但农民职业技能培训与农业中、高等职业教育脱节，农业高等职业教育又与农业普通高等教育脱节，难以满足农民多层次、多元化的教育培训需求。

（二）乡村振兴中人才支撑的实现

为了满足现代农业的发展需求，需要一批能够适应现代农业发展要求、自身具备较强能力、较高素质的人。要培育一批符合现代农业发展需求的人才，使之能够在农业结构调整中选择适合自己的优势特色产业，在市场变化中按需生产，在生产过程中能够应用新品种、新技术和新装备。

农业人才不仅需要适应产业链升级对管理、组织能力的要求，能够应对农业生产经营过程中随时可能发生的自然风险、市场风险和农产品质量安全风险，还需要有能力搭建农产品品牌、拓展农产品市场等。

随着农业现代化水平的提高，对从事农业生产经营的人的要求越来越高，要具备应对新形势新时代要求的能力，需要人才队伍进行不断的实践和总结经验，并依靠教育培训将其传递给更多的人。在乡村振兴战略的支持下实现人才支撑，需要完成以下几个方面：

1.完善培育模式，培育农业人才

在完善和健全“三位一体”的新型职业农民培育模式下，加大对专业大户、家庭农场经营者、合作社领班人的培训力度，开展职业农民职称评定。建立专业人才、科技人才参与乡村振兴机制，充分发挥农村党员致富带头人、优秀青年企业家带头模范作用，同时鼓励社会各界投身乡村建设，吸引青年回村、乡贤回归，扩大农业人才队伍。制订并执行有效的中长期培训计划，培育一批知识型、技能型、创新型的新型职业农民队伍，从而优化农业从业者结构及改善农村人口结构。

2.建立完善的农业人才队伍体制机制

（1）完善农民教育培训、认定管理以及政策扶持制度。持久开展农业基础教育和技术教育，培养一大批有文化、懂技术、善经营、会管理的农业经营者。在培育过程中，针对政策扶持和跟踪服务，发挥农业人才的支撑作用。

（2）建立县域专业人才统筹使用制度，提高农村专业人才服务保障能力。全面建立高等院校、科研院所等事业单位专业技术人员到乡村和企业挂职、兼职和离岗创新创业制度，保障其在职称评定、工资福利、社会保障等方面的权益。探索公益性和经营性农技推广融合发展机制，允许农技人员通过提供增值服务合理取酬。

（3）建立多元联合发展机制。要引导农业人才之间的联合与合作，鼓励其牵头或参与组建合作社、协会或联盟、现代农业联合体，鼓励其与专业大户、家庭农场建立稳定利益联结机制，提高农业组织化程度。顺应专业大户、家庭农场及合作社的成长规律，鼓励各地农业人才立足当地实际，探索新型经营主体发展的有效路径，创新组织形式和运行机制，提升主体经营绩效。

第四节　乡村振兴战略下中国优秀艺术体系构建

一、乡村振兴战略下乡村文化建设的关键作用

随着国家经济的发展，中国的城乡差距却在不断拉大，而城市与农村之所以存在这么大的差距，其中一个重要原因就是国家的二元管理体制，也就是城乡分割管理体制。

近几年，随着中国国力不断增强，城乡发展不平衡严重阻碍了国家的经济发展，十九大提出了“乡村振兴战略”的伟大发展规划，将拉小城乡差距作为中国发展的一个重要战略目标。我国的主要矛盾已转化为人民日益增长的美好生活需要同落后的社会生产之间的矛盾，只有不断缩小城乡差距，促进经济高速发展，提高人民收入，才能最终实现人民对美好生活的向往。

城市化是城乡发展不平衡的重要原因，但城市化是经济发展与社会发展的必然结果。与农村相比，城市的发展得到国家更多的支持，经济水平高，人民收入高，且城市的体制更加健全，基础设施更加完善，无论是经济、政治还是文化

方面都远优于农村。因此，为了追求更高的生活水平，农村人口涌向城市是大趋势。因此，要想缩小城乡差距，首先要提高农村的文化水平。

文化是相对经济、政治外的人类一切精神活动及其产品，它涉及生活的方方面面，是对人类生活内容的高度概括，既包含人们的物质生活，又包含人们的精神生活。文化是一种人们习惯的生活方式（包括衣食住行）和精神价值，既包括世界观、人生观、价值观等具有意识形态性质的部分，又包括自然科学和技术、语言和文字等非意识形态部分。

乡村振兴离不开乡村文化振兴，提高乡村社会文明程度、焕发乡村文明新气象对于推动乡村振兴战略实施具有重要意义。乡村振兴不仅要实现农业产业现代化，大幅度提升农村居民人均收入水平，改善他们的物质生活，而且要大力推动乡村文化发展，用乡村文化发展丰富、完善、带动农业产业发展，进而培育文明乡风、良好家风、淳朴民风，不断提升农民的道德水准和精神文明程度。习近平总书记参加十三届全国人大一次会议山东代表团审议时强调，要推动乡村文化振兴，加强农村思想道德建设和公共文化建设，以社会主义核心价值观为引领，深入挖掘优秀传统农耕文化蕴含的思想观念、人文精神、道德规范，培育挖掘乡土文化人才，弘扬主旋律和社会正气，培育文明乡风、良好家风、淳朴民风，改善农民精神风貌，提高乡村社会文明程度，焕发乡村文明新气象。

二、中华优秀传统艺术体系的战略布局

乡村振兴离不开农村优秀传统文化价值的发挥，离不开在保护传承的基础上对农村优秀传统文化的创造性转化和创新性发展。要把保护、传承和开发利用有机结合起来，把我国农耕文明的优秀文化遗产和现代文明要素有机结合起来，并赋予其新的时代内涵和表现形式，让我国历史悠久的农耕文明在新时代展现出独特的魅力和风采。重视乡村物质和非物质文化遗产保护。加强传统村落保护，挖掘传统村落的历史、文化、艺术、科学、经济、社会等价值。深入挖掘农耕文化蕴含的优秀思想观念、人文精神、道德规范，进行情感教育、价值观教育和优秀历史传统教育，充分发挥其在凝聚人心、教化群众、淳化民风中的重要作用。

乡村文化的振兴离不开对中华优秀传统艺术的传承与发展，中华优秀传统艺术是中国传统文化的重要组成部分。传承和发扬优秀传统艺术，有利于弘扬中国传统文化，提高人民的文化自觉和文化自信。乡村优秀传统艺术必须贴近群众，

让乡村人民感受到艺术与生活的高度相似性，在生活中体会到优秀传统艺术的魅力，才能更好地实现乡村文化的振兴。①

传统优秀艺术既要传承又要在原基础上创新，但大部分乡村的传统优秀艺术传承都只是提出了创造性的战略主张，强调传统优秀艺术保护传承和创新发展的必要性，但没有具体措施实现这些战略。最主要的原因，还是乡村人才队伍短缺，缺乏创新性人才，且传播能力与影响力有限，缺少群众支持。

发展中华优秀传统艺术需要有完善的生态保障，因此需要深入挖掘优秀传统艺术的现实价值、强化艺术传承创新人才队伍建设，同时需要健全传统艺术的生态系统。

发展中华优秀传统艺术需要众多因素参与推动。人力方面，既需要专业的人才队伍创新，又离不开广泛的群众支持；群众支持首先要展示优秀作品，因此又需要足够的场地支持。艺术发展必须健全生态系统，强化软硬件设施，使优秀传统艺术的软件和硬件既符合时代要求，又贴近群众，能够满足乡村人民的现实需要。

总而言之，优秀传统艺术的现实价值挖掘、创新人才队伍建设、传统艺术生态系统构建是为优秀传统艺术提供生态保障的重要环节。

艺术不能一成不变，只有顺应时代发展、不断创新的艺术才能长期存在。优秀作品展示人员众多，环节复杂，又需要完善的管理制度和管理系统。因此发展优秀传统会有更多的艺术产生，但传统艺术能存活到今日，必然有可以借鉴的部分。因此，不能忽视传统艺术的地位，要尊重传统艺术，因为新的艺术形式多是建立在旧的艺术形式的基础上发展出来的。

继承传统艺术需要对其进行创造性转化和创新性发展，但传统文化在今天依旧拥有广泛的爱好者，必然是因为它仍能满足当代人的需求，在社会中仍发挥着它的现实价值和艺术作用。继承这种优秀传统艺术不需要再为其加入一些新东西，不需要创新改变，因为它在社会变更中始终传播着正能量。

传统优秀艺术要在继承的基础上发展，在发展的过程中继承。要把保护、传承和开发利用有机结合起来，把我国农耕文明的优秀文化遗产和现代文明要素有机结合起来，并赋予其新的时代内涵和表现形式，使传统优秀艺术适应时代发展

① 王廷信，李制．乡村振兴战略与中华优秀传统艺术体系建构 [J]. 民族艺术，2018（05）：13–18.

需求，更好地满足群众需要，这样才能更好地发挥传统优秀艺术的现实价值和艺术作用，传播正能量，在历史的长河中经久不衰。

三、中华优秀传统艺术体系建构

（一）中华优秀传统艺术是乡村旅游的重要资源

发展优秀传统艺术对提高乡村人民物质生活也有积极作用。乡民可以借助传统艺术发展相关产业，吸引各地游客参观，从而带动相关产业的发展，为乡民提供更多就业机会，提高乡民收入，推动乡村经济发展，既保障了民生经济，又美化了乡村环境，实现经济的绿色健康发展。

现在许多传统艺术都会在乡村各旅游点展示，游客通过支付酬金了解传统艺术，获得美感体验，而艺术工作者也可以在其中获得一定收入，为艺术创作提供更多资金支持，从而推动传统艺术的创新发展，为游客带来更加美好的观光体验，最终实现良性循环。这个过程既传播了优秀传统艺术，又促进了传统艺术的创新发展，同时为乡村带来了更多经济效益，实现乡村的产业化发展，助力实现乡村振兴。

（二）中华优秀传统艺术体系的战略建构

在明确中华传统艺术在中国乡村的生存现状后，也要重视乡村文化振兴中华优秀传统艺术可能面临的难题，其中包括传统艺术的生态保障问题、创新人才队伍建设问题、管理治理体制机制完善问题，以及如何处理传统艺术的传承与创新方法问题。

传统艺术的生存环境对传统艺术的发展至关重要，必须为传统艺术营造良好的创作和生存环境。但现在很多乡村环境并不适合传统艺术生存，因此需要完善环境的管理治理体制机制，运用现代管理理念，制定科学的管理制度，为乡村传统艺术营造更好的生存与发展环境。

在传统艺术发展过程中，人才队伍的建设十分重要，因此要重视创新性人才的培养，为人才提供良好的成长环境。中华优秀传统艺术历史悠久、形式多样、内容丰富、价值巨大，乡村文化振兴离不开传统艺术，必须找到正确的保护传统艺术的方法，使传统艺术在乡村振兴中充分发挥其价值和作用。

第五章

乡村振兴战略下农村电商发展的现实基础

发展农村电商产业是落实乡村振兴战略的有力举措。本章内容包括农村电商发展概述、农村电商发展及其面临的挑战、农村电商发展的新机遇与未来趋势。

第一节　农村电商发展概述

一、农村电子商务的界定

电子商务是一个发展的概念，不同研究机构、组织、学者等给出的定义各不相同，大致可归纳成以下几种较为广泛的定义：①电子商务是发生在开放网络上的包含企业之间、企业和消费者之间的商业交易。②电子商务是通过数字通信进行商品、服务买卖及资金的转账，还包括公司间和公司内利用电子邮件、电子数据交换（简称EDI）、文件传输、传真、电视会议、远程计算机联网所能实现的全部功能。③电子商务是网络化的新型经济活动，即基于互联网、广播、电视网和电信网络等电子信息网络的生产、流通和消费活动，而不仅仅是基于互联网的新型交易或流通方式。电子商务涵盖了社会不同经济主体内部和主体外部之间的经济活动，体现了信息技术网络化应用的根本特性，即信息资源高度共享、社会行为高度协同所带来的经济活动的高效率和高效能。

农村电子商务是以数字化、信息化的手段，通过集约化管理、市场化运作、成体系的跨区域跨行业联合，构筑紧凑而有序的商业联合体，降低农村商业成本、扩大农村商业领域，使农民成为平台的最大获利者，使商家获得新的利润增长。

农村电子商务的理论依据包括以下几种：

（一）赋权反贫困理论

赋权反贫困理论是指经济增长如果不能有效地消除或减小贫困，相反经济增长将增大贫富差距，导致收入分配上的不平等或社会权利及能力和机会上的不公平，使贫困群体或家庭或贫困个体不能获得基本参与和决策权，难以从中受益。

（二）收入再分配反贫困理论

收入再分配理论是指在初次分配基础上再次进行收入分配。该理论的根源是因初次分配收入不均，需要二次分配实现收入平衡或增加收入。

（三）可持续发展反贫困理论

可持续发展反贫困理论是指在扶贫过程中满足一定范围内的贫困者或贫困群体的需要，但其需要的满足也是会被限制的，否则它将对人类生态环境造成破坏，由此导致局部地区甚至整个区域的经济发展不利，甚至使贫困者或贫困群体陷入更加贫困的状态，从而形成新一轮的贫困。因此，可持续发展反贫困理论，不仅对反贫困的作用是长期得以实现的过程，也是追求经济发展的良性循环过程，它是在人与社会及生态协调发展基础上，从根本上实现消除贫困或减少贫困的目的。

（四）信息不对称理论

信息不对称理论是指交易活动中因交易双方存在信息不对等， 方或许比另一方掌握了更多的信息资源，在交易时会充分发挥自己拥有更多信息的效用和价值，使自己在交易中居优势地位，从而采用更有利于自己的市场决策。

（五）交易成本理论

交易成本理论是由科斯提出的，他认为企业的产生是将交易内部化，有利于降低交易费用，而交易费用降低将提高人们的专业化水平，促进经济增长，交易费用又决定分工水平，从而导致经济绩效的差异化。

二、农村电子商务的特点

（一）高普遍性

作为一种新兴的交易形式，农村电子商务只要有一台电脑、一部手机就可以随时随地在这个无形的网络大市场中自由交易。因此，电子商务在农村的中小企业间快速蔓延，也迅速走进了农村的千家万户。

（二）高便捷性

互联网技术使世界变成一个统一的整体，人们利用互联网的各种功能为生产和生活带来了极大的便利，电子商务也不例外，都是人们在线交易和购物极为便利的选择。利用电子商务交易节省了很多人力、物力和财力的支出，人们也可不必再受地域的限制，以极简捷的方式轻松地完成过去繁杂的交易活动。

（三）高安全性

计算机网络系统是一个高度开放且存在众多网络安全威胁的系统，开展电子商务交易，需要一个高度安全的网络交易环境才能确保自身商业机密不被泄露和交易双方交易信息的安全，为应对这一特殊需要，各涉农电子商务网站都将自身的网络安全视为重中之重，推出了例如防火墙、加密钥匙、安全过滤等安全措施，从而确保网络环境的安全性。①

（四）高效益性

涉农电商这一无形的超级大市场可促使农村的中小企业减少库存积压，降低库存成本，还可以通过电子商务实行网上交易，直接减少交易成本。

（五）可扩展性

遵守为客户考虑的原则，以提高客户的满意度为终极目标，农村的中小企业运用电子商务技术，将产品随着客户需求的变化而变化，随着企业业务需求的发展以及市场环境和管理环境的变化而进行扩展或调整，交易有足够的余地和空间，随时随地伸缩延展。

三、农村中小企业

农村中小企业由于其先天或后天的特征一直以来都活跃在农村的经济市场中，网络资源的易于获取使信息共享变得更为便捷，同时也为中小企业的发展提供了便利，农村的中小企业自然成为农村电子商务的经营主体。

其特点为：①投资主体及组织形式多样化，农村中小企业的组织形式可以是

① 徐天睿．乡村振兴战略背景下农村电商服务站发展现状的田野调查 [D]. 杭州：浙江工业大学，2019：12–17.

独资企业、合伙企业、个体工商户、有限责任公司、家庭作坊企业及农民专业合作社；②所在地多属于农村，数量多，分布广泛，经营范围多样，与周围市场联系紧密并直接服务于本地市场；③企业内部管理具有很大的随意性，管理制度不规范，缺乏技术人才且流动性大，农村中小企业大都是由农村的小作坊逐渐发展起来的，从最开始就没有一个规范的管理制度，且缺乏技术，不易招揽人才。

第二节　农村电商发展及其面临的挑战

一、农村电商产业的演进

（一）农村电商的演进背景

信息技术的发展，推动了交易方式和流通手段的变革，为农民应用低成本的电子商务信息技术进行创业，提供了新的机遇。农村电商的实践形态，在本质上等同于互联网技术在农村的创造性应用，并由此形成能够推动农业迅速发展的商业模式。

1.互联网技术的作用

互联网技术加强了农民主体的创新能力，具体包括以下几点：①互联网技术的应用，为缺乏有效信息和沟通渠道的村民，带来巨大的获利空间；②村民接受教育的途径更加便捷，在线学习的积极性也有所提高，这有利于大幅度缩小城乡差距；③互联网技术在农村的广泛应用，不仅可以激发农民使用现代化信息设备进行学习的积极性，还可以有效地缩小城乡用户之间的数字差距，实现信息红利的显著增加。因此，电子商务技术在农村的扩散与传播，既可以为农产品的市场化营销提供便捷的网络环境，也可以方便农户实时了解市场动向，并在探索创业路径的过程中，实现互联网资源与乡村要素的有机整合，以及边缘化农村的现代化和社区化发展。

2.政府对互联网技术的推动与服务体系构建

为了农村地区的信息和网络资源可获得性和使用的便利性，地方政府主导的互联网基础设施建设，在自主推进和统筹安排的过程中，融入市场的制度性力量和资源，以形成社会组织、政府机构与市场部门等多方共同参与的农民与农业帮扶系统。

为了确保信息发展战略的顺利实施，政府既要关注农村的网络覆盖率指标，也要注重农民使用网络信息技术的满意程度和效率，并通过构建网络信息技术服务体系，为农民的网络信息技术应用提供专业指导。目前，研究国内农村电子商务发展的专家学者，开始重视政府在市场机制完善、行业秩序规范、主体意识培养等方面的职能，并主张政府应该加强与各种利益主体的多方互动和友好交流。

具备网络信息技术运用能力的农民，开始在政府政策扶持与市场多方参与的环境下，发展农村电子商务事业。农村电商的出现，正是网络时代国内农村发展的最新趋势。随着互联网技术在国内农村的推广和应用，农民逐渐成为电子商务的交易主体，由此产生产业结构的变革，使得国内农村电商拥有了不断演化和升级的发展模式，以及多元变化的发展形态。

（二）农村电子商务的发展意义

农产品在农村市场销量不佳的原因是传统农业商务信息传播方式和途径落后，这就导致农产品难以在市场中具有竞争力。而农村电子商务的兴起，不仅可以快速传播农产品信息，还能促进农村消费结构升级，打破以往城乡二元经济结构，并提升农民的经济收入，形成更具市场竞争力的农产品市场。

1.有利于农产品市场资源的优化配置

农村经济的发展，依赖于农村农业生产。农民通过购买先进设备、生产资料等提高生产质量，扩大农业生产。而因不同地区的经济发展水平，出现不同价格的设备和生产资料。对于农业个体，在投资方面资金并不充裕，这是困扰农业经济发展的一大瓶颈。在这种情况下，农村电商带来新的商机，它能够避开生产资料及设备短缺引发的价格差异，减轻投资力度，优化国内生产资料，激活农村电商市场。

2.改变农村生产经营模式，节约生产及销售成本

农村电子商务避免了运输成本高、供应链环节长、销售环节成本高的问题。

3.有利于提高农村经营者的市场竞争力

农村生产者是一个个独立的个体，个体去面对瞬息万变的市场始终是一个问题，因为有些地方的经销商非常少，在遇到天灾的时候不能快速地将信息传播出去减少损失，这正是由农民生产的分散性和抵御市场风险能力差造成的。

4.有利于提高农村地区人民的生活质量

农村电子商务是一种很好的便民服务模式，农民群体可以通过电子商务，随时随地便捷地购买到所需物品，满足人们的日常所需，推动农村市场经济发展，避开农村交通不便利、没有规模化的实体超市等缺陷。此外，电子商务所售商品主打低价位，能够弥补农村经济收入水平低的短板，让人们可以购买到物美价廉的商品，以满足人们的物质和精神需求，大大促进农村电子商务的发展。

5.扩大农村创业与就业机会

农村电子商务为农民群体提供创业和就业机会。农村青壮年因为农村薄弱的市场基础，没有较好的经济来源，比如教育、医疗等方面都存在短板，这就导致该群体常年外出打工，仅农忙时期回家，长期处于动荡不安的状态。农村电子商务的兴起，提升了农民的整体经济水平，更多的农民工、大学生甚至身有残疾的人开始在农村创业。农村电子商务带动农村本土经济的发展，实现本地化就业，推动多元化服务的兴盛，并促进新型城镇化发展的良性循环。

6.精准扶贫政策落地的承载体

精准扶贫政策已经上升到国家战略高度，面对艰巨的脱贫攻坚任务和紧迫的减贫消贫形势，电子商务的兴起，开辟出全新的减贫消贫新模式。

电商扶贫不仅推动农村电子商务持续发展，还为精准扶贫提供可行的方法和手段。一些贫困县在电商发展的推动下，农村经济得到良好发展，农民借助电子商务实现就业，创造出大量财富，并且激活贫困地区的经济发展活力。在电子商务等信息化手段的促进下，多途径激活贫困地区的经济发展潜力。

总之，农村电子商务可组织庞大的小农户队伍，更好地解决小农户与大市场之间的矛盾，以改变农业发展现状，实现销售环节的规模化，有效降低农产品的市场流通成本，更好地满足市场所需，增加农村经济的竞争力。

（三）农村电商的发展阶段分析

1.农村电商的发展萌芽期

农村电商的发展萌芽期：1995年至2005年。1994年12月为加速和推进农业和农村信息化，建立“农业综合管理和服务信息系统”。中国农业信息网和中国农业科技信息网相继开通，信息技术尝试向农产品电商领域引入。粮食棉花在网上交易，当时称“粮棉在网上流动起来”。1998年，第一笔粮食交易在网上实现。同年，全国棉花交易市场成立。这一阶段中国农业电子商务的发展模式仅停留于G2C模式，即由政府委托电商平台通过竞买交易方式采购和销售国家政策性农产品。

2.农村电商的发展探索期

中国农村电子商务发展进入短暂的探索期：2006—2008年。这一时期出现了专门针对小众市场的生鲜电商企业，这些企业多为传统零售商。同时，在中国东南沿海的一些农村中，一些农民开始在淘宝网平台上开设网店，成为专职网商，实现创收，并形成示范效应，带动周围群众网上创业开店，2008年和乐康、沱沱工社成立，开始进行生鲜农产品的网上交易。至此，各类电商企业如雨后春笋般涌现。

3.农村电商的发展期

农村电商的发展期：2009—2012年。在这个激荡的发展期，涌现了一大批生鲜电商，生鲜农产品能够在网上交易，改写了电子商务交易客体的定义和内容。

在农村电子商务发展初期，有限的市场容量，电商企业的大量涌入，造成了市场的快速饱和。此外，作为农村电子商务的发展主力，传统零售商由于缺乏专业的电子商务知识以及团队运营经验和发展资本，面对激烈的市场竞争和高额的成本投入，难免会失败，影响创业信心，原因包括：①缺乏服务与模式创新；②食品安全事故的频繁发生。食品质量安全成为消费者关注的重点问题。行业发展阻力以及消费者的多元需求，迫使国内的许多电商企业破产倒闭。完成资源整合的农业电子商务事业，开始进入适者生存的关键时期。

4.农村电商的发展成熟期

农村电商的发展成熟期：2013—2014年。这个阶段各种农产品电商模式竞相推出，宽带电信网、数字电视网、新一代互联网、物联网、云计算、大数据等大量先进信息技术被采用到农产品电商中来。中国农业电子商务开始进入一个逐渐成熟、稳定发展的时期，尽管存在90%的生鲜电商亏损倒闭、破产、转让和淘汰的情况，但部分企业凭借各自的行业资源优势，逐渐发展壮大。

5.农村电商的发展繁荣期

农村电商的发展繁荣期：2014年至今，农产品电商进入融资高峰期。截至2018年12月，中国农村网民规模为2.22亿，占整体网民的26.7%，较2017年下滑0.3个百分点。但不可忽视的是，在数字经济时代，乡村振兴战略的实施面临互联网、大数据、人工智能和实体经济深度融合的经济环境。

2019年农业质量年，中国农业转型升级，迅速进入农产品品牌发展阶段，“三品一标”农产品成为主要内容，中国农业由追求数量向追求质量、品质、品牌服务加速转型升级。农村电商越来越规范，农产品“三品一标”产品占整个电商的比例超过80%，生鲜农产品电商实现“三品一标”化，占农产品交易额的比例超过60%，而且“三品一标”农产品电商规范有序发展成为促进农产品品牌建设的重要内容。未来5年，我国农产品电商交易额占农产品交易额的5%，涉外农产品电商交易额将占1%，农产品移动商务交易额将占2%。同时，我国农资电商、农村日用工业品电商、农村再生资源电商将得到较大发展。

总之，农村电商从出现到现在，逐渐从萌芽到发展成熟。在当下，移动互联网繁荣发展的好时代，农村电商产业也迎来了前所未有的发展机遇。

二、农村电商发展及其面临的挑战

（一）农村电商发展及其成功经验

中国地域广、范围大，全国有数十万个农村，农村的商业环境尚不成熟，电商发展遭遇较大的瓶颈，这与农村生活或区域集聚的特点有关：①村落之间交通不便，且村落处于相对分散的状态；②不同村落存在着极大的文化差异，在文化、服务及商品要求等方面差异化明显；③农民的主要收入来自散户种养，这是由农业产业的自动化、规模化较低且相对零散的特点所决定的；④农民的生活习惯固定不变，较难接受新生事物，建立商业间的互相信任需要更多时间。随着互联网不断发展，国家出台相关政策以扶持电商在农业方面的覆盖，将投入更多优质资源开拓农村电商市场。以下是几个成功的农村电商案例：

1.丽水遂昌模式

遂昌模式是通过第三方服务平台加电子商务公司协同运作，该平台凝聚了数千家个体经营者，依托强大的政府支持及自身良好的运营体系，为缺乏专业性、标准化且相对分散的个体经营者提供专业培训服务。其基本的服务模式分为线上线下，其中线上是建立一套标准化服务流程，统一整合上游货源，制定统一采购标准，由专业团队负责统一运营管理；线下是执行统一售后、统一配送及统一包装等标准化服务，这就是遂昌模式。

“遂昌网店协会”是一个公共服务平台，该平台的主要功能在于指导及培训会员开店，为广大会员提供专业的电商创业服务。随着该平台越做越大，已新增两个新平台，即遂网和赶街网。两个平台各有不同，其中遂网主要通过高质量、全方位的电商服务在全网销售农产品，运营方式类似于淘宝；赶街网主要是在服务方面，为消费者提供最新、最及时的农村信息化服务，通过专业人员采集及整理农产品信息、设计及策划农产品包装。①

此外，在运输农产品过程中，专业人员全权负责旗下的会员仓储配送，为广大农户提供全方位、高水平的农业服务。

遂昌模式具有强大的电商基因，已经先后实现两种运用模式：①“农产品进城”。农产品进城主要功能是有效解决农产品与市场的对接问题，该模式将遂昌县的所有农产品放在网上售卖，疏通上下游，即上游连接农产品供货方，下游连接本土化网店、微商等大批年轻人，从而实现本地农产品在不同规模城市全覆盖。②“消费品下乡。”该模式主要实现农民网上购物。通过建立赶街网，打通各村小商品售卖渠道，提供给消费品强大的下行平台；同时创建服务站，为各村的小商品提供区域服务网络，并针对各个站点，配套计算机、宽带及相关基础设施。

此外，为店主集中提供指导及培训，帮助农民从赶街网上购买到所需物品。赶街网还设立县级运营中心，实现了二级配送物流的进一步改进与优化。

面对农村电商的发展困局，遂昌模式横空出世。作为一个经济落后的山区小县，遂昌用自己的创新模式成功解决了农村电商面对的问题，将自己的劣势转化为优势，为中国农村电商的发展提供了样板。

2.徐州沙集模式

徐州沙集电子商务模式走的是自下而上、产业转型道路，其电子商务雏形是沙集镇电子商务。该平台创建于2006年，由3位年轻人在淘宝电子商务平台注册完成。沙集模式是一种新型电子商务创新发展路径，即农民自发开网店—细胞裂变式复制—网络销售带动工业—其他产业元素跟进—激发更多农户网商创新发展。家具业是沙集电子商务所依托的产业载体。农村电商尚未起步的时候，农村家具生产均倾向于传统，即小手工作坊，无法同电商构成的大市场相比。

随着家具互联网的出现，传统生产制作模式发生改变，形成具有一定规模

---

① 温铁军，张孝德．乡村振兴十人谈：乡村振兴战略深度解读 [M]. 南昌：江西教育出版社，2018.

的产业链，销售额稳步提升，促进经济社会大发展。农民是推动沙集模式产生和发展的内生动力。这种驱动力影响着转型者、兼营者、发起者、复制者等多种市场角色。这种市场行为具有自发性，围绕着市场需求运转，基本上分为三个环节：①农户到网络。该环节农户作为主体，主动运用公共电子商务平台，不同于由政府主导、自上而下的电子商务推广模式。②网络到公司。该环节为网络到公司，该环节主要是通过网络销售带动加工制造，通过信息化推动农村产业化及工业化，不同于农村既有的“先工业化、再信息化”的发展方式。③环节为公司到农户，该环节主要体现出新生态服务模式，这种模式将公司作为基础，推动农村电商向着市场化的新生态服务过渡，不同于以前公司凌驾于农户之上的不平等关系。

3.陇南成县模式

虽然甘肃省东南方向的成县物产丰盈，自然资源得天独厚，农产品颇具特色，但交通闭塞不利于农产品运输，农民销售自产农产品的方式和渠道较少，主要是在附近集市上出售，或者出售给农产品收购商，由他们负责运送。即使是在农产品丰收的年份，农产品也因为交通的原因，难以出售或低价出售，农民收入水平很难得到提高。脱贫攻坚战在偏远山区依旧是一场持久战。

在电子商务浪潮下，成县于2013年6月开展电子商务，经由网络将成县的农产品销往全国各地，极大地提高了农民的收入水平，让成县农民走在了脱贫致富的前列。成县的致富之路是在成县政府的主导下、社会各界人士的踊跃加入下、资本的推动下和媒体的宣传下共同形成的。成县利用网络信息高效传播的优势，将农产品推向人们的视野中，成功地将农产品销售与电子商务相结合，走出了一条属于自己的致富之路。

4.淮安洪泽模式

当地位于洪泽湖东畔，拥有丰富的水产资源，农户也在尝试发展电子商务，但是由于缺乏组织，规模较小。2012年7月农户成立了电子商务合作社，将各个独立运行的个体电商联合起来，以淘宝和自建平台为主要销售途径，充分发挥了水产批发的优势，扩大了水产销售规模。合作社不但不向社员收取任何费用，还定期组织社员进行学习培训，提高社员的综合素质。

该县电子商务合作社始终保持着团结协作的战略方针，将农户们紧密地团结起来，使水产批发的优势发挥到最大。以水产批发为主要脉络，提出了新的运营方式，在加强各社员之间合作的过程中，使水产批发产业和资本向该县聚拢，形成了产业规模，使其能够反映出农民需求的变化，也为政府决策提供了参考依据。该县电子商务合作社采取了线上平台与线下商铺相结合的经营模式，线上鼓励社员通过电商平台和自建平台销售产品，线下开设水产品体验店，全方位地对产品进行宣传、销售。

该县的电商体系规范完整、分工明确、配合紧密。电子商务协会是连接政府和农户的纽带，它负责向电子商务运营者提供市场风向、市场调研数据等经营所需信息，同时也反映了电子商务经营者的需求，为政府制定、调整政策提供了信息支持。

电子商务合作社的责任主要包括吸收新成员、扩大电子商务规模、对社员进行专业培训等日常运营方面的工作。除此之外，电子商务合作社还承担着帮助社员日常运营，整合行业资源、拓宽销售渠道，促进产业专业化、规模化发展的重任。而线上平台和线下商铺分别负责产品的推广、销售，主要是线下的实体销售以及为线上订单供货。该电商体系的运行由第三方公司负责，同时第三方公司也接受政府和农户的监督，以达到相互制约、协同发展的目的。

（二）影响中国发展农村电商的因素及挑战

1.农产品缺乏规范化与前瞻性

中国农产品生产组织化、规模化、标准化程度低，有影响力的市场品牌少，同质化现象严重。农产品分散化生产，效率难提高；品牌化程度低，难以在市场上产生足够的影响力，易导致产品滞销。在农村电商发展过程中，农产品上行相对滞后，农民在农村电商中得到的收益较少。农产品标准化滞后，也是制约农产品上行的关键问题。

农产品的特有属性决定农产品上行困难，农产品品牌化、规模化及标准化难以解决，这是核心问题所在。生鲜产品成为农村电商产品的主要类目，而生鲜产品的产品质量无法得到统一管理。

个体间的差异会受到自然生长生物特性的影响，加之不同的生产地点，产品质量因为喂养施肥呈现出千差万别的特性。在品牌缺失、质量标准不统一的情况下，电商农产品处于“劣币驱逐良币”的经济学现象中，农产品市场出现以次充好的现象，产品质量堪忧，这不利于农村电商的健康发展。

2.农村电商认知发展制约生产经营规模

农民对农村电商的认知仍然处于不成熟的阶段，造成对该平台的不信任，从而出现实体店货真价实，网上购物虚拟不靠谱的错误认识，这种认知偏见极大地阻碍了电商的推广。在金融基础设施方面，最突出问题就是农村金融网点数量少且未能实现深入下沉。很多金融机构多将网点开设在县乡一级，未能深入下沉到村镇一级；部分涉农金融机构因为扁平化管理的需要，在农村的网点不增反减；部分县域商业银行还存在着自主权少、授信额度小等问题。

农村互联网、电商教育层面的缺失导致农民对电商的认知不足，这也和农村地区的教育资源与城市地区不平等有关。农村居民本身触网时间较晚，地方教育机构和器材设施都没有到位，导致了一辈人对互联网的认知一知半解，这对电子商务发展是极为不利的。农村电商除了要依靠外来人员创业和引入资本，更要靠当地人民认识到如何将自身需求和电商结合，进而发展和致富。

3.基础设施发展相对落后，制约电商的快速发展

农村基础设施存在较大短板。近年来，中国农村地区基础设施、移动通信和互联网化程度有明显提升，但在支持电子商务发展的基础设施方面仍存在重大短板。农村地区的有线互联网发展较为缓慢，或由于农村地区并非经济发展重点地区，被分配到的资源有限，民间创业者对农村地区的开发兴趣和热情也较少，导致相关配套设施建设进展缓慢。农村由于基础设施落后，尤其是交通物流方面的不健全，对创业者和企业吸引力不足，制约了企业的入驻和电商的发展。

4.农村电商物流影响电商的发展速度

中国农村物流由于基础薄弱、产业链条长、中间环节多、涉及面广，长期处于粗放式发展状态。加上交通运输、农业、供销、邮政管理等各部门间政策缺乏协同机制，整合尚未合力，导致农村物流资源整合利用不足，流通效率不高，物流成本居高不下。

农产品上行是重中之重，农村地区落后的物流体系是农村电商发展最大的阻碍之一。农村地区没有发达的交通和足够的电商物流网点，在物流效率上远不如城市县镇，加之其主要产品对时间的敏感性，使大多数农村生产者无法享受到电商的便利，也使得电商向农村发展要付出很大的代价。

农村物流体系的建设和升级对农村电商的影响是非常大的。发达高效的物流才能把优质的农村产品更快、更安全地销售给消费者，使这种产品和服务真正走

向全国各地。①

5.农村电商金融手段无法满足多样化需求

在政策推动下，农村电商享受了中国电商成熟发展形态的红利，借助农村地区农产品上行和工业品下行的巨大供需市场，开始在农村大地落地生根。然而，随着在各地区试点的结束，随着在全国范围内的广泛铺陈，农村电商的发展遭遇了瓶颈。除了农村地区传统的落后因素，金融支持不足成了农村电商持续发展的最大掣肘。

农村电商的发展需要金融支持，资金问题也困扰着农村电商发展。当前农村电商主要的融资渠道依然是银行贷款，银行网点较少且都集中在乡镇，一定程度限制了农村电商创业者在资金方面的操作。

农村地区的居民在办理金融业务方面存在着诸多不便。部分银行机构对电商业务认知不足、特点把握不明，在“重资产、轻信用”的贷款条件下，缺乏可抵押资产的农村电商从业者很难获得贷款支持。因此，需要完善农村金融体系，降低农村地区创业难度和风险，从而将创业者留住。电商巨头积极布局农村电商，也应妥善运用自身资源，帮助农村地区加快建设成熟可靠的电商金融体系。

6.农村高端电商人才匮乏

农村电商人才处于紧缺的状态，原因包括农村电商薪资待遇不佳、基础设施不完善、电商模式起步晚等因素，没有形成良好的电商教育环境，导致电子商务知识匮乏。在这种基础薄弱的情况下，不断扩大的电子商务规模，与极度匮乏的电商人才的矛盾日益凸显，特别是在运营、设计、营销等岗位，急需高中低各个层次的人才，以及高端复合型人才。

农村电商专业技能人才在电商运维中发挥着十分重要的作用，该类人才不仅擅长技术知识、网络及销售等技能，还具有一定的农产品销售经验，熟悉农业生产，是农村电商市场急缺的人才。农村电商受到当地现有生活物质条件和发展环境的限制，无法将高端电商人才吸引进来，因而较难实现农村电商专业化、高端化、品牌化。纵观整个农村电商发展态势，大都处于低质量、同质化发展阶段，产业难以升级，品牌发展遭遇瓶颈。

---

① 蔡竞．产业兴旺与乡村振兴战略研究 [M]. 成都：四川人民出版社，2018.

三、农村电商推动农村产业结构升级

市场环境与需求使传统产业经营模式逐渐衰落，因此，为了避免被市场淘汰的命运，农村电商开始积极谋求自身的转型与升级。在市场发展的总量层面上，拥有资源优势的农村市场，为农村电子商务的崛起奠定了坚实的基础。为了推动农村产业结构的转型变革和优化升级，新兴的农村电商产业，既扩大了传统产业的经营规模，也推动了农业资源的创新利用，从而为农业产业化的发展铺平了道路。

技术创新的速度与资本积累的程度，是影响农业转型升级的关键因素。以物流服务和电商平台为中介，实现社会资源在各种职能部门的有效分配，推动网络技术的创新速度和社会资本的积累程度，是借助农村电子商务促进农业结构转型升级的最佳途径。目前，农村电子商务在推动农业转型升级的过程中，主要应做好以下几个方面：

（一）品质生态化

消费者对农产品生产地点与生产品质的关注，使得农产品的生产过程，更加注重绿色、有机、生态和环保。要建立农产品质量追溯体系，推动农村电子商务产业的转型和升级，致力于实现农业发展品牌经济的新常态，从而为农村电子商务的发展提供动力与支撑。农业产品的有机认证，以及农产品的有机生产、无公害生产以及地理标志的保护，有利于农产品生产企业创建科学管理体系和多元经营方式。

农产品生产品质的生态化，需要以农业生态化系统为依托，确保系统内部的各种要素能够实现均衡发展。对于农业部禁止使用的农药，在农业生产中应该做到坚决不用；对于被农业部列为毒性级别较高的农药，农户应该前往指定地点实名购买；为了方便农产品的分类保存与储藏，可以根据农产品的特性，完善农产品的安全认证和质量检测环节。建设农产品信用体系和生态安全数据库，对于优化农产品信用信息的公开、共享、应用与归集机制，以及促进行业协会信用评价活动的开展，具有十分重要的现实意义。

（二）产品标准化

构建标准化的农产品生产体系，对于农产品的品牌管理以及常态化营销，具有十分重要的现实意义。在农村普及电子商务以前，农产品的生产缺乏标准化观念，利用有限的个体能力，从事农产品的生产工作，这种散户生产模式无疑增加实施农产品标准化生产的难度。因此，必须推进农产品生产与销售标准的出台、落实和应用，确保农产品商标认证工作的顺利开展。

1.包装规范

构建农产品详细信息数据库，实现农产品商标、品牌与包装的统一化，以及农产品生产质量的可实时追溯。

2.生产规范

农业生产标准化体系的构建，对于推动农产品商标认证工作的有序开展，以及农产品生产和检测指标的确定，具有十分重要的作用。

3.管理规范

农产品溯源机制和检测体系的建立与完善，对于实现农产品的冷藏与保鲜、加工与分装，具有十分明显的促进意义。在构建农产品溯源管理体系的过程中，可以实现农产品生产环节与生产责任的有机互联。

（三）生产规模化

目前，中国国内农村最主要的经营方式是小农经济，小农经济是以家庭为单位、生产资料个体所有制为基础，完全或主要依靠自己劳动，满足自身消费为主的小规模农业经济。全国范围内推行的包产到户、自负盈亏家庭联产承包责任制，充分调动劳动人民生产积极性的同时，使土地经营方式更加自主与灵活，也造成土地经营权和使用权的流转困局。

面对土地资源有限和人口大量增加的矛盾，有必要借助农村电子商务的发展，以调整农村产业结构，扩大农业生产的规模；将各家各户分散经营的耕地，进行经营权和使用权的自主流转，从而形成方便农业实施现代化管理和机械化运营的规模经济，以提高自身的市场竞争能力和综合治理效率。规模经济是推进农村电子商务顺利开展的基础，规模效益的发挥，有利于农民把握市场议价的主动权，实现农村电子商务的快速发展。

（四）平台多元化

1.龙头企业的自建平台

具有影响力、经营农产品的龙头企业通过自主构建平台，以农民的利益为根本出发点，帮助农民掌握农业新科技，以电子订单调动农户的生产积极性；并通过自建的平台，为农户提供农产品的存储与运输服务。在确定农产品的售卖价格时，涉农企业可以为农产品的统一定价，提供具有指导意义的参考售价。

2.合作社网上服务平台

高度组织化的农村合作社，为了确保产品的生产品质、物流储运和分级供应，在进行品牌建构的过程中，需要进行产品生产商标化处理。依托农村合作社开展电子商务，将消费者的市场需求，以合作社电子订单的形式，反馈至专业化生产农产品的农户，利用电子商务的便利条件，进行农产品在线销售，有利于巩固以合作社为经营主体的新型农业的发展地位，并推动农业产业化发展结构的转型与升级。

3.第三方服务平台

根据交易双方的不同属性，可以将互联网服务平台上的电子商务模式划分为企业与消费者之间的电子商务（简称B2C）、企业与企业之间的电子商务（简称B2B）、消费者与消费者之间的电子商务（简称C2C）以及线下商务与互联网之间的电子商务（简称O2O）等。

互联网服务平台上的电子商务模式划分为电子商务支付平台、商品交易平台和信息发布平台等。农村电子商务事业的发展，可以根据自身的性质特点进行选择，实现组织结构、产品规模和业务流程的综合选择与专业构建。

四、产业融合背景下农村电商生态体系构成

农村电子商务是国家电子商务发展战略的重要组成部分，在政策的扶持下，开始成为信息时代遍及农村的主要经营模式，整体发展呈现出高速增长态势，并且已经成为互联网时代农民致富奔小康的关键途径。

电商体系需要强大的产业基础来支撑，有强大的产业生态来配套。通常自发的农村电商主体发展到一定程度的时候，一定会出现对电商生态系统的强烈要求，因为随着农村电商规模的日益壮大，其各个环节开始相对独立，发展成为一个独立的产业形态，并逐渐会出现一个电商涉及产业的纵向一体化趋势和横向关联产业的协同发展趋势，客观上会要求越来越细的分工，越来越完备的产业协作。

农村电子商务的盛行，推动农业市场化和组织化的发展进程。随着农产品生产与贸易水平的提升，国内的农村电子商务事业，呈现出相关利益群体共生的局面。由于电子商务工程具有较高的复杂性和系统性，受到社会特定经济环境的影

响，导致农村开始形成具备协同功能和演化复杂性的电子商务生态系统。

（一）农村电商生态体系的结构

农村电商生态体系中，农户与电商平台是互联网时代农业经营的核心主体，服务商则是支撑系统正常运转的隐性主体，政府是该系统最大的支持者。

1.农户

农户作为农村电子商务的重要参与者，既是农产品的生产者，也是农产品的消费者。农村的特色农产品，需要经过农户的初次加工，才能成为农村电子商务平台的销售对象。

2.电商平台

电商平台是全国最大并且最具潜力的产品销售市场，可以为电商企业的发展壮大提供源源不断的力量。进入农村电商平台的企业，被农民知晓的概率更高；在农村电商平台上售卖的产品，可以帮助企业实现利益增收；由于电商企业对农村市场的大力开发，导致购买电商平台产品的消费者越来越多，使电商企业可以收获理想的社会效益。

3.服务商

服务商可以增加农产品的自身价值，它包括农产品加工商、预冷商和供应商。为农民提供及时有效的服务，并帮助农民从物流交易中获取收益，是农产品服务商发展的重要基础。

4.政府

确保市场在资源配置的过程中，可以发挥基础性作用，是政府宏观调控市场的基本前提。为了推动农村电子商务事业的发展，政府应该着手加快农村网络与物流基础设施的建设步伐，通过调动农民参与电子商务创业的热情，积极宣传农村电子商务平台构建的优势，落实联合执法与信息交换政策，从而形成综合治理、协同监管、资讯共享与无缝衔接的农村电子商务工作格局。

（二）农村电子商务生态系统的特点

农村电子商务领域的创业者，农产品的生产商、供应商、服务商、消费者与电商平台，电商协会和研究机构、教育培训机构，以及政府、利益相关者、金融机构和物流快递企业等，在农村的特殊环境中，共同开展涉及信息、能量与物质的电子商务活动，可以形成互利共生的发展团体。农村电子商务生态系统作为电子商务生态系统的重要组成部分，对经济基础、网络设施、人文地理和资源禀赋都有较高程度的依赖性，这使得农村电子商务呈现出显著的集群效应、系统复杂性和相对独立性。

自然生态系统中存在的信息、能量与物质交换，在农村电子商务生态系统中也同样存在。除了农产品生产要素与时空环境等因素的交换以外，伴随着新能量与新物质的产生，农村电子商务生态系统表现出的特点有以下几个：

1.集聚化特点

在自然生态系统中，不同的种群协同发展，形成能够提高物种存活能力的生物群落。在农村电子商务生态系统中，零散的产业人口分布和地理位置，以及交通运维不畅等现实问题，使得农产品的经营与外销无法形成集聚局面和规模效应。

为了降低农产品的生产成本、提高农业发展的经济效益，必须实现农产品在电商平台上的集中展示与售卖。目前国内农村电子商务实践的迅速发展，正是农民网上创业行为依托电子商务平台集聚化特点的表现。因此，农村电商创业、服务、交易与农村基础产业之间的协调和共生关系，正是农村电子商务生态系统实现长远发展的根本保障。

2.自组织特点

自组织特点是一种特殊的组织形式，农村电子商务生态系统内部各种元素之间的协同演化，推动自组织的形成。自组织系统与平衡状态下的断点系统有所不同，其所具备的自我修复和适应能力，有利于组织内部和外界环境之间的能量与物质交换，以使组织从混乱转向有序化的稳定状态。

在农村创业者的精心构建中，自组织系统的农村电子商务生态系统，可以充分利用农村的人力资源和物力资源，使得物美价廉的农产品，可以借助电子商务平台对外销售，以获取丰厚的利润并帮助农民摆脱贫困。随着农村电子商务的发展，村民开始涉足电子商务领域。通过电子商务平台交易的农产品数量和种类的有所增加，从事农村电子商务创业的农民，在协同发展的过程中，也在不断增强自我适应、学习与修复的能力。农村电子商务事业的发展，必须充分发挥系统的自组织特性，以及借助农村电子商务战略和政府政策等辅助性外力的推动作用。

为了分析农村电子商务生态系统的竞争优势和群内协同关系，以及制定差异化的发展战略，需要尊重农民在电子商务发展进程中的主导地位，掌握并运用自组织的演化规律，为农村电子商务事业的发展，营造出良好的环境。

3.根植性特点

生态系统内部的参与主体，由于受到区域经济活动的影响，在根植性特点方面通常会表现为关系网络结构与组织、制度、地域的专业化集群发展倾向，并容易受到地区因素、资源因素、人才因素、文化与习俗因素的综合作用。农村电子商务生态系统在构建之初，表现出促进系统形成与发展的根植性力量。目前，现代企业制度在农村电子商务生态系统内部的创造性构建，不仅有助于农产品的科学研发和品牌塑造，同时对于农村经济的市场化发展也具有显著的促进作用。

（三）农村电商生态体系的组织

根据农村社会发展与经济运行的碎片化现实，可以考虑采用电商园区、虚拟网络、连锁经营与战略联盟等组织形态，以促进农村电商生态体系的科学构建。

1.电商园区的建设

集商品流通加工和贸易金融培训等功能于一体的电商园区，作为新型的产业集群组织形式，不仅有助于传统产业的转型和升级，而且对区域性电商服务、智能存储、物流运营、分拨配送和信息交易等的集聚发展，也具有十分明显的促进作用。

2.虚拟网络的构建

由农产品服务商组成的电子商务虚拟网络，对于吸纳传统商业元素的重组与更新，以及电子商务生态体系的构建，具有十分重要的意义。为了实现共同利益的最大化，必须通过深度合作实现系统主体的共同发展。

3.连锁经营与战略联盟

销售量不佳与碎片化经营，是造成农村电子商务短期亏损的重要原因。为了促进农村电子商务事业的发展，必须重视农村电子商务的规模化运营与连锁经营。

（四）农村电商实现可持续发展生态体系

1.构建农村网络基础设施

国内农村网络基础设施普遍不完善，这是造成国内农村电子商务事业发展与壮大困难的根本原因。农村网络基础设施建设需要充分运用云存储和大数据技术，为农民购买与售卖农产品提供便利，并确保农产品的品质符合国家安全与质量标准，加快农产品在交易市场中的流动效率和速度。

2.完善农村物流配送体系

农产品在农村各个区域内的顺利流通，需要借助功能强大的物流配送体系，以确保农产品的及时配送。具体上，完善农村物流配送体系，需要实现分散农产品的集中批发与销售，并确保鲜活农产品的冷链运输和存储，从而在农产品资源的整合过程中，通过借助部门协作与职能分工，以提高农产品物流配送的效率。

3.落实农村电商法律制度

为了防范农村电子商务事业发展过程中存在的安全隐患问题的发生，需要落实农村电商法律制度，为农村电子商务的发展构建和谐有序、健康向上的环境。

4.培育农村电子商务人才

人才是国内农村电子商务事业发展的关键。为了加大农村电子商务人才的培育力度，必须加强对农户的信息与技术培训，例如向农户定期讲解商品销售与支付过程中常见的疑难问题。

农村电商发展中各利益相关方的策略有以下几种：

（1）政府应该科学制定电商发展策略。为了推动农村电子商务事业的发展，政府必须重视农产品检测与加工、物流运输、人才培养、政策落实和制定基础设施建设方面政策的科学性，帮助农户实现与市场的全面对接，以及激发农户参与电商平台运营的积极性。

（2）电商企业是发展农村电子商务的关键。尊重农户个性化、多元化需求的电商企业，为了实现自身的可持续发展，需要注重农产品的生产加工、物流配送与绿色消费，与此同时通过自身发展推动农村发展。

（3）优化物流体系可以实现最佳收益。物流服务是影响农村电子商务事业发展的关键因素。只有实现农产品的全程监控，坚持服务理念至上的原则，鼓励农户积极加入物流行业，并致力于增强电商企业对物流企业的信任，才能推动农村电子商务事业的稳步发展。

（4）农民是农村电子商务的最终受益者。熟悉农村市场交易规则的农民，作为农村电子商务事业发展的主力军，有必要及时更新电子终端操作技能，增强自身的网络安全防范意识，并在农产品初步加工和物流配送等环节的学习过程中，熟悉电子商务的运营模式，从而使自身成为农村电子商务事业发展与崛起的最终受益者。

第三节　农村电商发展的新机遇与未来趋势

一、农村电商发展的行业机遇

（一）农村经济不断升级

当前，巨大的变革正发生在国内农村。随着人民消费水平的提高，深受喧嚣和雾霾困扰的城市人民改变了自己原有的风格，把理想中的旅游目的地转变为现在山清水秀的农村。近几年，“乡村民宿”“生态旅游”的市场热度颇高。随着现代信息技术和互联网的发展，农村已然不再是过去那个消息闭塞的农村。当前信息技术已入驻农村，信息化进程和农村电子商务已主导农村经济发展。[①]

《电子商务“十三五”发展规划》中指出，城乡二元结构调整为电商在农村的发展提供了广阔的市场，电商将持续在平衡城乡消费差距、提升农村现代化水平、促进农产品商品化、助推农民增收等方面发挥巨大的作用。

2017年《中共中央、国务院关于深入推进农业供给侧结构性改革加快培育农业农村发展新动能的若干意见》首次将推动农村电商发展单独列为一条，进一步加强对农村电商的部署工作，其中首次提出地方要规范发展电商产业园，更加重视农产品上行、线上线下融合发展、农村电商物流以及农村电商生态等一系列问题，这为2017年农村电商发展指明了方向。

农村电商作为县域经济发展的一个重要抓手，它不仅拓展了农产品原有的销售流通渠道，也促进了农业生产向规模化、标准化、品牌化方向发展。

（二）农村电商市场日渐成熟

中国2700多个城市，大多都不是一二线城市，但是人口数量达8亿左右，且这批人的消费潜能更是不可小觑，由于消费环境处于相对封闭状态，再加之市场消息的不对称，他们不是很清楚当前的行业发展路线，一些优质的商品更是没法

---

① 孔祥智．乡村振兴的九个维度 [M]. 广州：广东人民出版社，2018.

接触，所以现在农村市场的电商时代仍然有很多弊端。

农村电商消费市场在电子商务的发展下，在农村消费市场的道路上已出现成效，网络在农村的普及方便了农村人民手机购物，越来越多的农村人民享受着拆快递的喜悦感。

农村电商化的多模式发展是大势所趋，电子商务入驻农村，区域行业发展、蓬勃发展的服务型网络零售以及农产品电商的产品分化都在农村发展得顺风顺水。

二、农村电商发展的技术机遇

技术已然成为互联网时代软实力和硬实力发展的初步衡量标准。某项技术在市场上占有一席之地，背后的原因是多样的，此技术与编程思想的转化、硬件技术、原始技术以及获得参与技术发展的大公司扶持等多方面都有着一定的关联。技术领域在互联网和电子商务相关的热门行业的推动下风云更替，然而只有与产业链上下游相互协同的技术才能真正持久地站稳脚跟，呈现流行趋势。

（一）新技术迭代更新的速度加快

蒸汽时代的到来意味着人类进入第一次技术革命，而重工业电力、化工、汽车的兴起则引起了第二次技术革命。信息时代的到来是随着全球信息和资源的整合而来的。无人控制技术、人工智能、量子信息技术、虚拟现实等为主的全新技术的产生，则预示着第四次信息革命技术是以人工智能和产业互联网化为主的革命。其实，现代技术以古代联系方式为雏形，更是在驿站、飞鸽传书和烽火台的基础上更加快捷。随着时代的不断变迁，技术要求不断加强，技术更迭速度也不断加快，甚至技术周期也大大缩短，当代技术要求的特点也明显突出。

新技术不断更迭产生源源动力，就拿虚拟技术来说，容器的更新以提高硬件使用率为目的，容器更新不仅使硬件的使用效率得到一定提高，而且使得资源更加细粒度地共享。[①]

2015年是“互联网+”发展元年，大多数企业处于互联网化转型的初期，对于大部分传统企业而言，这一年，也绝对具有标志性的意义。在人人都在高歌“创新、颠覆与重塑”的新型商业环境下，以人工智能、虚拟现实、大数据、云

① 李晨晨.农村电商：机遇与挑战并存[J].中国商论，2017（34）：12-13.

计算、自动驾驶、基因技术等为代表的新兴科技力量快速向各个角落渗透，具有互联网基因的电子商务行业显然更具有独特优势。尤其是在移动互联网（后智能手机）时代，人工智能、大数据、虚拟现实等新技术集群发展，将成为全球经济的新驱动力。

已有50年悠久历史的人工智能和虚拟现实还未能大规模在市场上投入使用。但是，目前国内条件已发展到一定阶段，人工智能和虚拟现实能够得到最大潜力的发展和释放。

从目前的全球技术公司来看，硅谷无疑是技术创新的中心。但是随着电商互联网行业的快速创新和不断更迭，近几年中国企业也不再逊色。在未来的发展之路上，新技术会更加推动企业的崛起，中国科技公司将会利用国内铺天盖地的网民红利与资源，再加之技术应用的模式创新，不断拓宽业务领域。

（二）强化技术，支撑美丽乡村建设

“三农”问题一直是历史沉重的话题，一直深受政府高度重视、政策大力扶持，又不失为一个令人热血沸腾的话题。受历史问题、自然环境的客观影响，以及管理粗放等原因影响，“三农”问题仍需不断优化。

随着移动互联网时代的到来，互联网信息容量大、更新快、查询便捷，互联网在“互联网+”的大潮流中已然成为农村地区深受喜爱、最为方便快捷的信息获取渠道。相信“三农”问题可以从技术储备方面、平台组织方面、消费升级方面以及市场消费方面得到帮助和解决，趁着农业供给侧结构改革的良好契机，美丽的乡村建设一定要充分把握好科学技术，搭着“互联网+”的快车 ，走上一条政治、经济和文化都顺利发展的通道。

20世纪20年代初，晏阳初、梁漱溟、卢作孚都曾发起过“乡村建设运动”，如今“美丽乡村建设”已升级到4.0时代。在这样的时代背景下，结合当地适宜的自然环境和人文风貌，结合现代的科技化元素，加以创新、现代的手法，将其融入美丽乡村建设，把乡村建设成为具有一定特色和韵味的美丽乡村，不仅要追求形势和内容上的新颖，更要使得服务方式和商业模式在当前激烈竞争的市场上占有一席之地，满足消费市场的升级需求。

如果想要在乡村建设上脱颖而出，那么乡村和企业就需深究旅游资源的特色和当地优势，在“互联网+”的技术优势和能量优势上，全面创新自己的思维模式，利用最新手段超前发掘新颖的旅游产品和特色服务。

“三农”问题涉及“美丽乡村”建设问题，而“美丽乡村”不仅仅是农村样貌的改变，更是农业现代化、生态化、产业化的完美体现。2017年《中共中央国务院关于深入推进农业供给侧结构性改革加快培育农业农村发展新动能的若干意见》提出“强化科技创新驱动，引领现代农业加快发展”这一观点，对农业发展的科技研发与推广、科技创新激励体制、科技园区建设以及农业人力资源等问题提出了具体要求，在联盟组织作用的影响下，农业科技的研发和推广终将完美体现。

首先，农业科技研发阶段：促进农业资源的开放和服务平台基地的建设，也应提供现代化农业产业科技创新和农业科技创新联盟。

其次，农业科技推广阶段：设立农业科学“教产学研”一体化的农业技术推广联合，加强推广人员和农民合作社、家庭农场、带头企业之间的技术合作。

简而言之，我国想要优化农业产业结构，促进三产的融合发展，就得着重利用“三区、三园和一体” 粮食生产的功能区、重要农产品的保护区与特色农产品的优势区；充分发挥现代农业产业园、科技园与创业园、田园综合体的建设作用，在农村的资金、科技、人才完美整合的基础上，极力打造现代化农业建设。

三、农村电商发展的人才机遇

农村电商的发展离不开优秀的人才。但是，如今有意愿留在农村的年轻人越来越少，人口外流十分严重，人才流失是未来农村电商发展必须要解决的问题。各级政府已经意识到这一问题，并且采取了一系列措施，例如教育培训和人才回流，希望通过这些措施壮大农村电商队伍。

（一）电子商务教育培训

地方政府在应对农村电商的发展问题时，主要采取教育培训方式，即电子商务人才体系建设。

重视电子商务专业人才培养。校企合作、创新人才培养模式，创新发展企业新型学徒制、现代学徒制、订单式培养模式都是培养电子商务专业人才的良好措施。政策上的主要表现有“农村电子商务百万英才计划”，这一计划有利于提高农民利用互联网的能力，充分利用互联网的便捷优势，向电子商务迈进，并向农民们提供更多可利用的信息。

另一方面，重点发展电子商务研究与培训基地。2017年《中共中央国务院关于深入推进农业供给侧结构性改革加快培育农业农村发展新动能的若干意见》文件中，涉及农村电商部分最大的亮点就在于将电商产业园建设写入文件。从文件中可以看出，对地方建设电商产业园，中央总体上是“鼓励”，但要“规范发展”，文件明确提出电商产业园要“聚集品牌推广、物流集散、人才培养、技术支持、质量安全等功能服务”，这实际上为各地建设电商产业园的目标和出发点做了明确定位。这与国家新型城镇化战略一致，通过在县域范围建设电商产业园，可以推动产业发展，实现人的城镇化。

近几年，部分地区的农村电商主管部门根据自己的需要建立了专业的电子商务人才培训基地，通过从外聘请，或者是采取外包方式，建立起完善的培训制度。建立此基地的目的就是使参加培训的成员成为职业化电子商务高级管理和应用人才，壮大农村电商的经营队伍，使其有更好的发展。

首先，需要培养一支有专业技能的干部队伍。以多种类型的电子商务组织为基础，省、市、县、乡各级政府部门全部开展电子商务理论学习、实践学习和场地培训等各类活动。通过一系列措施，为农村电子商务培养一批懂趋势、重实践的干部。

其次，强调新型职业农民培训。核心是要解决好人的问题，通过富裕农民、提高农民、扶持农民，让农业经营有意义、有效益。我国农业生产迫切需要解决务农农民素质跟不上的问题。应对和解决这些问题，就需要建立一支高素质的新职业农民队伍，既可以破解眼前的问题，又能解决后续发展问题。

（二）人才回流

当今农村发展趋势大好，越来越多的农民工、中高等院校毕业生、退役士兵和科技人员回到农村创业创新，为推进农村发展、活跃农村经济做出了巨大贡献。

更加直接的反映是，返乡创业潮带动了人才回流。而有着相关政策的大力支持，这一趋势的发展势头大好，人才回流的效果十分显著。

返乡人员中有大量大学毕业生、在大城市工作过的专业人才等，而正是这一类人群，见多识广，又有着一定程度的技术能力，有着较强的创新创业意识，为地方发展注入了新活力。返乡人员创业创新，有利于将现代科技和生产方式、经营理念同农业结合起来，更有利于农村电商的发展，带来很多好处，比如提高农业的质量效益和竞争力；有利于发展新型农业；有利于推动农村产业融合发展；

有利于活跃各类城乡生产要素等。

四、农村电商发展的基础设施机遇

任何一个产业的发展都离不开基础设施建设，农村电商发展也依赖于“基础设施、产品、电商人”，基础设施的发展是地区内农村电子商务发展的根基，它的完善是电商得到发展的重要前提。而本节所讲的基础设施，主要分为两大类：一类是传统基础设施，比如农村公路、电商园区、物流仓配区等；一类是互联网基础设施，例如宽带、网络信息、数据中心等。

要刺激农村电商消费，必须要完善农村基础设施建设。互联网的迅猛发展，使得移动手机的购买门槛和成本大大降低，越来越多的人成为信息的接收者和传播者；电子商务在生活中流行开来，广大农村消费者接触了更广阔的消费市场。互联网基础建设的不断完善，意味着农村发展有着无限可能。

（一）改善传统基础设施

农村公共基础设施是农民消费升级的最大阻碍。而现在农村基础设施建设不断完善，新农村建设取得了巨大发展。“十三五”时期之后，农村电子商务迅猛发展，完善基础建设成为必须达成的目标。现如今，我国对于农村电商的环境改造要求日渐增高，对于基础设施的建设需求越来越高。农村电商的发展首先需要提高农村宽带普及率，加强农村公路建设、物流配送等。提高农村宽带普及率、加强农村公路建设、加强人才培养是加快农村电子商务发展的先决条件。夯实了基础设施建设，农民和企业间就有了商务往来的对接途径，农民使用信息化的能力也会随之提高。

要改善农村电子商务的发展环境，首先是硬环境方面，加强农村流通基础设施建设，提高农村宽带普及率，加强农村公路建设，提高农村物流配送能力；软环境方面，加强政策扶持，加强人才培养，营造良好的市场环境。以“三通一达”的快递公司、以德邦为代表的物流公司正在将物流配送如毛细血管似的分布铺设到农村，让村民享受到最大程度、最优惠的商业服务。

据《2017—2022年中国快递业行业竞争现状及“十三五”发展趋势前瞻报告》（以下简称《报告》）相关数据统计显示，在“十二五”期间，全国完成了8840个空白乡镇邮政局所补建，实现了“乡乡设所”。2015年年底，全国累计建设村通邮站21.8万个，全国建制村直接通邮比率达到94.2%，基本上可以实现

“村村通邮”。最新发布的《2019中国快递末端服务创新发展现状及趋势报告》显示，截至2019年上半年，全国累计备案快递网点14.4万个；农村快递网点覆盖率达到95.22%；多种形式的快递末端投递站达到8.66万个，邮政快递网点密度明显得到提高，农村物流体系建设取得了新的成效。《报告》中还说明了一个问题：我国各地农村物流体系建设与物流发展模式的成功探索，离不开政府、企业的双向合作，只有两者共同发力，农村物流基础设施建设才能得到快速发展。县域交通运输、供销、商贸、邮政等部门要通过合作，加快整合农村物流资源，引入或扶持物流、快递企业，积极推进县乡村三级农村物流服务体系建设。山东、吉林、贵州等地积极推进交通运输和邮政业务合作，探索并推出了“综合运输服务站”“交邮共建”“货运班线”等各具特色的物流发展模式，极大程度上促进了本地农村电商的快速发展。

电商产业园是未来县域本地化发展的一个重要商业基础设施。部分电商产业园通过改造传统的过剩房地产，改善配套基础设施，使其变身为电商产业园。

交通道路、物流快递、电商园区等也属于商业基础设施投资，在笔者看来，未来通过将社会资源连接、整合、重新盘活并运营起来，这些基础设施投资将进一步走向轻资产化、应用化和融合化，这将是基础设施升级和转型创新的方向。

（二）建设互联网基础设施

城乡之间互联网基础建设差距较大，农村的互联网建设目前较为薄弱，这是无人为干预的自然发展情况，但只要干预，这种情况就会得到极大改善。近几年，互联网为越来越多的村民带来便利。也可以理解为，村民们自己购买的手机、电脑等也是农村基础设施建设的一部分，其与基础运营商的投资构成了一个基础体系。

如今我国的数据网络以及宽带等网络基础设施逐渐完善，越来越多的农村已经全面覆盖网络，好政策的不断出台，“宽带中国”的不断深化，使得宽带网络的发展也取得了极大进展，互联网发展对于各区域、各行业都有着十分重大的影响，农村的互联网普及也指日可待。

展望未来，互联网必将是对中国政治、经济、文化、社会等领域产生重大影响的重要因素。

五、农村电商发展的未来趋势

（一）多方合作升级农村电商

政府将在政策层面继续强化，为企业、创业者提供更好的发展环境和空间。《中共中央国务院关于深入推进农业供给侧结构性改革加快培育农业农村发展新动能的若干意见》表达了政府在电商发展农村经济方面的肯定，有利于农村电商发展的政策条款将会愈来愈多。在农村电商政策环境的优化下，多方合作将能有效解决以往农村的经济短板，如基础设施、教育、金融支持等使发展受阻而留不住资金、人才的问题。

（二）农村电商上下行加速完善

农村产品上下行难依旧是农村电商整体发展的难题，但随着农村基础设施建设的加快，农村电商发展所需条件和资源上的短板将逐渐缩小。地方政府也将积极参与引导、科学规划农产品生产。电商在参与进来的同时，充分发挥在移动互联、大数据、云计算等方面的技术优势，与政府、农户一起，提前做好打开农产品销路的工作。

（三）渠道下沉、巨头加力布局电商扶贫

电商巨头对农村电商扶贫布局，用技术和资金改造农村经济体系，构建农产品上游供应链体系，将农村地区高质量产品资源整合。巨头资本加码农村电商，吸引更多创业者和投资人入局，进一步加大行业热度，发展农村新经济。

（四）农村生产体系迎来深度改造

农村地区商业体系将向发达地区靠近，电商巨头布局农村带动农村经济发展的同时，还将结合自身技术，改造农村地区生产销售体系，建设线上电商和线下实体融合渗透的农村电商新零售体系。

（五）农村电商产业链转型

为避免同质化竞争，农村电商将拓展产业链，逐步建立以品牌商、批发商、零售商为主体的电商纵向产业链层级。农村电商交易类型开始从单一的网络零售向复合模式转变。基本模式升级，继续向标准化、品牌化方向前进，农村产出质量提升。产业链升级提升商品及服务质量，促进农村电商良性发展。

（六）农村电商生态系统逐步完善

电商服务平台做好渠道延伸、开放、完善生态等，全方位为企业及创业者赋

能；电商群体主要做好推广运营、新媒体宣传、大众创业等；参与电商的传统企业主要是做好本地服务、产品开发、带动农户等。未来农村电商物流体系将由国家和企业共同完善，在完善农村地区交通条件和互联网设施建设的同时，构建农村电商供应链生态体系。

第六章 乡村振兴战略下农村电商创新路径探索

互联网逐渐改变了人们的生活方式，信息快速的流通缩短了世界各地的距离，方便了沟通，提高了办事效率。利用互联网的优势，电子商务也逐渐改变了商品的交易方式，城市电子商务的市场已经日益饱和，而农村电子商务领域目前还有待开发，特别是针对农产品的销售，需要结合当地农村建设的特点，充分发挥电子商务的优势，以达到开拓市场，振兴农村电子商务和经济发展的目的。本章内容包括农村电商消费升级与工业品下行流通，构建农产品市场化运作上行平台保障机制，农村电商精准扶贫模式及其路径重构，农村电商品牌建设推广以及平台集成整合，积极完善地方政策、人才培养体系。

第一节　农村居民消费升级与工业品下行流通

一、居民消费升级下的农村电商

（一）农村居民消费升级的现状与困境

消费作为社会生产活动的最终目标，是经济发展的主要动力，在国家经济结构转型过程中发挥着重要的作用。经济的高速发展改变了人们的消费观念、消费结构、消费方式，提升了消费的速度和总量。现如今，国家正处于经济结构转型的关键时期，在外贸红利摊薄、投资后遗症显现的情况下，拉动内需显得极为紧迫。在这种情况下，应将目光转向占全国人口近半数的广大农村人口，其消费能力是不可忽视的。多年来，由于二元经济结构和制度不完善导致农村消费市场发展缓慢，极大地限制了农村居民的消费升级。因此调查研究农村居民消费升级现状及特征就显得极为重要。

1.农村居民消费升级的现状分析

消费升级也叫作消费结构升级，是指在消费水平和消费质量提高的基础上，消费结构不断地合理优化、不断由低层次向高层次合理变化的过程。它直接反映了消费水平的发展趋势。经济的发展拉动了农村市场的消费升级。这种升级变化基本体现在农村居民人均可支配收入进一步增长、农村居民家庭恩格尔系数降低方面，更深层次的变化则体现在农村居民消费结构的优化以及消费观念、消费模式、消费业态的转变等方面。

第一，农村居民人均可支配收入进一步增长。农村居民可支配收入是指农村居民获得的经过初次分配与再分配后的收入。农村居民可支配收入是衡量农村居民生活水平的重要指标，它标志着居民的即期消费能力。这个指标增长得越快，就表面了人民生活水平提高得越快，消费能力变得越强，是国家决策很重要的依据。改革开放以来，随着经济腾飞，国民人均可支配收入持续增长，但在一段时间之内，无论是增速还是增长幅度，农村的人均可支配收入与城镇仍存在较大差距。近年来随着扶贫力度的加大，农村居民人均可支配收入增长幅度增大，农村居民生活水平也逐步提高。

第二，农村居民家庭恩格尔系数降低。恩格尔系数是食品支出总额占个人消费支出总额的比重，恩格尔系数较高，表明家庭收入较低，恩格尔系数较低，表明家庭收入较高。我国农村居民家庭恩格尔系数降低说明农村居民收入增加，农村居民的消费水平也在逐渐提高。但目前来看，农村居民在消费方面，与城镇居民也存在一定的差距。

第三，农村居民消费结构升级。由于农村居民可支配收入的增加，农村居民在食物、烟酒、衣着方面的支出比重持续快速下降，居住、家庭设备、医疗保健、文化教育等方面的支出占比上升趋势明显，其中居住和文化教育增速较快。农村居民对更高的生活品质的追求，使农村消费结构得到优化，由此也可以看出农村居民的消费观念正在转变，消费方式也趋向于多元化。农村消费市场逐渐显露出巨大的潜力。然而食品支出占收入比例仍然最大，消费结构还需继续调整优化。

第四，农村居民消费观念的转变。互联网的普及开阔了人们的眼界，提高了人们的审美。随着独特性商品的不断涌现，趋同性消费理念逐渐被个性化理念取代。在此背景下，以收入水平提高为支撑，农村居民的消费观念更加开放包容，农村居民开始追求国际化、个性化、科技化。同时全球气候变暖等环境问题也通过互联网为大众所熟知，环境恶化也使得人们认识到低碳节约的重要性，这种环保意识也融入消费理念之中。在追求消费的同时也会注重健康和保健。

第五，农村居民消费模式的变化。消费模式在升级过程中会经历三个阶段：一是生存型消费模式，在这种模式下，消费者的消费目的以满足衣食住行等基本生活需求为主，人们更加注重实用和节约，恩格尔系数较高，生活水平较低；二是发展型消费模式，随着收入水平的提高，人们的消费模式渐渐向注重人性化和个性化方面发展，这个阶段人们更加注重在教育、医疗、通信等方面的投资；三是享受型消费模式，人们会在追求高品质的物质享受的同时，更加注重精神和休闲方面的需求。目前我国农村居民大部分已经度过了生存型消费模式，正处于发展型消费模式，并且有逐渐向享受型消费模式过渡的趋势。

第六，居民消费业态的变化。科技的发展使得网络逐渐普及，进而产生一种新的业态形式。根据中国互联网络信息中心（CNNIC）发布的《2018年第44次中国互联网络发展状况统计报告》显示，截至2019年6月，我国农村网民占比为26.3%，规模为2.25亿，较2018年年底增加305万人。在新的时代背景下，居民的消费业态逐渐从传统的实体店转向网络消费。农村地区网民在商务金融类、网络购物、旅行预订、网上支付及互联网理财等应用上表现活跃。另外，外卖、网约车、共享单车等各种应用的使用率在农村地区已形成小的规模。通信、网络音乐、网络视频等发展较早的基础类应用农村居民用户规模已经形成。

人们消费模式的转变还得益于另一项产业的发展——电子商务，而电子商务的发展又催生了体验式购物这一新的消费方式。电子商务的火爆让线下实体店受到了冲击，在商品差距不大的情况下，消费者更加注重消费体验。此时，让消费者在亲自体验、充分了解商品的性能后，再选择购物的体验式购物方式应运而生。目前体验式购物已经成为一种新的受欢迎的消费方式，例如苹果体验店。

2.农村居民消费升级面临的困境分析

虽然农村消费的规模数量和增长速度在不断提高，但由于二元经济结构的限制、制度的不完善等原因，我国农村居民消费升级遇到较大困境，主要体现在以下几个方面：

（1）农村居民消费水平升级规模相对缓慢。农村居民消费水平升级较慢主要体现在消费的水平偏低和增速较慢两个方面。由于农村基础设施的缺乏、市场和资源等要素分配不均匀，使得我国农村经济水平与城乡相比差距较大，水平偏低。此外，受到收入、消费观念等因素的制约，农村居民的收入主要来源于方式单一的经济作物，使得其收入水平偏低。加之农村居民长期受传统消费观念的影响，如高储蓄观念、消费选择务实的观念、重视后代轻视自身消费观念等，严重影响其消费行为，进而导致农村居民的消费水平升级速度偏低。

（2）农村居民消费升级缓慢。影响我国农村居民消费升级速度的原因主要有两方面：其一，各地区经济发展不平衡，因此，即使总体上我国农村家庭恩格尔系数有所降低，生活水平比以前有了显著提高，但一些偏远贫困地区的农村家庭却仍处于贫困阶段，恩格尔系数依旧偏高。其二，消费结构升级不协调。我国农村消费者大多只着重某些方面的消费，而忽略了其他方面，如居住支出占比远远大于服装支出的占比。综上所述，农村消费者的消费行为和收入水平限制着我国农村消费结构升级的速度。

（3）农村消费环境难以优化升级。消费环境优化是阻碍农村消费结构升级的重要因素。优化消费环境包括优化自然环境和优化社会环境。我国农村居民的消费环境在这两方面都存在一些问题：首先，自然环境方面，河流污染、空气污染、水土流失等问题导致自然环境恶化严重；其次，社会环境方面，农村物质生活相较于城镇有相当大的差距，农村居民对文化教育、精神追求的要求也比较低，这可能会导致农村社会环境存在一些隐患。消费环境作为消费行为升级的外在条件，对消费行为有着重要的影响，而我国农村的消费环境从目前来看对消费行为升级所起到的积极作用着实有限。

（二）农产品供应链升级

在我国经济由高速增长阶段向高质量发展阶段转变的形势下，消费已经进入了需求多元发展、结构优化升级的新阶段，消费者对于产品品质、服务体验、个性化需求日益重视。农村电商的发展需要找到一条适合农村现状的进阶之路，以适应新时代发展的需求和结构优化升级的趋势，最终提供优质的产品来满足消费升级的需求。

目前，农村电商已经成为推进城乡协同发展、加快城乡市场一体化步伐、促进县域经济转型升级、助力精准扶贫和精准脱贫的重要途径。区域农产品上行的竞争，其背后一定是农产品供应链的竞争。

农产品供应链整合是指农产品供应链链条上的伙伴之间为了给顾客提供更高的价值以及提高自身的竞争优势而进行的一种合作。这种合作是将生产、加工、储运、销售等环节连成一个有机整体，最终实现农产品价值增值的过程。农产品供应链升级涉及以下几方面的升级：

1.产品升级

一是农产品标准化升级。标准化不仅仅是生产环节的标准化，还包括产品分拣环节标准化和包装的标准化，提升产品的品质和流通效率。

二是生产认证升级。农产品上行不是简单的在网上进行农产品的销售，而是需要统筹规划对当地的农产品进行“三品一标（无公害农产品、绿色食品、有机食品和地理标志）”的认证，并且在网上销售的产品一定要进行SC（食品生产许可证编号）的认证。

三是品牌升级。在“三品一标”品牌的基础上，坚持本地龙头品牌企业的重点带动，走“地理标识品牌+龙头企业品牌”双轮驱动的战略，才能有效占领市场，维护区域品牌的良性发展，防止区域公用品牌滥用。

四是质量升级。地方政府和企业从“数量”要效益转向从“质量”要效益，一定要保障本地的农产品的品质和质量，健全完善农产品质量安全控制体系建设及追溯体系建设，通过对质量相关的关键控制点的数据采集和分析，实现农产品来源可查询、去向可追踪、责任可追究，进而强化全过程质量安全管理与风险控制。产品追溯一定要从生产端着手，建立内部追溯与外部追溯相结合的全过程追溯体系，精确区分责任主体和定位问题产品。

总而言之，产品升级一定要建立农工商一体化经营与完备的社会化服务体系，将农业生产与前后部门有机地结合起来，降低市场风险、提高经营效益，最终提高专业化生产的稳定性和适应性。

2.生产加工升级

其一，“商品化”策略。由于农林产品属于典型的“非标”和“易耗”产品，且不易储存和运输，因此，发展县域电子商务的前提是商品化。县域电子商务必须要跨过农产品商品化这道坎，把非标性的农林产品转化为标准化的商品。在商品上贴上“SC”标识，这样才能提升产品的附加值、延长农产品的销售周期、突破农产品季节性和周期性的限制、提升市场的占有率，真正让“农产品上行”成为一种现实和可能。农产品上行的高度，取决于当地农产品深加工的产业基础的深度，没有农产品加工的县域电商，上行的路不会太久和太长。

其二，“网货化”策略。农产品上行的“商品”一定要适合在网上销售，这就要对产品的包装、容量等细节进行升级，不能走粗放的“集贸”大包装和简陋包装，而是需要走“精品”线路，结合消费者的习惯进行升级。同时，为了避免线上线下商品产生冲突，可以推出“电商版”包装，平衡对方利益。

3.物流环节升级

一是包装环节的升级。农产品包装是农产品商品流通的重要条件，应按照目标顾客需求、包装原则、包装技术要求进行，以保护农产品、减少损耗、便于运输、节省劳力、提高仓容、保持农产品卫生、便于消费者识别和选购、美化商品、扩大销售，最终提高农产品市场营销效率。例如，北京大兴通过对西瓜电商物流的包装进行优化升级，将西瓜的损耗率从20%降到5%。

二是绿色物流的升级。据测算，生产1吨纸需砍伐17棵十年生大树，生产1吨塑料袋需消耗3吨以上石油。而快递行业每年使用的不可自然降解的塑料袋、胶带，排放的二氧化碳，可达2000万—3000万吨，这组数据非常的触目惊心。因此，在产品包装上可以采用两个主要方式：①绿色包装。农产品上行中，大部分商家过度包装的现象非常严重，回收使用率极低，与绿色发展的理念相悖。一定要对快递包装采用“绿色化”发展战略，支持电子商务包装标准化和分类回收利用，提高循环利用率。多从农村取材，多利用农村柳编、草绳等传统工艺，保持可持续发展战略。未来随着国家对绿色电商的重视，绿色物流必将迎来发展机遇。如京东物流的“绿盒子”，单次使用成本相比纸箱来说节省30%以上，正常情况下可以循环使用20次以上，破损后还可以无限次“回炉重造”，对环境零压力。②绿色运输。国家《电子商务“十三五”发展规划》提出，建立快递配送车辆标准，推广新能源车辆使用，鼓励利用电子商务创新物流运输及交通出行方式，依托大数据及分享经济模式，减少车辆在途时间。如和顺县汽车站的“共享物流”模式，都是农村电商物流的创新。

4.基础设施升级

对于农产品电商里面的皇冠“生鲜电商”，需政企联动，加快建设适应农村产品电商发展的冷链仓储物流等基础设施，发展产地预冷、冷冻运输、冷库仓储、定制配送等全冷链物流，提升产品的高附加值，提高客户的体验感。

5.人才培训升级

随着国家电子商务进农村综合示范县工作的开展，基础型人才培养初见成效，很多地方涌现出大量的电商创业者。与此相比，专业人才缺口明显，人才培养与农村电商发展速度不相匹配，高端人才短缺严重、人才流动大。电商人才培训必须升级，唯有如此，才能造就一批懂农业、爱农业、爱农村和爱农民的农村电商工作队伍。具体可以从以下几方面进行：

第一，培训从数量向质量进行转化。地方一定要对培训的对象进行筛选，培训资金用到刀刃上，重点侧重以下受训群体：①传统农民中有基础、有意愿的少数“先进农民”。②新型职业农民中“生产经营型”和“社会服务型”中的农村经纪人和农村信息员。③新兴的农业经营主体，如专业大户、家庭农场、农民合作社和农业产业化龙头企业相关人员。④新农人：下乡、城归的城市青年，进城务工人员，参军转业回乡人员，返乡大学生等群体。

第二，从普及性培训向专业性培训转变。加大专业运营、营销推广、美工设计、客户服务、数据分析和供应链管理等人才培训的力度。

总之，农村电商的发展一定要适应消费升级的要求，从意识形态升级、供应链升级包括产品升级（标准化升级、生产认证升级、品牌升级、质量升级）、生产加工升级、物流升级（包装升级、绿色物流、绿色运输）、基础设施升级到人才队伍建设升级，引领农村进入新时代，成为乡村振兴战略的重要抓手和途径。

二、工业品下行与农产品上行的流通体系

农村电商一直是电商物流发展的难题。发展好农村电商，一是让工业品走进农村市场，也就是工业品下行；二是把农产品卖到城里去，也就是农产品上行。

（一）工业品下行与农产品上行之间的关系

阿里巴巴、京东、苏宁纷纷布局农村，地方政府也在不留余力地全力推进农村电子商务。但随着一波浪潮而去，地方政府发现，农村电子商务的“地方模式”并不能快速复制。一些地方政府虽然不知道去做什么，但是知道了“不去做什么”，明白农村电子商务的核心在于农产品上行，而不是工业品下行。正确认识农产品上行和工业品下行的关系，避免认识的误区尤为关键。

1.农产品上行与工业品下行的并行发展

在过去一段时间内，农村市场成为假冒伪劣产品的倾销地。由于农村商贸流

通体系不健全，消费者没有选择的权利，而电子商务改变了信息不对称的格局，让农民足不出户就可以跟城里人一样享受到物美价廉的商品。[①]同时，农村巨大的消费市场吸引着电商巨头“上山下乡”，纷纷布局农村市场。阿里巴巴和京东的发展展现出的农村电子商务思维是遵循“城市电商”的理念，这需要一定的适应期和调整期。

农产品上行存在着“标准化、品牌化、规模化”等发展的瓶颈，投入远远超出产出。对于工业品下行，人们也要看到其积极的一面，以工业品的下行带动农产品的上行不失为一种战略。在此阶段，农村电子商务维持上行与下行并重的格局也是合理的。

2.农村电商农产品上行为主、工业品下行为辅的格局

这个时期，缩短二者逆差是核心任务。然而，目前的农村电子商务还是以工业品下行为主。2015年，农村电商规模为7835亿元，其中网购交易额达到3530亿元，同比增长了96%，增速高于国内整个网购市场。农产品网络零售额达到1505亿元，同比增长94%，农资电商规模以60%的增速达到2800亿元。表面看起来数据不错，但是应该看到农产品上行和工业品下行的逆差为2025亿元。如果把农资也算在下行的话，会高达4825亿元的逆差。这表明目前农村电子商务还是以工业品下行为主。但是随着农村电商的发展，农村电商会逐渐改变格局，形成以农产品上行为主的局面。据中商情报网数据显示，2018年全国农村网络零售额达到1.37万亿元，同比增长30.4%；全国农产品网络零售额达到2305亿元，同比增长33.8%。农村电商迅猛发展，开辟了农产品上行新通道。

3.农产品上行的高度

农产品深加工的过程，就是农产品增值的过程。地方农产品上行的高度，取决于产业基础，特别是农产品深加工的产业基础的深度。没有农产品深加工的农村电商，上行的路不会太长。

（二）工业品下行与农产品上行流通体系的重新塑造

就当前农村电商发展的现状来看，相对于工业品下乡，农业品上行问题更加突出。要实现农村的致富之路，需要对工业品下行与农产品上行流通体系进行重

① 刘玉，任艳敏，潘瑜春，等.面向乡村振兴战略的乡村发展格局及其分区研究[J].农业工程学报，2019，35（12）：281-289.

新塑造，应从以下几点出发：

1.农产品上行和工业品下行同时发力

从农产品网络营销看，《全国农产品加工业与农村一二三产业融合发展规划（2016—2020年）》提出：到2020年，农产品电子商务交易额达到8000亿元，年均增速保持在40%左右。

为了实现这一目标，要通过电子商务来倒逼农产品生产的商品化、标准化与互联网化。要特别重视互联网在农产品生产中的作用，使农产品的产品标准、包装标准、配送标准、质量标准进一步完善，为农产品网络销售打下良好的基础。在政策层面，要重点支持打造农产品从田头到快递的“最前一公里”服务体系，重点支持交易规则、诚信体系、安全追溯体系、索赔机制、纠纷解决机制等方面的建设。

2.发挥电商平台优势

（1）要在农村发展中引入合理的商业化模式，探索农民的需求和想法，使电商可以在农村健康蓬勃发展。

（2）既要保证工业品下乡推广，也要利用平台为农产品上行提供技术支持与分析保障。

（3）要提高新型职业农民的综合素质，不断提高其电子商务意识与水平。

（4）要充分利用线上线下结合的方式，不断满足日益变化的消费者需求。

3.转变农民思路，顺应时代发展

为了实现农村发家致富的目标，积极鼓励一些返乡农民工、大学生以及农业经营者开展电商业务，例如，安徽宿松县有一位养殖户，依靠着当地农产品免税的政策引导，积极践行线上和线下结合的方式，线下自己建立养殖场、加工厂，然后按照线上订单需求，量化生产，通过二者的有机结合，几年就已经实现了发家致富的梦想。而且，他还进一步建立了与山区合作社的合作关系，通过自己的经验，与20多个贫困户一起，带动大伙规范养殖、摆脱贫困。

4.农产品的需求导向

过去农产品种植纯属闭门造车，如今电商大数据使产销信息对称，农民可以根据消费者对农产品的消费偏好反过来指导农作物生产、生产资料合理投入，形成C2B的种植模式。同时，农产品需要体现地方特色，并进行品牌化、故事化包装，实现品牌溢价，最终才能卖得好。

5.规范农产品分类

农产品品类众多、各有差异。并非所有农产品都适合走电商渠道，不同品类的农产品在标准化难度、质量标准认证难度、保鲜度、物流等方面要求不一，因此需要全面梳理哪些农产品适合走上行之路，其相比传统供应链渠道是否具有优势。接下来对供应链模式进行分类：哪些农产品对成本敏感、对需求响应速度敏感、适合采取B2C或B2B模式。

6.物流资源的整合

县域电商物流通路一般是从县服务中心节点到发达乡镇服务站节点，村级服务点则处于中断状态，农产品上行规模不经济、对保鲜的要求倒逼服务商整合当地快递企业、落地配套企业物流资源，有效降低农产品流通成本，打通县乡村三级物流网络，并将原本各司其职的物流仓储、配送和前一公里业务进行合并精简、整合提升，统一品牌、统一人员、统一标识、统一运营管理。

可以看出，服务商并不限于帮助农民打开销路，而是构建全流程的闭环供应链服务体系，从产前的农产品需求预测、农作物种植方案设计，到产中的农作物生长、品质监控，再到产后的货源组织、挑选、统一包装、品牌设计、渠道建设、物流配送，服务商需要全面介入供应链的各个环节。

三、电子商务进农村项目的实施与促进

（一）农村电子商务项目的实施规划

为了实现乡村的全面振兴，我国政府在《中共中央国务院关于实施乡村振兴战略的意见》中做了相关部署。文件提出，为了解决人民日益增长的美好生活需要与不平衡不充分的发展之间的矛盾，必须实施乡村振兴，只有这样，才能保证“两个一百年”奋斗目标的顺利实现，才能达到全体人民实现共同富裕的最终目标。要从提升农业发展质量、推进乡村绿色发展、繁荣兴盛农村文化、构建乡村治理新体系、提高农村民生保障水平、打好精准脱贫攻坚战、强化乡村振兴制度性供给、强化乡村振兴人才支撑、强化乡村振兴投入保障、坚持和完善党对“三农”工作的领导等方面进行安排部署，走出一条中国特色社会主义乡村振兴道路，让农业成为有奔头的产业，让农民成为有吸引力的职业，让农村成为安居乐业的美丽家园。到2050年乡村全面振兴，农业强、农村美、农民富全面实现。在此之前，农村最大的工程一定是“国家乡村振兴战略的分步实施”。按照党的

“十九大”提出的决胜全面建成小康社会、分两个阶段实现第二个百年奋斗目标的战略安排，中央农村工作会议明确了实施乡村振兴战略的目标任务。

2018年《中共中央国务院关于实施乡村振兴战略的意见》指出，实现中国特色社会主义乡村振兴的七条道路：①必须重塑城乡关系，走城乡融合发展之路；②必须巩固和完善农村基本经营制度，走共同富裕之路；③必须深化农业供给侧结构性改革，走质量兴农之路；④必须坚持人与自然和谐共生，走乡村绿色发展之路；⑤必须传承发展提升农耕文明，走乡村文化兴盛之路；⑥必须创新乡村治理体系，走乡村善治之路；⑦必须打好精准脱贫攻坚战，走中国特色减贫之路。[①]

从国家乡村振兴战略的分步实施来看，为农村电商的发展打开了无限可能，一直困扰农村电商发展的问题也都将会逐步得到解决。当下农村电商发展的两大痛点为——农产品上行难和农村电商服务站点无可持续运营模式也自然消失。

（二）电子商务进农村项目的促进举措

作为新农村建设，尤其是农村信息化建设的关键环节，电子商务具有全局性、综合性、复杂性与整体性等优点。由于农村市场的特殊性，政府必须切实发挥宏观调控作用及指导作用，根据农村市场的特点，规划并组织实施利于电子商务在农村发展的利民政策，宏观调控引导企业转向市场化和集约化发展。减少其受地区影响和制约的程度，形成便于电子商务快速发展的环境基础。政府通过不断引导，建设基础设施、投入基金以及建设示范基地等方式，多方面、多角度地发展农村电子商务。

在农村电子商务发展过程中，政府、平台、网商、供应商、服务商五个主体需求网状交织在一起。电子商务服务是一个全新的服务业态，有别于原来的基础公共服务、社会公共服务、经济公共服务、公共安全服务，但又离不开这些服务。因此，就公共服务而言，电子商务公共服务是新生事物，涉及基础公共服务（培训教育、孵化支撑等）、经济公共服务（营销推广、地标树立等）、社会公共服务（解决就业、城乡统筹等）、公共安全服务（食品卫生安全、网络公共安全等），是在互联网、科学技术发展到一定阶段的特定产物，应当正确面对，合理建设。根据电子商务进农村的阶段性需求因地制宜、因时制宜地承载资源、合

① 邵明．乡村振兴与农村电商发展 [M]. 北京：化学工业出版社，2018.

理推进。

1.促进农村产品上行

支持农村产品产销对接，立足资源禀赋和市场需求，打造农村电商多元化供应链，加强农产品分级、包装、营销，加快补齐产地预冷、初加工配送等基础设施短板；支持农村产品的标准化、质量认证、品牌培育、质量追溯等综合服务体系建设；支持建设县、乡、村三级具有服务农村产品上行功能的物流配送体系。中央财政资金支持农村产品上行的比例原则上不低于50%。

2.完善农村公共服务体系

支持县域电子商务公共服务中心和乡村电子商务服务站点的建设改造，以具备条件的建档立卡贫困村、贫困户为服务重点，拓展代收代缴、代买代卖、小额信贷、便民服务等功能。发挥公共服务中心的枢纽作用，合理统筹区域农村电子商务运营、物流、培训和助农扶贫工作，探索公共服务中心+乡村电商服务站点、合作社、供应链企业+贫困户等帮扶机制，切实增强服务体系可持续发展能力。建设公共服务中心应坚持实用、节约的原则，资金使用比例原则上不得高于15%。

3.完善产品质量追溯体系

通过引入第三方对产品的质量追溯体系进一步加强和完善，使消费者能够一眼辨别出产品的生产地、质检信息、产品级别以及专利授权等相关信息，从源头上杜绝一切商家造假售假行为的发生。对于机构认证缺乏人手的现象，以及由垄断造成的灰色收入、效率低等问题，都要及时发现并提出解决措施。在打造追溯体系时，一定要针对品种和阶段进行，可以合理使用商务部已建立并投入使用的肉类追溯系统和线下万村千乡服务体系，确保与农民息息相关的健康产品和农产品的合理溯源。

4.实施品牌化、差异化策略

根据品牌和差异需求，制定竞争规则，这对农村电商进行不断升级改造、摆脱低端价格竞争有极大的意义。帮助农村电商卖家树立良好的品牌形象，积极开发和建立符合需要的电商品牌和区域品牌，增加原创技术，使个人店铺快速发展为企业店铺。政府在工商注册方面给予一定的指导，并支持第三方专业设计机构对卖家进行培训，促进企业发展品牌，树立一定的标杆企业，使其发挥模范带头作用。鼓励和引导加工业和电商业积极创立品牌并申请商标和产品的专利，尽可能简化注册手续，通过培训、讲座以及考察活动等指导企业与品牌、注册和专利申请等相关知识。

5.开展农村电子商务培训

支持对基层党政干部、合作社社员、返乡农民工、农村创业青年、驻村第一书记等实事求是地开展电子商务培训。结合农村双创和扶贫脱贫，加大对具备条件的建档立卡贫困户的培训力度。加强农村产品上行有关包装、设计、宣传、营销等实操技能培训，如实做好培训记录，完善培训后服务机制。

乡镇在农村电商系统中处在非常关键的环节上，是电商网络延伸的最佳终端，而位于乡镇的综合性服务中心便是这个体系中的具体经营者。为了更好地完成配送服务，农村电商体系应该建立县级的配送网点，乡镇级的服务站点，村级可以依然保持传统的零售模式以及代理模式。而在推进农村电子商务的过程中，政府应该重点关注基础设施，不断加强其建设实施的规范性，通过引导使农村零售行业展现新的精神风貌。

（1）了解政府工作机制，充分利用合作社、村委会、行业协会以及大型企业等多方关系，成立一个服务于公共领域的中心机构，该机构主要负责对接平台和营销推广业务，为不断开发优质产品，提供培育支持，为地区电商发展贡献力量。

（2）支持并鼓励大型企业将经营网络扩展到农村，然后和农村信息化建设统一结合。尤其鼓励一些电商和物流行业向农村延伸经营范围，不断增设营业网点，设立多家配送中心以及快递分支。更鼓励生产和流通企业将营销网络推广到农村区域，以保证售后服务。此外，还需要根据不同的区域情况，加强改造农家店，区别对待不同店面的差异。

（3）依靠教育培训、孵化支撑、平台打造、营销策划等方式合理推进和深化区域电商发展。利用推广特色产品、合理对接资源、推广项目合作等手段不断增加经济收益。通过线上线下多种渠道，将潜在的购买力变现。此外，政府和企业要多收集此方面的信息，了解当地的产业所能满足的购买需求量。

（4）不断增强市场治理体系建设，使农村市场进一步标准化和信用化。建立完善城乡一体的基础标准、建设标准、经营管理标准、供应商准入标准、采购标准以及运送标准等标准体系。另外，通过黑名单的方式，建立健全农村市场信用制度体系，不断净化市场氛围。

（5）鼓励和支持大型商贸企业和农家店入驻电商平台，以实体与网络结合的方式不断发展。确保隶属于乡镇综合型商贸中心的电商系统能够与实体店保持一致，保证每个乡镇至少拥有一个符合要求的综合商贸平台来开展农村电商，该商贸中心要承接其所在区域以及周边各乡镇的商务业务预计运送服务，充分增加综合型商贸中心的经济收益。且能通过“一网多用”的模式，积极解决农村服务配送困难等问题，便于相应区域的农村居民网购和收快递，进一步助力我国农村电子商务平台的发展。

6.完善农村电商基础设施

有条件的区域可以设立类似物流聚集地的电子商务园区，创造良好的电商氛围。为了和周边区域的餐饮设施、娱乐基础、住宿相结合，还可以通过整合物流平台、提升电商议价能力、引入电子商务第三方服务机构等手段，满足企业所需要的多元化服务，包括研发设计、营销策划、摄影美工、信息安全、法律维权以及财务会计等。

第二节　构建农产品市场化运作上行平台保障机制

一、农产品上行面临的问题与解决对策

（一）农产品上行面临的具体问题

农产品上行的问题仅仅靠少数几个电商平台是不能完全解决的。它是一个体制问题，受到产品自身属性、农民市场意识、外在基础条件等诸多因素的影响。①

1.产品方面

农产品自身的属性就决定了农产品在电子商务领域的弱势地位。纵观我国电子商务发展史，不难发现工业品的销售是其迅速兴起的源头。由于工业品的成功销售，再加上申请网店相对于实体店铺而言程序更简单、成本更低廉，使人们产

① 裘涵．农村电商运营：从策略到实战 [M]. 北京：电子工业出版社，2018.

生了一种只要把产品放在网上销售都会赚取更高的利润的错觉。人们忽视了农产品自身属性的限制：

第一，农产品难以形成标准化、规范化的生产。受地形、气候等自然因素的影响，大部分农产品生产者都是以家庭为单位的，很难把控农产品的品质，在产品质量和安全性上很难取得消费者的信任。

第二，难以形成规模化生产。受经济条件和农产品生长周期影响，除去极少数的农产品产销公司，其他农产品生产者的生产规模都难以满足“持续供货”的要求，这也导致了农产品不像其他工业品那样可以打造出自己的品牌以获得可观的利润。

第三，农产品缺少独特性。除了在某些特定地区生长的农作物之外，很多农作物可以在全国范围内种植，产品具有趋同性，在产品品质和价格上缺少自己独特的优势，竞争力弱。

2.成本方面

农产品上行成本高，包括建设成本、运输成本和运营成本。

第一，建设成本高。在我国，农村地域广大，基础设施难以完全覆盖，受地形地势以及居住范围的影响，前期的基础设施，如网络、道路等建设成本高于城镇地区。

第二，物流成本高。在广大山区，道路建设尚未完成，以“四通一达”为代表的物流企业的业务目前还未涉及这些区域，农产品生产者空有产品，却没有将其运出去的能力，即便能运出去，运费却比产品本身更高。此外，农产品本身脆弱易腐坏，对保鲜技术和包装严密程度要求较高，这也是农产品物流成本难以降低的原因之一。

第三，运营成本高。农村电子商务的主要经营者是农户本身，他们大多数受教育程度不高，且因地域影响对新鲜事物及社会热点敏感性不强，对网店运营也是停留在最基础的认知阶段，难以通过运营进行推广，更难以进一步形成品牌效应和规模经济，运营成本相对营业收入较高。

3.人才方面

人才是一个产业发展壮大的核心竞争力，农产品上行也不例外。在农产品上行过程中的每一个环节都需要大量懂技术、会经营的复合型人才，这与农村现阶段人才现状恰恰是矛盾的。新一代农村出身的、有较高综合素质的人才大多数在外求学供职，他们中绝大多数都会选择留在城市，农村留守的以老人、儿童为主。显然，依靠老人和儿童实现农产品上行是非常有难度的。而农产品电子商务也因为其风险大、利润低，难以吸引电子商务企业和电子商务职业经理人来专门打理。因此，培养本地复合型人才是农产品上行的重中之重。

4.融资方面

农村电子商务经营者融资困难。目前电子商务经营主体以小微企业和农户个体为主，受到担保和征信记录的限制，很难从银行等正规渠道贷款以支撑店铺运营。此外，由于资本的本质是追逐利润，且农村市场的利润显然是比不过城市的，曾经在一段时间内，各大银行大规模撤销乡镇经营网点。资金流向城市，农村电子商务从整体上缺乏资金支持。

因此，目前农村电子商务的发展无论是从宏观还是微观上来看，都缺少资金的支撑。农村电子商务进一步发展也因此受到严重制约，“打造品牌，提升品质”更是难上加难。

（二）农产品上行问题的解决对策

如今，农产品上行渠道越来越分散化，既有天猫、京东等大平台，又有本土电商平台，还有直播、微商等渠道。但农产品网上销售的持续性仍较差，质量追溯体系仍不完善。因此，要解决农村电商上行困境，要从以下几点着手：

首先，要坚持实现农业标准化。在政府大力推动、市场正确引导和龙头企业的带动下，加速推进农业标准化建设，改进农产品包装设计，让更多的农产品适合网上销售。

其次，要重视农产品品牌建设。在大力打造地域公共品牌的基础上，积极培育企业市场品牌，从而扩大市场占有率。

再次，要提升供应链能力。要补短板、降成本，全面加强农产品加工、仓储、物流及冷链、包装体系建设，提升供应链能力。

最后，要借鉴新零售理念。加大线上线下融合力度，多平台、多渠道、多举措扩大农产品上行规模。

二、农业产业化下农产品的上行思路

要实现传统农业社会和现代工业社会电子商务的有效结合，就要最大化地满足农业市场化的需求，促进农业产业化的建设与发展，建设现代农业生产经营体系，保证农产品上行问题得到实质性的解决。

（一）培育和增强农民的市场意识

发展农业产业化，从本质上讲就是发展市场农业，消除生产和市场之间不平衡的现象。农产品上行是市场行为，应该按照市场需求以及运营法则，不断改进生产运营模式，优化对品种的选择。因此，提高农民的市场意识是农产品上行问题解决的必然要求。

现如今，贫困区域人们的市场意识还不够强烈。一是没有掌握市场知识与规律，市场定位不够清晰，生产过程体现出盲目性和滞后性的特点。二是不懂得市场规则，品牌意识薄弱，通常会出现自损招牌的情况。比如，部分地区的农户自产的土蜂蜜被调查出掺假行为。所以，应该研究和探索能够加强农民市场意识的新方法与新途径，从而创建良好的市场环境。一方面，可以围绕着“引进来、走出去”的开放方式提高农民的市场意识，并进行宣传与培养，培养的对象主要是党员干部和返乡人群。另一方面，要通过多种方式促使农民融入市场，比如，“合作社+农户”“公司+农户”“党支部+农户”等，在现实的执行过程中培养农民的市场意识。

（二）抓好龙头企业和合作社建设

发展农业产业化，需要龙头企业与合作社的引领，促使农民的工作进程更加组织化，改变生产经营模式，从原来的家庭生产型转变为组织生产型，进而满足农业市场化的需求。现阶段，农村电子商务的发展仍处于初始时期，运营主体涉及的领域较窄，不容易和大市场对接起来，更无法解决农产品上行所面临的问题。所以，龙头企业与合作社的引领是农产品上行的必要条件。

通常欠发达地区农村都会出现龙头企业与合作社稀缺等问题。龙头企业是农业产业化的核心力量，其建设与发展是至关重要的。

首先，应该充分结合优惠政策，抓住现阶段农村电子商务的良好时机，打造优秀的品牌文化，比如“绿水青山”和“三品一标”，吸引销售企业前来投资，进行农副产品加工。

其次，利用国家推出的扶持政策来加强农村电子商务的发展，支持和鼓励本地龙头企业的发展，合理地使用资金支持。合作社作为龙头企业和农户相互联系的纽带，是促进农业化发展的最重要成分。合作社的发展应该在初始阶段就奠定扎实的基础，明确项目发展并扶持带头人。运用“龙头企业+合作社+农户”三者相结合的运营模式，能够使农产品更加的标准化、规范化以及品牌化，深化人们的消费程度，增强农产品上行的竞争力。

（三）培育特色产业和打造品牌产品

发展农业产业化，应该因地制宜，发展特色的产业，防止农产品出现同质化现象，形成独具特色的竞争力。农产品上行主要取决于产品的优质程度，如此才能具备吸引消费者的优势。因此，发展特色产业和发挥品牌效应是农产品上行的必然要求。

明确市场定位，将区域资源的优势充分展现出来，带动各个企业以及合作发展的产业，但一定要是特色产业。本节提及的“品牌产品”指将资源优势转化为产品优势以及市场优势，将品牌效应发挥出来。

首先，选择土地流转或入股分红的方式来促进生产合作社的发展，根据统一标准进行产品的生产，应用“合作社+农户”的运营模式对农产品实施订单式的生产。

其次，大力推动生产及销售公司的发展，在扩展农产品加工数量的同时，积极创建品牌文化，发挥品牌效应，产生一定的竞争力。其中，具有代表性的品牌营销案例有三只松鼠、新农哥、新疆果业等。

最后，通过区域内的文化特色以及自然资源，将旅游、餐饮和电商有效地进行结合，利用体验式营销和消费扶贫等方式，实现线上与线下充分融合的营销模式，提高品牌的知名度。

（四）建设农产品生产基地和交易中心

发展农业产业化，就是要创建农产品生产以及销售中心，将汇聚效应充分展现出来。此外，农产品上行应该有效地控制好成本，利用规模优势以及良好的信息化管理，保证生产运营成本最小化。所以，创建农产品生产以及销售中心是农产品上行应该解决的最基本的问题。

在农产品生产以及营销中心的组织与运营上，欠发达地区相对落后。农产品生产以及营销中心的建设，其本质是创建一套完善的电子商务供应链体系。由于供应链体系还不够成熟，产品供应缺乏“根据地”，始终处于不稳定的动态之中，农产品上行很难完成。即使初期阶段的发展比较顺利，后续的、更高层次的发展也是相对困难的。比如，陕西的农产品仓储中心、浙江义乌的小商品城等均明显促进了当地的电子商务的发展，并且发挥了支撑作用。所以，应该建设一套完善且全面的电子商务供应链体系。

（五）做好新型农民的培养工作

发展农业产业化，就是改变农业生产方式，促使农业生产更加现代化，从早期的单一农业社会转变为全面的现代农业社会，这与培养新型农民密切相关。可见农产品上行是依赖于新型农民培养的。所以，掌握互联网技能以及形成市场意识的新型农民是农产品上行的必然条件。

电子商务在农村发展起来之后，使得大部分毕业学生及退伍军人愿意回乡进行创业，这部分人群可以称为新型农民。农村电子商务的引领者以及复合型的优秀人才需要通过一些形式的培养来提高电商等方面的能力，比如技校、夜校和网校等。除此之外，政府也应该给予一定的支持力量，尤其是政策和资金上的支持，引导返乡人群扎根于农村，通过创业为农村的发展贡献力量，将他们的才能充分发挥出来。

三、农产品上行渠道的保障机制

（一）部门联动机制

农产品上行需要多个部门联合组织领导，经过研究与探索创建电商部门联动机制，通常可以制定联席会议制度，还可以成立领导小组。在组织的统筹下，每个成员明确自身的职责，做到分工明确、尽心尽责，从点到线，从线再到面，使农产品上行的每个环节及流程都顺畅无阻。比如，农业部门应该着重转变农业生产方式，使农产品生产运营实现规模化和集约化；从供给侧的层面进行分析，经信部门应该推动农村，特别是贫困地区在交通、电信等基础方面的建设，促进光纤以及移动通信等基础设施的更新发展，有效解决信息化落后等其他负面问题；此外，相关部门还应积极地建设第三方物流、第四方物流以及冷链物流等，保证农产品的流通性与顺畅性。

（二）品牌追溯机制

一方面，要消除消费者对“上行”农产品质量、品质的担忧，破解农产品品牌难以打造、质量难以追溯的难题。通过引入第三方评估、评价机构，评选消费者信得过的网上农产品；实施“上行”农产品品牌打造工程，把打造单品品牌和打造区域农产品品牌有机结合起来。探索政府背书以外的市场主体担保机制，进一步为“上行”提供制度支持。

另一方面，加强农产品溯源体系的顶层设计，通过赋予每个产品独一无二的“身份证”，实现“生产可记录、安全可预警、源头可追溯、流向可跟踪、信息可存储、身份可查询、责任可认定、产品可召回”。通过推进标准化建设，明确企业生产标准、政府监管标准、第三方追溯标准、第三方质检标准等。

（三）人才培训机制

加强农村电商人才培训和培养，引进农村电商高端人才和专业团队，抢占新一轮农村电商发展制高点。把精准扶贫培训指标向农村电商人才倾斜，重点抓好农村电商“能人”“带头人”培训，发挥辐射带动作用。引导具有实践经验的高层次电商从业者返乡创业，给予金融等方面的支持。通过开办农村技校、夜校等方式，加强对农民这个特殊群体的培训。

（四）主体培育机制

通过政策配套、产业集聚、人才培养、外引内育等方式，积极发展“协会+公司”“公司+农户”、农村合作社、现代农场等模式，培育具有市场化性质的“上行”主体，增加农户在主体中的比重。探索建立政府、农户、运营商等多主体参与的农村电子商务平台运营模式，让农户成为股东，分享收益。

第三节　农村电商精准扶贫模式及其路径重构

一、我国农村贫困的现状及原因

（一）我国农村贫困的现状

第一，总体分布广泛与局部集中并存。目前贫困人口主要集中在中西部地区、山区和老少边穷地区。其中，2/3集中在西部地区，并且这个比例一直保持在高位。农村贫困人口一般聚集在少数民族、老革命区以及一些边疆边境和欠发达地区，这些地区一般自然条件比较恶劣，无论是地势还是区域上都不占优势，目前已被称为老少边穷地区。

第二，贫困多维化。我国的贫困现象不只表现在人口经济方面，教育、健康、环境和政治方面的贫困问题也尤为突出。总体上，目前我国的农村贫困现象以多维度贫困为特征，其主要表现是收入水平和消费水平低下。教育贫困表现在教育落后，没有良好的师资和教学条件，人们的受教育程度和知识水平普遍较低；健康贫困体现在医疗水平较差，大多数人没有充足的营养供应；环境贫困则体现在自然环境恶劣、水土流失、土地沙漠化现象严重、气候异常、水资源短缺等各种自然灾害和环境问题。环境的贫困问题直接引发健康问题，又因健康贫困，地方病发率高却又无从治疗，进而导致人口流失严重；政治和权力的贫困主要在于农民无法有效参与政治管理，也无法摆脱土地被城市和工业征用的命运。

第三，贫困的代际传递性强。受自然条件和经济水平的限制，贫困地区的儿童可以受到的教育十分有限，因此贫困家庭的子女接受不到良好的教育。文化水平低的他们只能从事社会最底层的劳动强度大的职业，这种职业通常工资水平较低，这就剥夺了他们走向上流社会的机会，也就无法突破这种命运为后代提供良好的教育，从而一代贫代代贫。若这种处境无法改变，就只能任由其恶性循环，这会增强贫困代际的传递性。一些研究数据显示，贫困家庭代际间与受教育程度、从业条件、医疗保险等各种因素相关，且在这些方面都处于弱势，贫困代际传递性最强的地方是农村。

第四，返贫率高。贫困人口的基础都比较薄弱，在这种情况下，一旦有风险，如灾害或者疾病等因素会阻碍脱贫的进展。据中国扶贫基金会调查研究表明，2010年有超过200万的人口由脱贫又重新陷入贫困，原因是西南地区严重的旱情。除了自然灾害这种不可抗力因素以外，教育和医疗是其他两个导致农村返贫现象严重的主要因素，需要相关部门进一步研究。

由于我国农村贫困特点的复杂性导致贫困致因的多样化，主要有诸如环境因素、经济原因、农村制度因素、人口素质论、社会排斥论及家庭和个人因素影响等。归纳起来可以分为外部条件和内部因素两个方面。①

（二）导致我国农村贫困的外部因素

1.环境因素

人类能够生存和发展都以环境作为基础，而地理环境又被称作自然资本。人地关系的互动体现为两个方面：一方面，人有一定的环境适应力，为了生存和发展的需求需要不断认识和改造自然，以增强自身对于环境的适应能力；另一方

① 姚庆荣．电商扶贫：理论与实践 [M]. 北京：中国经济出版社，2019.

面，环境对人们的生活有一定的影响，人们的活动深受地域的限制。不同的地域空间拥有不同的区位和资源上的优势，这种差别使得生产力发展水平和人地关系产生差异性，从而影响到整个社会的发展。所以贫困状况一定程度上受到地理环境的影响。地理环境影响着人类的生存和发展以及整个社会的进步，同时人类的活动也影响着自然，且人类的活动要以自然为背景，不能脱离自然而存在。所以，贫困在一定程度上是人和地理环境长期作用的结果。

2.经济因素

影响人口贫困的重要条件还有经济因素，其中主要包含产业结构、农业机构和市场的发展等。产业结构的影响多是由经济发展程度和产业对贫困影响的差异造成的；然而农产品的结构与农村市场的发育程度相关，并通过农民收入的影响来实现对贫困程度的相对影响。根据产业结构的演进理论可知，经济发展的速度在一定程度上是由产业结构决定的。虽然中国的工业化进程在不断推进，整体的产业结构也日趋合理，但是产业结构还不够平衡，主要体现在东中西部经济发展程度的差距较大，这就进而对贫困程度造成一定的影响。无论是从产值还是产业的结构来说，东部的发展始终领先，而中西部的发展相对而言一直落后。

农民的收入也与农产品的价格有关，农业结构和产品的结构层次会对农民的收入产生一定影响。事实上，我国的农业结构不是很合理，这主要表现为两个方面：一方面是种植业，经济作物的种植面积远小于粮食作物的播种面积；另一方面是农林牧渔几大产业结构发展极其不均衡，农业产值占比过大，林牧渔业占比太小。但是价格却是相反，经济作物的价格普遍比粮食作物的价格高，而其他林牧渔业的养殖品价格总是比种植业可观。所以，根据这种现象，农民可以通过调整种植业和养殖业所占的比重来增加收入。除此之外，还可以采取提高农产品品质的方式。但是在我国的农业中，像绿色食品、无公害食品这类高科技产品还没有被大多数人接受，传统的农业依旧占据主导地位。此外，一般市场上出现的初级农产品较多，深加工的、附加值高的农产品一般较少。

3.基础设施

在道路交通方面，虽然目前大多数省份都能达到大部分行政村通路通车，但在自然村层面的道路交通路面质量较差。道路交通对人们的生产生活、对当地的经济发展具有极其重要的作用，道路交通的闭塞往往是导致一个地方发展落后的主要因素。

在用水用电方面，有些贫困地区的电力质量还较差，有的地方供电不稳定，经常有断电或者不能全天供电的情况。这说明用电设施需要完善，用电质量也仍需提升。此外，饮用水的安全也没有得到保障，对此还要加大工作力度，同时对于覆盖面广、饮用水问题严重的贫困地区应当优先解决。

在通信方面，贫困地区也没有很落后，大多数村子都已经可以通电话，还有超过半数的自然村已经有了有线电视信号，甚至有少部分自然村为了跟随时代的步伐和社会的进步安装了宽带。互联网技术的发展和移动通信技术的应用使得一些落后地区抓住机遇已经实现快速发展，因此贫困地区如果想要快速发展，信息通信的建设是必然的。

总而言之，贫困地区的基础设施已经比较完备，但是较之城市还是有相当大的差距。如果任由这种差距拉大，只能使得发达地区越来越发达，而贫困地区的发展越来越滞后，最终呈现出两极分化的格局。所以贫困地区的基础设施建设还需要投入更多的资金和工作力度，只有创新发展模式，调动市场积极性才能实现贫困地区稳定发展。

4.公共服务

在卫生方面，大多数村都设有卫生站，而且大部分村落配备医生或卫生员。就这两个角度来讲，农村贫困地区的卫生建设合乎规定，但是对于以后的发展，医疗卫生至关重要，需要进一步提高覆盖面。

在教育方面，贫困地区后代的受教育程度有较大的概率决定该地区未来的发展。在学前教育和小学义务教育方面，我国大部分的贫困村和贫困家庭的儿童都缺少学前教育，甚至接受小学教育都有困难，师资与其他地区的差距更大，所以国家应该提供更多的资金使更多的教师进入贫困地区教学以提高当地的教学水平。

在文化方面，一些贫困地区基本没什么文化活动，相对好一点的地区会每个月或是每个季度举办一到两次文化下乡活动。举办文化活动的过程是知识传播和教育的过程，所以文化活动对于人们来说不仅是提高文化素养和情操的手段，它对于贫困地区的作用也很大。所以应当充分发挥社会各界的作用，将文化活动提上日程。

5.产业基础

产业基础包括市场化程度、人力资本、生产技术、文化传统和金融市场等与产业发展相关的各个方面。产业基础可以决定当地的经济发展，是社会经济发展的基础，同时自然环境和基础设施以及社会公共服务都很重要，甚至这些也是社会经济发展的基础。但是就社会目前的发展而言，人们想要脱贫致富只能促进产业发展，所以产业基础显得尤其重要。

（三）导致我国农村贫困的内部因素

农村贫困人口受教育程度低，健康欠佳，在人力资源链条中，处于不利地位。大量研究表明，人力资本脆弱性与贫困直接挂钩，并且在实际生活中会出现明显迹象。

1.受教育程度影响农村贫困人口的就业

随着经济发展和科技进步，社会对劳动力受教育程度有着越来越高的要求。我国社会二元特征明显，在教育投入上，城乡差异也极为明显，因而我国农村教育落后，农村居民受教育程度较低。低下的受教育水平将对农民就业，尤其是非农就业产生诸多限制。

2.受教育程度影响农村贫困人口的收入问题

教育切实影响着农村贫困人口的就业和职业选择，从而直接影响他们的收入水平。然而，近些年的研究表明，早期农村居民教育投资收益率明显偏低，一般处于5%以下，近些年有相对提高，也没有超过10%。但是，这也说明教育投资得到应有的回报，两者匹配度逐渐升高，人力资本的收入分配效应日益增强。

3.健康对农村贫困人口的影响

健康是人力资本构成的基本要素，疾病和贫困是“双胞胎兄弟”。在农村贫困人口中，健康状况的低下与较低的收入水平经常相伴而生。很多家庭的贫困原因是家庭成员中有人生病，即“因病致贫”。而贫困家庭本身收入较低，因此对待疾病通常是“小病扛、大病拖”，最后，小病扛成大病，大病拖成重病。而一旦有家庭成员患重大疾病，只能借钱看病，继而陷入病贫交加的恶性循环，甚至不得已放弃治疗，等待死亡。疾病以及其带来的经济损失是农村家庭致贫的一个重要因素。

二、电商精准扶贫

（一）电商精准扶贫兴起的背景

1.经济全球化的影响

当今世界经济的重要特征之一是经济全球化，其不仅是经济发展的重要趋势，也是催生电子商务的重要经济基础。在经济全球化的大背景下，国际竞争更为激烈，企业面对的市场也更加复杂多变。针对这些变化，政府和企业要从网络设施投入入手，将电子商务研究与应用放在首位，提高参与电子商务全球框架构造的积极性，在激烈的竞争中获取有利地位。

企业实行全球化战略的动机主要有以下四个方面：一是为了在市场上占据有利地位，这也是大多数企业促进出口业务发展、扩大全球市场的首要动机。二是寻找资源，为资金筹措做准备。国际市场拥有多样且丰富的资源，企业可以从中寻求利益与自身发展的资源。三是在政治经济体系中寻找一个平衡点，尽可能避免国际市场发生变动时影响企业的正常运转。企业要想走向全球化经营道路，需要消除许多障碍，例如贸易摩擦、贸易保护主义和地区性经济联合的贸易障碍，面对这些困难，企业可以采取防御性对外投资措施。四是提高生产效率，首先，通过与各国企业公平竞争，让企业资源能够在全球范围内得到优化配置；另外电子商务网上服务的运用，既大大减少了贸易摩擦和贸易障碍，也有效减少了流通环节，使得交易成本和交易费用大大降低，由此来提高生产效率，促进经济全球化发展。

2.计算机技术的广泛使用

近些年来，随着计算机技术的广泛运用和计算水平的提高，计算机运行速度越来越快，处理能力也越来越强，价格也不再是人们使用计算机的障碍，所以计算机的运用越来越广泛。电子产品开发和创新速度加快，普及率越来越高，无论是城市还是农村地区，都能够接触到计算机等电子产品，通过互联网，商业和企业用户能够在短时间内接收到来自世界各地的信息，老百姓能够利用电子产品查资料、听音乐、看电影、进行娱乐活动。除此之外，还可以利用计算机储存数据，监视监控，开发软件，创新实验室等。计算机的使用与推广使人们的生活逐渐向数字化和信息化方向发展，让人们的生活更加方便与快捷。由此可见，计算机技术的运用正将人们带向一个更加自动化的时代。

3.逐渐完善的网络服务体系

互联网和物联网在21世纪的出现和迅速发展，使网上发布、网上购物、网上开店、网上学习、网上办公等网络服务以让人意想不到的速度蔓延到人们生活的各个方面，给人们的生活带去方便与快捷。在一次互联网用户调查中可以看到，查看电子邮件、阅读新闻、信息检索、下载文件和网上聊天在网络服务中占比较大。

为中国网民提供网络服务的主体有三类：

第一类是综合性网站，如新浪、搜狐和网易就属于这一类，使用这一类网站的网民大多以查看短信资讯为主，尽管如此，这些综合性网站也积极开发各类娱乐游戏产品，目的是获得更多用户资源，争取市场份额。

第二类是以短信娱乐为主要产品的企业，例如美通、掌中万维等，这些企业将开发重点放在各种类型的娱乐产品方面，相应地，其用户主要以短信娱乐导向型为主。

第三类是以开拓聊天功能为主的企业，如腾讯开发的QQ将无限沟通在聊天上的运用发展到极致，QQ更像一个聊天工具，而不是一个系统性的娱乐产品。腾讯的网民资源十分庞大，网民使用网站时，既可以获得娱乐资讯，也可以获得信息资源。

这些网络服务主体的发展为电子商务的产生和兴起奠定了良好的社会基础。

4.网上支付技术的变革影响

近年来，电子商务的兴起，推动了全球经济一体化和金融一体化的发展进程，使世界传统金融业进入有史以来最深刻、最广泛的变革年代。其原因有二：

第一，当今社会，熟悉互联网的年轻一代已逐渐成为社会主流，网络用户群庞大。根据《中国互联网络发展状况统计第44次报告》显示，截至2019年6月，我国网络支付用户规模达到6.33亿，较2018年增长了3265万，网络购物与互联网支付已成为网民使用比例较高的应用。一方面，电子商务、社交应用、数字内容相互融合，社交电商模式拓展了电子商务业务，电商企业推出具有数字内容的多元化购物场景。在此基础上，电子商务总体保持稳定发展，在协调供给侧结构性改革、拉动就业、助力乡村振兴等方面发挥重要作用。另一方面，绝大多数支付机构接入网联，提高了资金透明度和网络支付的安全性，手机网民中使用移动支付的比例达71.9%。

第二，在线电子支付是电子商务的关键环节，也是电子商务得以顺利发展的基础条件。2009年，淘宝开始引入和推动“双十一”网上营销活动，历经多年的发展，已成为每年电子商务领域的一个重要活动。2018年，天猫“双十一”购物狂欢节用时21秒，成交额突破10亿元；用时2分05秒，成交额突破100亿元；用时26分03秒，成交额突破500亿元；用时1小时47分，成交额突破1000亿元；用时12

小时08分，成交额突破1500亿元；全天成交额突破2135亿元。这是阿里巴巴在美上市后交出的又一份答卷，再次刷新了单一电商平台单天交易的世界纪录。数据显示，开售12小时，唯品会移动端销售额占比超97%，PC端占比不到3%。这直接刺激着电子商务的持续发展，也直接刺激着传统金融机构的业务调整和变革。

（二）电商扶贫的特点

电商扶贫的特点，就是利用电子商务对接广域大市场，来突破贫困地区市场局限，为其经济发展和贫困人口创业就业、增收脱贫提供强大的市场动力。

第一，能够提升贫困地区落后的经济环境和基础设施。贫困地区一般地处比较偏远的山区，农业人口多，农业经济占主导地位。同时，交通和通信基础设施落后，信息闭塞，与外界联系困难。而一旦在贫困地区进行电商扶贫，就可以在网上销售产品、寻求商机，可以带动农业信息硬件、软件建设，还可以拉动农业信息服务，农业信息的收集、加工、处理、分析以及农业信息中介、网上农科教育、网上结算、订单农业、物流配送等一系列农业生产活动，既可以创造一大批就业机会，又可以真正通过信息化建设和电子商务活动提高贫困地区的现代化水平，提高贫困地区的整体效益。①

第二，能够将贫困地区生态优势转化为经济优势。我国贫困地区大都地处偏远，因此生态系统保护较好，与发达地区相比，空气质量和生态环境优势明显。这些地区开发条件较差，好的资源也难以转换成经济优势，但是借助电商平台，完全可以实现这一转变。推进我国农村扶贫工作与电子商务等现代信息载体相结合，通过电商扶贫，既可以解决贫困地区交通薄弱的缺点，还可以扩大市场。贫困地区有现在人们需要的绿水青山，而电子商务恰恰可以将这些生态优势转化为经济效益。

第三，能够解决贫困地区农业信息不对称问题。自农村改革实行包产到户以来，小型分散生产如何对接大型市场，一直是一个问题，且存在结构性缺陷。普通生产农户只有两种选择：一是直接对接市场；二是在“公司+农户”的结构下，通过中介公司与市场对接。这两种方式都存在明显的信息不对称缺陷，信息获取上的劣势导致交易中处于弱势。在现实中，“公司+农户”结构仍然无法

① 郭志清．乡村振兴战略下农村电商物流服务质量提升的路径选择[J]．商业经济，2019（0）：54–55.

让农户和市场完美衔接，还出现了公司滥用自身职权，骗取农户利益的行为。而电子商务的出现，使信息衔接更加准确，让农户能够随时随地了解市场动向和变化，避免在与大公司合作时丧失主动权。电商的推广让农户在家就可以直接和市场对接。农户将产品在电商平台上售卖，与卖方直接沟通，避免第三方介入，从根本上解决了信息不对称的问题。中间环节简化之后，可以直接降低中间成本，从而影响定价，使双方受益。打破了信息不对称的局面，建立了良好的经销渠道，提高了产品流通效率，从根本上打破了时空界限，打破了贫困地区地域市场的限制，对接了线上的广域市场。电商扶贫借助互联网无界限的核心优势，促使农民脱贫致富。

第四，很大程度上解决了贫困人口无法就业的问题。近些年来，电子商务的发展创造出了许多新的就业岗位。这些岗位成本低、门槛低、风险低，是非常好的创业就业渠道，而这些岗位也在一定程度上促进了网络运营和物流仓储等衍生服务业的产生和发展。中国就业促进会研究项目组联合阿里巴巴研究中心发布的《网络创业就业统计和社保研究项目报告》指出，40%的失业人员和刚毕业的大学生，大都选择网络创业或就业。越来越多的大学生、失业人员、农民，甚至残疾人等弱势群体，都能够在电商平台找到属于自己的工作。《残疾人网络创业就业现状、问题及建议》分析报告指出，网络创业和就业，给了残疾人等弱势群体公平公正的创业就业环境，让他们能够实现自身发展和价值。很多难以就业的残疾人都通过网络实现了就业梦。

2014年年底，在电商扶贫领域积累了丰富经验的阿里巴巴集团推出以“千县万村”计划为主体的农村战略，宣布将在随后的3—5年，投资100亿元，建立一个覆盖1000个县、10万个行政村的农村电子商务服务体系。实践证明，该计划不仅可以帮助贫困地区农民节约生活支出、降低农资成本，还能为创业者提供较低的门槛，发挥普惠效应。

第五，能够加快农村供给侧结构性改革。构建起以市场为导向的电商大数据中心，农户可以根据市场供求信息，自发地调整农业生产结构，制订科学合理的生产计划，对农产品类型、产量、面积等进行调整，倒逼农产品品牌化以对接市场需求，优化农业供给结构。

（三）电商扶贫的价值意义体现

我国农村人口众多，发展不平衡。经过多年的信息化建设，目前，我国电商扶贫的基本条件已经具备。在四川雅安、甘肃陇南，电商扶贫都已成功实践，为当地的村民带来了良好的经济收益，减贫效果显著，具有鲜明的时代特征和划时代意义。总体来看，电商扶贫的价值意义体现在以下几个方面：

1.解决我国“三农”问题

“三农”问题的关键是农业，农业的核心则是农产品。这些年来，由于产品流通环节过多、损耗过大等，农村存在着越来越多的农产品“买难卖难”的情况。所以“三农”工作急需解决的问题是减少流通环节，加快速度促进农村经济发展，促进农民增收。电子商务各类平台在发展过程中越来越重视农产品，阿里巴巴B2B、淘宝网、天猫、京东、当当等网站平台，纷纷将发展重点逐渐转向农产品。从江苏睢宁沙集模式、福建南安“世纪之村”兰田模式、浙江义乌青岩刘村模式、浙江丽水遂昌模式等典型案例就可以看出，涉农电子商务发展前景一片光明。运用互联网打破时空界限、减少流通环节带来的损耗、为供需双方提供沟通平台是发展涉农电子商务的根本目的。涉农电子商务的发展，能够有效解决“农民小生产对接大市场”的问题。

以陇南市成县模式为例，地处秦巴山区的甘肃省陇南市，农业特色产业发展优势明显。2013年年底，全市农业特色产业面积已达1015万亩，产量达到332万吨，其中，油橄榄、花椒产量位列全国地级市首位，核桃产量位列全国第二，有15个产品通过地理标志产品认证。但由于山大沟深、交通不便、信息闭塞，陇南农产品“藏在深山人未识”。为此，陇南市独辟蹊径，在发展电子商务上做文章、找出路，出台了《关于推进电子商务实现集中突破的意见》。2014年开始，陇南市财政每年筹集300万—500万元作为电子商务专项资金，各县区也每年安排50万—100万元专项资金扶持电子商务发展。电商扶贫的条件得到优化，通过电商培训、资源投入、市场对接、政策支持、提供服务等形式，帮助贫困户直接以电子商务交易实现增收，达到了减贫扶贫的效果。由此可见，发展涉农电子商务为信息网络时代有效解决“三农”问题提供了一个新途径。

2.促进农村经济发展

改革开放以来，扶贫工作已经使7亿农村贫困人口解决了温饱问题。现如今，我国扶贫开发已经进入攻坚克难的瓶颈期。中西部部分地区的贫困人口规模依然较为庞大，且贫困程度较深，是急迫且棘手、需要更大心力的问题。

为了打赢这场扶贫攻坚战，中共中央、国务院以及相关部委相继通过了《关于打赢脱贫攻坚战的决定》《关于促进农村电子商务发展指导意见》《关于促进电商精准扶贫的指导意见》等有关政策，文件中明确提出：完善电信服务补偿制度，加速宽带网络进入贫困村；实施电商扶贫工程；在贫困地区完善物流配送体系，邮政系统、供销合作系统在贫困乡村建立服务网点；支持电商企业拓展农村业务，完善贫困地区农产品网上销售平台建设；加强与电子商务相关技术人才的培训；在经费上给予补助，如贫困家庭开设网店；使互联网服务于农民，提升贫困地区农村互联网金融服务水平，扩大信息进村入户覆盖面。“互联网+”时代，部分贫困地区的交通仍然不是很便利，但是可以先行“信息高速公路”，将当地的特产农产品推向外部市场，从而实现脱贫致富。这一系列政策正有力地倒逼我国广大农村的物流、网络、道路等配套基础设施建设，使得农村发展内生动力进一步增强，城乡差距逐步缩小。

3.转变从业人员的社会身份

电子商务拓展农产品流通渠道的同时，还转变了农民在传统认知中的身份和角色。以前的农民都是“面朝黄土背朝天”或者“日出而作，日落而息”，现在可以利用电子商务平台获得生活收入来源，生活方式更多地根据买家的购物习惯来安排。经营电子平台的农民转换成各种不同角色，比如工人、客服、网商、经纪人等。鼠标和键盘代替了原始农具，生活方式也根据买家的购物时间、购物方式来安排，足不出户就能够经营一家农产品商店。

4.提升农民的幸福指数

“不离土、不离网”成了农民新生活的日常。不用到外地打工或者背井离乡工作就可以拥有安稳的生活，同时，互联网的发展，让人们足不出户就能够购买到真正需要的高质量产品，为农民的生活提供了极大的便利，幸福感大大增强。就拿江苏沙集镇来说，那儿的农村地区，年轻人大多背井离乡外出打工，与中国其他农村地区无异，出现了大量的“空巢家庭”和“空巢村”，治安问题也进一步严重。但自从电子商务在农村逐渐推广，外出打工的年轻人大多返乡，从事电子商务工作，治安问题也逐渐好转，乡邻关系更加和睦，生活水平不断提高。

三、农村电商精准扶贫的现状与问题分析

在政府和社会各界的全力支持下，农村精准扶贫取得了很大的进展，其规

模也在不断扩大。为了进一步探索精准扶贫进程，各种扶贫方式以及渠道多管齐下，其中，农村电商精准扶贫慢慢展示出了它的优势。农村电商精准扶贫结合了五大发展理念，确保了扶贫机制的创新发展，采用绿色、开放的发展理念，及时发现扶贫过程中出现的问题并进行完善，为扶贫行动的可持续性发展起到推动作用。①

（一）农村电商精准扶贫的现状

1.紧跟电商发展大趋势，推动电商精准扶贫

最近几年时间里，电子商务发展迅速，每个省市都牢牢紧跟“互联网+”的发展机遇，大力建设电子商务走进农村示范县，将电子商务和农村精准扶贫大力结合，不断完善电商所带来的推动作用，针对电商开展了一系列的研究和探索，帮助贫困农户提高经济收入。个别地区已经在电子商务的带领下取得了不错的成果，这也为其他贫困地区带来了新的希望。

2.在电商产业的引领下，促进产业带动效应

随着电子商务的发展，有很多传统行业都慢慢开始了转型。农村市场对电商发展也更加重视，怎样利用电商渠道使农产品销量提升、农村发展落后的问题如何解决等都是电商精准扶贫所需要研究的课题。在政府、企业以及贫困农户之间的不断合作交流下，农村电商产业模式一直都在优化完善，也形成了具有地方特色的电商产业群。例如信阳光山县在电商的带领下创办了“光山十宝”“四方植物油”等品牌，借助电子商务的优势，大力促进互联网和实体经济之间的融合，完善农村电商服务体系，不断升级服务措施，重点推出农产品，使贫困农民实现再就业，提升收入。

（二）农村电商精准扶贫存在的问题

国家、政府以及社会各界都在积极帮助农村电商精准扶贫计划的顺利开展并取得了很好的成效，但该计划依然存在着人才稀缺、扶贫意识弱、基础薄弱、创新机制不完善等问题。②

其一，精准度不够。扶贫措施没有针对性，扶贫对象没有足够的识别能力。

---

① 曾宪凤.乡村振兴战略下农村电子商务精准扶贫路径[J].广东蚕业，2019，53(04)：57，59.

② 王文会，陈显中.精准扶贫下农村电商发展研究[J].合作经济与科技，2019(20)：109-111.

在农村电商扶贫中，没有能力筛选出重点扶贫对象或者选择不全面，导致大部分贫困户没有被重点管理等问题的产生，这是识别能力不足的体现。筛选、确认和建立贫困户档案时，没有依据当地的发展情况和特色给出可以实施的帮扶方案，导致农户依然无法解决农产品销售量过低、生产困难等问题，并且存在针对大量贫困户都选择相同的扶贫模式和方法的现象，没有实现精准扶贫目标，这是扶贫措施没有针对性的体现。

其二，扶贫对象参与意识弱。因为农村的经济、教育环境以及地理位置等因素的影响，很多贫困人群都不了解精准扶贫，也无法理解扶贫要义，想要树立起主体意识很难，更不了解电子商务，电子商务主体意识和能力普遍较低。农村电商精准扶贫是集手段、策略、目的为一体的行动，要充分发挥三者的优势才能有效推进农村电商发展。但是由于扶贫对象主观意识不强，往往处于被动扶贫状态，这就导致大部分地区尽管扶贫表面繁荣，但是内部却非常空虚。

其三，扶贫基础薄弱。电商扶贫是精准扶贫最常用、最有效的手段之一，同时也是通过新技术、新模式帮助贫困人群脱贫攻坚的一项重要举措。在电商扶贫过程中体现出的扶贫基础薄弱问题，一般是网络基础设施、物流基础不完善等。贫困地区交通不便利、地广人稀，通信网络铺设也很困难，电商没有网络的支持就无法开展，因此网络基础设施也是阻碍农村精准扶贫开展的一大因素。电商的开展不能缺少物流，即使如今农村电商发展良好，但物流还是受到了道路设施不足的限制，因为农村电商经营不集中，没有良好的物流道路设施，就会导致物流配送空载率非常高，且还会受到季节性影响，导致物流成本不稳定。可以说，农村精准扶贫计划中的短板就是网络和物流基础薄弱。

其四，扶贫人才短缺。农村电商精准扶贫对人才培养和发展需求要格外注意。其中人才一般有两类，一类是外来人才，另一类是本土人才，对他们的要求是可以处理农村电商事项。因为技术水平和发展能力不足，本土人才一般较少，所以才要引入高端人才，通过他们将先进电商技术和理念传递给贫困农户，促进其学习，提高农村电商发展学习氛围，有效改善农村电商技术环境。但是农村电商具有极强的地域特色，只有本土人才才比较了解，而人才能否实现电商本土化，让农村电商在创新的路上越走越远，并不断完善本土化发展途径，也决定了农村电商发展成功与否。

其五，农产品标准化程度低。通常情况下，要以技术为基础，质量为标准，管理为手段实现农产品标准化，同时引入国外先进标准，并在此基础上制定出农产品质量标准，创建标准体系，使每一个步骤都遵循标准实施，使消费者的需求得到满足。但是在开展精准扶贫过程中，比如信阳毛尖一般生产商都以中小农户为主，没有足够完善的质量管理和监督体系，因此无法保证信阳毛尖的品质、数量，而农产品消费者也无法根据农产品来进行合理评价，导致信阳毛尖等很多农产品购买率无法提升，这对农产品的知名度以及形象都是不利的，更影响了农村电商发展和精准扶贫。

四、农村电商精准扶贫的常见模式

（一）农村淘宝模式解读

1.农村淘宝模式认知

阿里巴巴于2014年上市后推出了一项“千县万村”的项目——农村淘宝。其主要方式是，在县级区域设立公共服务中心，然后依靠政府部门提供宣传、经济、场地以及培训等资源的支持，为公共服务网点提供县级“小二”，管理、拓展相应的农村淘宝区域并考核农村的淘宝合伙人；建立村级的农村淘宝服务站，负责网上代购代卖服务以及代收代发快递业务，他们主要依靠成交订单的佣金提成盈利，不仅如此，农村淘宝合伙人还在网上销售当地的特色农副产品。

将淘宝平台模式快速推广到农村市场是阿里巴巴农村电商的主要任务和目标。阿里巴巴还通过和地方政府有效合作，在全国范围内吸引农村淘宝合伙人加盟，提供给他们相应的培训，成立专业的农村淘宝事业部门。农村淘宝想利用阿里巴巴完善的产业链优势，通过天猫和淘宝的电商平台，完成工业品下行和农产品上行的对流目标。

2.农村淘宝模式问题分析

通过在城市多年的运作，阿里巴巴电商第三方平台已经形成了完整的生态链，利用替代和挤压的形式实现外部输入的销售平台体系，打入农村内部。

首先，一定会在很大限度上影响农村原有市场，使这些当地实力薄弱的商家面临巨大的生存挑战，因为他们的实力往往无法抗衡阿里巴巴这样的平台。

其次，外来平台的进驻会导致当地原有的实体商贸流通体系经受巨大考验，外来平台电子商务模式会将当地的GDP和税收都通过网络传递给更成熟的地区，使地区间的差距进一步增大。

最后，在短时间要想完成农产品的上行，仅仅依靠农村淘宝县域“小二”以及农村淘宝合伙人的模式是很难实现的。由于农村很多的小村和穷村对于网购的需求并没有那么明显，导致主要依靠代购佣金获取收入的淘宝专职合伙人生存更加举步维艰。而且农村淘宝点对于叠加业务方面的服务刚刚开展，实施效果和发展前景尚不可知。

探索农村淘宝掀起了中国农村电商发展的热潮，尽管有很多地方目前尚不成熟，但是这对我国农村电商日后的发展来说，都奠定了非常重要的物质、经验、理论和人才基础。

（二）京东农村电子商务模式解读

1.京东农村电子商务模式认知

“双线发展、渠道下沉”是京东电商在农村的主要商务模式。“双线发展”意味着同时推进京东县级服务中心以及京东帮业务；将原来的京东配送网点进一步升级改造形成县级服务中心，通过自营的模式，广泛吸收和招聘乡村推广人员，完成农村群众在京东平台上不包括大家电在内的所有产品的销售和运送等服务，快速开展农村市场；京东帮服务站则是作为补充，利用加盟进来的合作伙伴完成对大家电的运输和安装以及售后维修等业务。“渠道下沉”业务主要面对的是京东家电的下乡服务，其目标是通过建造县级服务中心和京东帮的方式打开农村4—6级的县级市场，然后利用京东传统的正品保证行货形象，彻底在农村市场形成一种“农村人和城里人可以同等享受京东服务”的局面。

京东在农村市场的开拓主要是以原有业务为基础，合理利用和发挥自营以及自建物流的优势特色，开展区域性农特产品购物节、众筹等活动帮助主要农副产品有效上行。

2.京东农村电子商务模式问题分析

京东采取的农村电商模式和淘宝相比，不仅充分利用了自身平台以及物流系统的优势，还将原来的销售网络扩展到农村基层，使品牌质量优势充分在农村电商市场发挥作用，快速打开农村消费市场；建造京东帮服务站，引入更多的当地服务商入驻，并迅速完善村级市场的销售覆盖，及时解决和处理商品的售后服务。

（三）乐村淘模式解读

1.乐村淘模式认知

乐村淘采用了“双向O2O”的模式。它实现了商品的双向运输，一方面将商品信息传递到农村，另一方面将城市所需的农业产品或信息传递出来，充分实现农村和城市的需求双向匹配功能，对于农村来说，乐村淘在带给他们所需的物质资料的同时，自己的生产资料也得到了很好的输出，使得其产业结构得到了优化升级，通过信息流、物流、资金流的良性循环，很好地促进了农村经济水平的发展。乐淘村以省为单位招募代理商，每个代理商负责覆盖该省内所有村镇的零售网点，以点覆面，以电商平台和实体加盟零售店为媒介，将城市和农村的商品进行双向输送。另外平台上的大数据汇总还能很好地起到对农产品种植方向的指导作用。

乐村淘直接面向消费者和供应商，进行商品批发和销售，减少中间商品流通环节，使得商品成本大大降低，且实现了城乡之间商品的双向流通。

为达到快速推广的目的，乐村淘推出了一系列特色的销售模式。如乐6集、乐淘特色馆等。乐6集很好地采用了乡村赶集式的销售文化，同时降低了物流和采购成本。乐淘特色馆融合了不同乡镇的地域特色，宣传了各地独特的文化，加强了产品推广。

2.乐村淘模式问题分析

与其他乡村电商平台如农村淘宝相比，乐村淘运营模式更加适合乡村推广。它通过直接控制省级加盟商，再由加盟商自行管理当地分销网络，建立三级服务体系，可以根据各地实际情况实现灵活化管理。但这种模式也存在一定的弊端，就是各地经济、环境、政策情况的不同会导致加盟商运营情况出现很大的差异，极大地考验了平台的统一管理能力。

（四）淘实惠模式解读

1.淘实惠模式认知

淘实惠是一家专业的服务于农村的电商平台。它在每个县招募代理，将线上电商与线下农村实体店相结合，形成县与县之间的小循环，再通过将外部需求进行整合，对农村资源进行统一调配管理，建立全国的良性生态系统，通过数据共享和人才培育，大大提升了县域经济发展。

在分销模式上，淘实惠总部与县级分公司共同合作，各司其职。总部主要负责统筹规划类工作，包括县级代理的布局和人员指导、系统的开发构建、数据信息的统计分析、物资的匹配规划等。基于总部的资源信息、业务指导和发展规划，淘实惠县街分公司可以更加有目的性和条理性地开展自己的业务。在这种模式下，每个分公司都自负盈亏，需要自己进行人员招募、平台维护、网点沟通等工作。

淘实惠通过布局县级代理商来形成全国网络。对于淘实惠系统而言，每个县域都享有区域内所有工作的决策权，以互联网为媒介，将当地的资源、信息、人才等进行整合匹配，形成一个个小的独立生态系统。代理商在本区域内深耕多年，作为本土企业，并不依赖于淘实惠的全程培养和扶持，而是本身已经有着丰富的行业经验和人脉关系，且具备本土化的特色更容易被当地人们所接受和认可。各区域的合伙人在共享淘实惠总部的数据源和系统便利的基础上，对区域内的网络搭建、资源调配、人员组织培训、整体发展方向等进行自行决策和执行，同时将本区域的信息数据等反馈至淘实惠平台，共同形成全国数据网。在这种去中心化运营模式下，淘实惠电商平台得到了快速推广。

淘实惠电商平台的出现改变了原本县城之间几乎封闭的状态，使得县级之间的物流、信息流和资金流形成了良性循环。其推出的地方馆功能，让各地区有特色的商品面向全国各地实现了流通，在这个过程中，同样也带动了各地经济的快速发展。

2.淘实惠模式问题分析

淘实惠是基于电商发展而诞生的农村服务平台，其在业务结构、运营模式等方面都处于发展阶段。在其整体销售结构中，县域内部之间、县域与县域之间以及县域与全国之间的占比大概为6:3:1，相对来说还是一个比较本土化和区域化交易的状态，并未完全向外界打开，形成全国性的生态系统。和乐村淘招募省级代理、全国平台直管的模式不同，淘实惠除了在县域层面整合资源之外，还将平台划分为各个小平台，由县域自行维护和管理，以便提高当地的决策和流通效率，坚持其将“数据、人才和GDP留在本地”的经营理念。但这种模式下，各县域之间，以及县域与总部之间的利益分配如何处理，将是其需要重点思考的问题。

五、乡村振兴战略下农村电商精准扶贫模式的构建路径

（一）强化政府等相关部门的领导和指挥工作

作为政府部门，应该意识到电商平台对于带动农村经济发展、实现精准扶贫

的重要性，应大力引导和宣传，促进农村电商平台的推广。为达到推广目的，政府可以选取个别通过电商平台成功脱贫的案例，增强人们使用电商平台的信心。在电商平台快速推广的环境下，政府部门还可借此实现各产业融合，使农业向现代化、信息化的方向发展，达到扶贫的根本目的。

另外，政府应探索各扶贫计划之间的关系和差异，发挥政府统筹规划的作用，根据各地特点设计整体扶贫方案，并通过地方性的法律法规，来加强各地对扶贫政策的执行。在政策方面，可通过税收减免、政府补助等方式对相关企业和科研项目大力支持，鼓励精准扶贫机制的建立。

最后，基于上层设计，为使得农村电商得到快速推广和落地，早日实现精准扶贫工作，政府应做好对相关群体的培训教育工作，引导人们将农业知识与电商知识进行良好的融合，包括对互联网、计算机的基本使用能力和商品推广能力，培养农民的网络意识和相关知识。同时还要提高对商务主体网络商业模式的重视程度，通过案例、管理培训等方式引导其主动了解相关信息。通过这些手段来实现农村电商的基本推广要求，使得精准扶贫能早日实现。

（二）加强各项基础设施的建设

除了人的宣传和培育，作为电商模式的核心媒介，基础的网络设施、电子技术等电商平台的基础设施搭建也应受到重视。目前各地经济水平参差不齐，有些落后地区甚至没有被网络覆盖，对电商平台的全面推广以及扶贫工作的开展产生了很大的制约。因此，想要实现农村电商模式的推广，基础设施的构建是重中之重，政府及相关部门应加强对这方面的重视，快速实现农村居民的轻松上网。

（三）积极推动移动电子商务的发展

基于农村群体的特殊性，传统需要电脑端进行购物的电商模式对其并不适用，随着移动电子设备在农村的普及，相比之下，通过智能手机在电商平台上操作更易被接受。鉴于农民对电商平台的需求，电商平台应具备查询商品基本信息、物流相关信息、交易双方直接沟通等基本功能，方便农村群体对产品和物流的了解和判断。良好的交易体验感也会促进其他平台的推广，快速实现电商模式在农村的发展。

（四）因地制宜地发展特色农村电商产品

在农业的发展过程中，一定要做到因地制宜。受各地地形、温度、土壤环境、水分、民俗等因素制约，各地特色的农产品也会有很大差别，各地区也会逐渐发展出当地的自有品牌。因此，在推广电商模式实现精准扶贫的过程中，应大力发展宣传当地自有品牌和特色农产品，形成鲜明的地域标识，促进品牌知名度的提升。

农村电商模式的推广对于实现乡村振兴战略是一个很好的途径，通过电商平台，加强各地农产品的推广，可以使农产品由区域内的流通变成全国流通，同时对农村产业结构的改变起到很好的指引作用，信息流、物流、商品流的良性循环对农村当地经济改善也会起到很强的促进作用。在这个过程中，政府应积极发挥自身的引导和宣传作用，加强对电商适用群体的知识技能培训，保证基础设施到位，因地制宜推广宣传农产品，扶持当地品牌，有效地带动农村经济的整体发展。

六、协同理论视角下农村电子商务精准扶贫路径重构

农村电子商务不仅在精准扶贫的探索中成为我国精准扶贫、脱贫的重要手段，推动了贫困地区农产品销量的提升，而且还在乡村旅游发展上取得了一定的成就。

在农村精准扶贫工作中，不仅要对农民的电商知识及技能进行培训，同时也要注重培养干部和农民的政治意识；不仅要发展旅游业和农产品生产，还要大力推广文化产业，使农村优秀传统文化得以传扬。脱贫目标的完成需要在原有基础上增加主体来共同推进，这代表着要重新构建农村电子商务精准扶贫路径，这一点正是本节所要研究的起点和创新点。

（一）协同理论的契合性分析

协同学概念在1969年被一名叫哈肯（Hermann Haken）的物理学家提出，协同指的是外界和系统相互作用时，系统内部的子系统也会和外界产生联系和影响，从而形成一个全新的结构。协同学有关理论也叫作协同理论、协同效应、自组织原理以及伺服原理。协同理论的主要研究对象需要满足复杂、开放、多个子系统构成、自组织性以及子系统之间相互作用等条件。

而农村电子商务精准扶贫恰好是能够达到这些条件。首先，农村电子商务精准扶贫工作属于复杂系统。它的子系统分别是政府、行业、企业以及农民等；如果按照组成元素来看，它的子系统则是自然环境、乡村产业以及文化传承等。

子系统的转化从无序到有序，在转化过程中肯定会相互影响，进而使系统也更加复杂化。其次，农村电子商务精准扶贫工作的每一个子系统都相互作用形成协同效应。而乡村振兴战略所提出的新要求也让政府、行业、企业以及农民的观念发生了转变，就这要求每个子系统之间都要相互协同工作。以农民培训来举例说明，政府、行业以及企业之间要协同开展，在培养农民电商技能的同时，也要着重培养其政治意识、提升农民文化知识等。最后，农村电子商务精准扶贫工作也可以认为是个自组织系统。以下两方面能够重点体现出来：一方面，国家和地方政府会针对农村电子商务精准扶贫工作制定相应政策，对扶贫工作给予支持、保障和监督；另一方面，政府、行业和企业会自行组织论坛，共同讨论农村电子商务精准扶贫模式、平台等方面所出现的不足，方便资源整合，加大力度促进扶贫工作。

综上所述，协同理论完美地契合了我国农村电子商务精准扶贫。所以，协同理论可以在农村电子商务精准扶贫研究中使用。

（二）基于协同理论的框架构建与分析

本节结合先前学者的研究理论、乡村振兴战略以及协同理论，以参与主体、扶贫新模块以及自组织系统这三点为基础，提出农村电子商务精准扶贫新路径，如图6-1所示[①]。

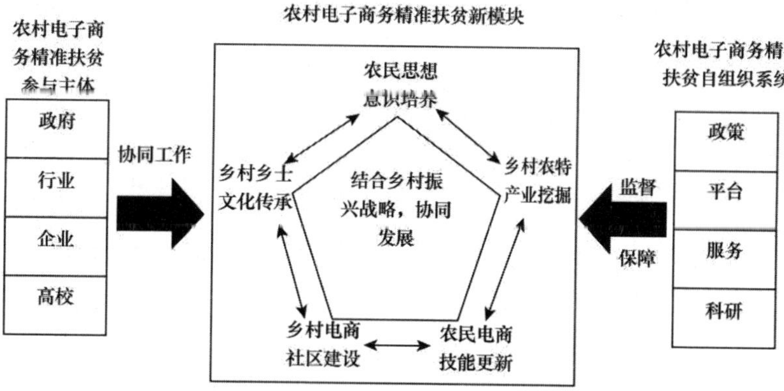

图6-1 基于协同理论的农村电子商务精准扶贫新路径

① 许应楠．乡村振兴战略下农村电子商务精准扶贫路径重构——基于协同理论视角[J]．商业经济研究，2019（08）：80-83.

1.农村电子商务精准扶贫参与主体

乡村振兴战略改变了农村电子商务所承载的功能，使其功能并不仅限于“消费品下乡、农产品进城”的销售手段，同时还要保护生态环境、发展农村产业、传承乡土文化以及加强思想意识等。面对这样的情况，农村电子商务精准扶贫工作除了负责农村电子商务发展主体，还需要负责提升农民思想意识以及产业规划等主体的参与度；此外，各个主体之间要多交流合作，例如职业院校主要培养农民的技能，在面对新要求的情况下，将联合其他主体进行农民技能和思想的培训工作，这样就可以更加团结、合作，共同促进农村产业发展。

2.农村电子商务精准扶贫新模块

（1）提升农民思想意识。主要从三个方面进行提升：第一，“政治意识”的培养。为了确保农村电子商务精准扶贫工作的顺利开展和推进，一定要保证农民所处的政治生态环境是良好的，若是存在基层党组织不团结，干部不承担责任、不作为，农民没有上进心等问题，人才就不会留在乡村，农村电商精准扶贫工作就开展不了。第二，“收入意识”的培养。开展农村电子商务精准扶贫工作需要漫长的时间，这就要求农民具备长期稳定的从业意愿，同时还要全面了解收入结构、文化振兴、产业模式以及精准扶贫等知识，不断更新收入意识，针对行为危害、可持续发展理念进行学习。第三，“发展意识”的培养。农民的职业需要更加体面化，使其变成专业人才，这也就需要各个主体共同创造出适合农民生存和发展的大环境。

（2）深入挖掘乡村农特产业。根据调查结果显示，大多数乡村地区都是以生产和销售农产品为主，很多村民认为电子商务就是帮助他们更好地售卖当地农产品。在乡村振兴战略实施下，不仅要提高农产品销售量，还要大力发展乡村旅游、农村文化产品等，这也是在为农村转型、发展以及农民致富提供新的路径和方法。政府要对当地农特产品深入挖掘，不能只停留在农产品表面，还要根据乡村的实际情况，因地制宜开发各种养殖、种植、乡村旅游以及手工艺加工等产业，全面地将当地农特产资源深挖出来。

（3）不断更新农民的电商技能。电子商务在不断的发展更新，网店成本也不断增加，竞争日渐激烈，农村电子商务精准扶贫工作的开展也因此受到了制约。面对如今的实际情况，在给农民培训电商技能的时候，不能仅培训淘宝开店这一方面的内容，还要依据具体情况，拓展合适的方法和平台，例如微商、直播等。

（4）建设乡村电商社区。淘宝村消失的原因主要是电商发展过快，区域规划跟不上发展的脚步，公共服务质量低，竞争激烈等，本节将上述问题总结为乡村电商社区建设因素。在这样的背景下，就要求政府在开展农村电子商务精准扶贫工作时，不仅要大力发展电商产业，还要建设乡村电商社区，使空间区位联合产业特色共同发展，增强农民的幸福感。

（5）传承乡土文化。在乡村振兴战略的新要求中有提到对乡土文化的重视。促进乡土文化不断发展，这对于乡村振兴来说，是一股源源不断的精神动力。中国历史文化悠久，有非常多的、优秀的乡土文化，它们的呈现方式往往是历史建筑以及手工艺制品，但是大部分的乡土文化无法让当地农民获得经济效益，这也就导致大多数的乡土文化没有传承下去。根据相关调研，有很多爱好乡土文化的人群，因为信息不对称的问题，对乡土文化背后的历史意义并不了解和知晓，也不知道怎样体验和购买乡土文化载体，而电子商务就能很好地将这种信息不对称问题消除掉。所以，当地政府在开展后续的扶贫工作时，除了要注重农产品上行问题，还要最大限度地挖掘乡土文化，传承乡土文化和开发乡土文化产业，使其能够提升农民收入。农村电子商务结合乡土文化传承的着手点可以是手工艺制品、乡村旅游以及景观建设等方面。

3.农村电子商务精准扶贫自组织系统

各个主体要共同推进农村电子商务精准扶贫工作的开展，同时也需要做好自身定位工作，在相互合作的同时也要确保各自内部功能的正常发挥，这就是自组织原理。自组织是建立在他组织的基础上的，它的原理是在一定的信息流、能量流以及物质流的共同作用下，系统在子系统的相互作用下，产生新的空间、时间或者是功能的结构。

农村电子商务精准扶贫自组织系统主要监督和保障各个主体之间的相互合作、各种扶贫模块的推进等内容。其主要涉及以下四个方面：第一，政府要重点建设乡村区域基础设施，保证资金充足，并以扶持政策等方式来鼓励和监督农民创业情况和电子商务开展情况；第二，采取制定政策、搭建平台、宣传、提供咨询服务等方式来提升农村电子商务行业的不断发展和自律性；第三，在企业的帮助下，充分挖掘乡村农特产，保证生产、营销、包装以及物流等环节的顺利开展；第四，增强高校和政府、企业以及农民的协作关系，积极开展针对扶贫模式、农产品上行等方面的调研，同时培养更多的电子商务人才。

七、农村电子商务精准扶贫对策与建议

第一，提升农民电子商务技能，培养农民思想政治意识。无论是开展电子商务精准扶贫工作，还是实施乡村振兴战略，都离不开良好的政治生态，只有这样，才可以留住农民，使他们心甘情愿地留在乡村发展，只有这样，乡村才可以更好地发展下去。所以，当地政府在鼓励农民开网店、提升新媒体运营技能的同时，要吸引更多的主体参与进来，联合党校、高校等必不可少的参与主体共同针对村干部、农民的思想意识进行组织培训，使其政治意识得到有效提升，树立正确的人生观、发展观以及价值观，禁止一切贪污腐败、村霸横行等现象的出现，要让农民都积极主动地配合扶贫工作。

第二，充分利用农村传统文化，进一步建立文旅产业。农村电子商务精准扶贫在乡村振兴战略的基础下，要实现产业繁荣、生态宜居、乡风文明等目标，那么根据当地的传统文化建立文旅产业则能很好地满足上述要求。但目前很大一部分农村在开展电子商务工作过程中都会将重点放在农产品上行上，并没有重视对当地文化的挖掘。这就需要当地政府针对当地传统文化制定相关政策，积极鼓励和支持个人或者企业对当地文化进行深入挖掘，同时把文化元素充分体现在产品上或者是旅游景点中，这就是文旅产业。文旅产业除了能提高居民收入，助力乡村振兴外，另一点好处就是可以传承我国优秀的乡村文化。①

第三，政府要对建设农村电子商务社区更加重视。淘宝村的快速发展意味着产业集聚现象加快、企业开始增多、从业人员不断增加等现象的产生，与此同时也会出现诸多不利因素，例如公共服务质量差、交通拥挤、生态环境恶化等问题，从而出现竞争两极分化，影响淘宝村的发展，甚至会使其逐渐消失。这并不是危言耸听，根据对当前淘宝村消失现象的分析，我们发现淘宝村消失主要是由于当地在快速发展农村电子商务的同时，没有与之相匹配的农村电子商务社区。所以，政府要在今后开展农村电子商务精准扶贫过程中，提高对当地农村电子商务社区建设工作的重视程度，规划和设计公共服务，使其跟得上农村电子商务扶贫工作的进度，实现当地农民生活和工作之间的协同发展。

---

① 王昆.乡村振兴战略下农村电商精准扶贫模式研究[J].乡村科技，2018（35）：15–17.

第四节 农村电商品牌建设推广以及平台集成整合

一、农村电商区域公共品牌建设及其路径

伴随“互联网+”时代的到来，互联网成为经济发展新的重要增长点。近年来，各地贯彻落实《农业部关于加快推进品牌强农的意见》，开展了一系列丰富多彩的电子商务品牌助推农业供给侧结构性改革活动，为乡村振兴添加了新动能。

（一）农村电商品牌建设的重要作用

我国地大物博、物产丰富，农业生产区域分布广、产品丰富、差异性强。各地的自然资源、文化资源都各有不同。这些都为农产品品牌的打造提供了独特的优势。针对目前我国农产品电商发展中存在的农村电商人才培训体系不完善，农村电商人才匮乏，冷链物流配送、冷链保鲜技术相对滞后，产品来源分散，标准程度低等问题，塑造农村电商公共品牌可以发挥重要的作用。

1.推进农产品标准化

塑造农产品品牌过程中不可或缺的内容就是制定生产、管理等环节的标准。从生产环节开始，严格把控农产品生产过程的标准化，切实落实各项管理标准，确保产品品质。依据产品个性和各项科学分类参数，将产品科学合理分类，划分成不同级别。在外观和质量方面，同级别的产品较接近。这种划分可解决因自行无法挑选商品而导致的产品品质不一问题。

2.提供农产品溢价

农产品电商的竞争一直非常激烈，目前大部分商家都销售相同质量的产品，使得产品无法突出自己的独特，收益率受限。同时消费者面对大量看似相同的产品，没有办法自行分类，从而出现盲目消费和消费忧虑。

农产品一旦形成了品牌，就可以凭借独特的品牌价值区别于其他品牌，提高竞争力。在保证标准、安全、可追溯的产品质量的同时，消费者都能感受到产品

价值，快速准确地买到所需产品，也能享受品牌附加值。所以，农产品成功打造品牌后，就能大大减弱低价竞争的限制，提升品牌产品的价值。

3.保证农产品质量安全

农产品质量安全必须从生产的源头抓起。农产品完成品牌打造后要严格执行有关生产和管理制度，以确保品牌拥有良好的信誉。在生产中，势必要运用科学先进的种植措施，最大限度地少使用甚至不使用农药、激素等化学药物，严格把控产品质量。

除了确保产品质量安全，农产品的包装也要统一，切实执行国家法律法规规定的有关产品参数。这样，不仅能增强产品识别度，还能避免产品说明不清楚、消费者错误选择的问题。

4.推动人才积累

在农产品的品牌打造过程中，让农产品生产者更多地接触农业生产以外的知识，可以提高其知识积累，在一定程度上提高生产者的综合素质。此外随着农产品品牌建设的不断深入，获得了品牌溢价的生产者也更有动力去主动学习相关知识，提高当前从业者的人力资本。同时，还可以吸引更多人才投入农产品电商行业当中，从而提高整个农产品电商领域从业者的知识水平，为行业今后持续快速地发展提供人才积累。

（二）农村电商区域公共品牌的塑造路径

1.加强农村电商品牌建设，助力乡村振兴人才品牌培育管理

第一，要根据产业发展需求，充分利用本地职业教育资源，成立农业职业经理人、经纪人、乡村工匠、文化能人、非遗传承人电商培训机构，创新培训方式，为农民提供更多有效的培训。

第二，要积极鼓励品牌主体完成商标注册、专利申请、认证“三品一标”等，重点支持国家级区域公用品牌、中国特色农产品品牌和具有国际竞争实力的电商平台，例如家庭式工厂、手工作坊等，加强对各地区领头品牌、行业协会的工作指导，使市场主体沿着做大品牌、做强品牌的道路发展，不断增强品牌价值和领导力。

2.完善并加强农村电商品牌，助力乡村振兴制度建设

第一，要利用阿里巴巴农村淘宝、乐村淘等农村电商服务点，依托农业产业化龙头企业建立“农户生产+合作社加工包装+电商销售”的产业发展模式，带动

产业链前延后伸，形成现代农业产业集群，解决农产品上行问题，让更多农户、合作社、企业参与到电商产业中，实现农民增收致富。

第二，要重点依托供销合作社、邮政以及大型龙头流通、电商企业，建设完善农村电子商务配送和综合服务网络，畅通工业品下乡、农产品进城双向流通渠道，加快完善农村物流配送体系建设。

此外，还要继续研究农村电商品牌目录制度，完善农村电商品牌的使用监管和预警系统，发挥农村电商品牌目录平台的作用，实现农业品牌权威信息的统一发布，引领地方政府和农业生产经营者打造品牌、指引品牌消费。

3.加强农村电商品牌展示和宣传推介

第一，农产品品牌塑造需要专业的运营推广，除了策划线上线下农产品推广活动之外，还需要在村淘宝、天猫、百度、腾讯、新浪、优酷、土豆、农产品集购网、金谷网等各大平台，搭建品牌农产品营销推介平台，拓宽品牌农产品销售渠道。并且依法严厉打击假冒、伪造等侵犯品牌的行为，加强品牌监管和保护。提高全社会和农户商标品牌意识，提高品牌影响力。

第二，全方位展示和宣传农村电商品牌助力乡村振兴形象，提升品牌好感度，增强品牌影响力。

二、农村电商主流平台建设及其推广

农产品电商运营需建立本地化服务，50%—60%的农产品消费发生在100公里以内，需要与村服务站、社区服务站、便利店等机构整合，形成一体化采购供应链整合，打造线上吃货圈、线下体验圈。在这个体系中，农村电子商务平台整体上在拉动农村这样一个庞大的网络消费市场。各种电商网络平台都在推动这个市场的发展和运作，所以这些都是促进整个农村网购消费市场的巨大驱动力。

（一）B2B模式

B2B是企业对企业的在线交易形式。作为市场领域的电子商务平台，B2B还指企业与企业之间的营销关系。当代B2B Marketing主要的表现形式之一是电子商务。通过B2B网站，电子商务将企业内部网与客户紧密连接，利用网络快速反应的优势，做到优质的客户服务，进一步推动企业发展迈向新台阶。

B2B平台模式主要的经营模式可分为十种：以提供产品供应采购信息服务为主、以提供加盟代理服务为主、以提供生产代工信息服务为主、以提供小额在线批发交易服务为主、以提供大宗商品在线交易服务为主、以提供企业竞争性情报服务为主、以商机频道+技术社区服务为主、以B2B行业网站+期刊服务为主、以B2B行业网站+期刊+展览及会议服务为主、以B2B行业网站+域名空间+网站建设+搜索引擎优化为主。该平台的主要盈利模式是：会员收费、广告费用、竞价排名费用、增值服务费、线下服务费、商务合作推广、按询盘付费等。B2B模式比较知名的平台有阿里巴巴、慧聪网、生意宝、中国商务通等。

对B2B电子商务平台推广模式的分析如下：①搜索引擎分类目录推广。向国内外搜索引擎及各大分类目录网站提交收录，同时主动向中国搜索联盟、一搜等提交网站搜索申请，争夺更多的搜索资源。②利用网络推送平台广告，扩大知名度和影响力。③利用新闻组和论坛推广。④提供免费资源，吸引用户。⑤进行传统媒体宣传，购买报纸、杂志等传统媒体版面，进行平台宣传。⑥电子邮件推广。⑦交换链接、广告调换。⑧有影响的事件。⑨会员制营销推广。⑩即时通信微信、QQ群推广。

（二）B2C模式

B2C是指企业对消费者的一种电子商务形式，消费者利用互联网了解企业的商品并完成消费交易。企业的商品包括商务活动、交易活动、服务等丰富多样的类别，消费者通过互联网直接参与经济活动。企业和消费者在互联网平台上交易，可以最大限度地减少交易时间，提高交易率。大多数零售业在互联网平台进行各种交易活动。B2C的盈利模式主要是服务费、会员费、销售费、推广费等。B2C平台模式的主要电子商务平台有天猫、京东、苏宁易购、聚美优品、国美、当当网、美团、糯米等。

对B2C电子商务平台推广模式的分析如下：

第一，网站推广。因为在网上开展业务，所以网络对于B2C来说非常重要，是网站的立足之本。电子商务B2C网站受众具有一些特殊性，首先，网站建设初期必须要先考虑客户体验。其次，页面的布局要满足客户的实际需求，使客户操作快捷。最后，栏目规划中的产品和咨询必须符合用户需求。页面呈现的内容一定是用户最想知晓的信息、用户最喜闻乐见的信息、用户认为最重要的信息，达到最大限度地增强客户购买欲的目的。

这一步相当于实体店的店面建设和装修，重要性不言而喻。

第二，根据面对的客户群做出推广方案。必须深入调查，分析需求点和推广点的结合。

第三，网上推广。采取社区推广、群推广、论坛推广、邮件推广、SNS推广、实时聊天工具推广的方式。

第四，网络广告营销。锁定客户群体后可以根据客户群体的特性选择此群体集中的网站和社区进行广告投放。

第五，网站联盟推广。网站联盟是网站推广最为有效的方式之一，如国内知名的百度联盟等。

第六，导购网站、返利网站以及导购社区等网站推广。选择几家合适的导购网站、返利网站以及导购社区发布网站的打折等活动信息，此类网站是B2C商城的导购员，可以通过他们让客户更多地了解商品信息。

（三）C2C模式

C2C模式以电子商务网站为载体让买卖双方用户实现线上交易。卖方可以在电子商务网站上发布物品出售信息，买方浏览这些信息后购买自身所需，与此同时，建立完善的服务于买卖双方交易的一整套服务体系。

通俗讲这就是个人对个人的电子商务模式，个人既可以是买家也可以是卖家，卖方主动把商品放到网上卖，买方自由选购。C2C的主要盈利模式是会员费、交易提成费、广告费用、排名竞价费用、支付环节费用等。典型的C2C电子商务平台有淘宝网、拍拍网、易趣、孔夫子旧书网等。

对C2C电子商务平台推广模式的分析如下：

1.论坛模式营销

用户通过论坛互动问答，推动产生交易。此外，在其他论坛、网站、贴吧上发送商场的最新信息，达到扩大商城影响力的目的。

2.C2C平台商城推广

通常用户网上购物时会优先选择类似淘宝、拍拍、有啊等具有一定规模的C2C平台。以淘宝为例，卖家的等级越高，用户会更加相信该卖家。对C2C平台来说，商城网站推广十分重要，要充分发挥其作用。

3.软文模式推广

软文推广巧妙运用各种写作技巧和编辑手段进行软文创作，促进用户消费，是商城网站推广方式中不可或缺的一部分。商城网站软文推广主要包括产品使用技巧类软文和用户消费指导类软文。表达用户切身使用商品的体验，介绍产品保养方法的软文就是产品使用技巧类。指导用户在购买前需要注意哪些问题，以及怎样辨别货品的真假等软文就是用户消费指导类。

这两大类软文可以使商城网站获得更多的用户信息度。用户的信任可以为商城带来更多客户资源。

4.伙伴合作推广

选择具有一定实力的网站建立合作关系。推广商城的某些商品，商城向这些网站提供部分报酬。比如，在平台还没有成名时，将手里的一手货源供应给这些知名的商城网站，实现共赢。

综上所述，要利用电商平台优势，集中支持农村发展力量，开展各种农村信息服务业务，拓宽农村信息服务领域，成立“三农”信息服务站，覆盖县、镇、村。农村电子商务平台的实体终端植根于农村，贯彻“三农”服务，届时，农民将是平台的受益者。

第五节 积极完善地方政策和人才培养体系

一、农村电商的政策支持现状与演进

我国农村电商政策可追溯到1994年年底的“金农工程”，目的是促进农村信息化，自此以后，农村电商拉开了序幕。2015年国家发布了众多针对农村电商的政策，其中中共中央、国务院出台的《关于加大改革创新力度加快农业现代化建设的若干意见》指出，要支持涉农电商平台的构建，开展电商进农村综合示范。同年10月发布的《关于促进快递业发展的若干意见》（国发〔2015〕61号）表明要基本实现乡乡有网点，村村通快递。我国政府积极推动电商进农村、电商扶贫工程，出台了大量支持电子商务发展的政策措施。如电子商务保障政策、宽带提速降费战略、物流业促进战略、“互联网+”政策等。通过政府政策的大力引导，各地农村电子商务都取得了极大进展。

（一）农村电商发展政策支持的现状

我国农村电商发展政策主要包括产业政策、财政政策、税收政策以及金融政

策等。

1.产业政策支持现状

（1）平台建设。借助电子商务平台发展农产品业务，是推动农村经济发展的重要策略。构建农村电子商务平台，提升网络技术服务农村经济的层次，整合农产品互联网流通资源，推动线上与线下服务方式的有机结合，对金融商贸与物流配送企业联手涉农企业共建农村电子商务平台，具有十分重要的现实意义。在试点农村开展电子商务运行实践，是我国农业部发展农村经济的重要战略内容。在互联网上进行农产品的在线交易，逐步实现电子商务配送业务对农产品消费市场的全面覆盖，无疑有利于减轻农民上网购买所需农产品的负担。

（2）基础设施。农村电子商务事业的发展，与人才资源和对物流、金融、通信等领域的基础设施构建，具有密不可分的关系。在构建农村网络与通信系统的基础上，国家应该加大对中西部地区网络宽带建设资金的投入力度，重视农村公路的扩建工作，并制订提升农村客运能力的发展计划，推动城乡客运的转型与升级。此外，国家还应该重点培养具备专业理论知识和实践操作技能的应用型电子商务人才，确保农村电子商务事业的开展，可以发挥农业经营主体的实践潜能。

（3）采购供应。构建完善的县城与乡村物流配送体系，是优化农村物流服务的基础。只有采用先进的物流装备，加快农村网络基础设施建设，才能为农村物流模式的有效运转提供取之不尽、用之不竭的动力。服务农村物流网络的硬件设施与设备，在与电商行业和快递企业对接并共享资源的过程中，必须依靠城乡商贸与配送中心，进行物流中转，从而加快农产品流通的速度，将物流存储服务的全部优势充分发挥出来。

对于革命老区、陆地边境地区、少数民族自治地区和欠发达地区，应该重点关注物流设施的建设进程，以及建设资本的投入情况，确保在鲜活农产品的运输时，采用的是冷链存储形式，并为农村培养物流管理专业化人才，确保政策与措施的圆满落实。

2.财政政策支持现状

（1）平台建设。根据各地电子商务的发展实情，商务部运用中央专项资金，对农村电子商务平台进行重点帮扶，旨在落实国家惠农政策措施，重点推进农村电子商务事业的崛起。此外，农村电子商务平台的建设，还需要各级地方政府的积极参与，促进农村网络通信体系的构建，并推动农村电子商务园区的发展。

（2）基础设施。由于农村地区发展普遍比较落后，在网络设施建设以及公共服务和基础教育等方面，都无法发挥财政金融的杠杆作用。因此，为了促进农村电子商务事业的发展，必须完善各地政府出台的创业优惠政策体系，确保农村的电子商务创业者，可以享受强而有力的财政政策支持。

（3）采购供应。为了推动农村电子商务事业的发展，商务部和财政部在调用中央财政拨款，构建县城、乡镇与农村物流配送体系的过程中，开始致力于建造服务农村电子商务事业的公共中心站点。用于建造农村服务站点和快递网点的中央财政资金，以及地区财政部门的专项拨款，对于推动农村网络信息系统与通信设施的建设，具有十分重要的现实意义。农产品的供应与销售、涉农企业与交通运输业的发展，又会促进地区经济的繁荣，从而引导政府将更多的财政资金投入农村电子商务平台的建设进程中，为政策优化效益的产生铺平道路，形成一个良性循环。

3.税收政策支持现状

（1）平台建设。国家给予农村电子商务企业的税费支持，有效地激发了农村电子商务平台的发展活力。农户利用互联网进行农产品的在线交易，国家税务机关可以对这类涉农企业免收增值税；与农户直接进行农产品在线交易的电子商务企业，则可以享受产品增值税的折抵优惠。比如，对于省政府认可的电子商务企业，税务部门可以在核实的基础上，对这类企业的建设基金给予一定的减免优惠；对于经营受损的电子商务企业，税务部门可以酌情减免这类企业的房产税和土地资源使用税。

（2）基础设施方面。人才是影响农村电子商务事业发展的关键因素。为了将农村青年培养成创业型电子商务人才，团中央已经联手商务部，对于回乡创业的农村青年给予贷款资金利率优惠，并向农村创业青年免费开放授信额度，为杰出的农村青年创业者提供税费减免、贷款贴息甚至创业与发展基金，鼓励农村电子商务人才的创业行为。

（3）采购供应。完善并落实农产品税收政策。对于鲜活农产品的流通免收增值税，是税收政策支持在采购供应方面的重要体现。为了促进农村物流事业的发展，税务部门联手交通管理部门，在构建农村现代化物流体系的过程中，严格按照相关规定，对符合条件的涉农物流企业和小微企业，实施相应的税收优惠政策。

4.金融政策支持现状

（1）平台建设。国务院办公室多次发文指出，必须加大对农村电子商务平台建设的金融政策支持力度。政府应该积极引导银行金融与支付业务的发展方向，使多终端支付业务符合农村电子商务交易的特殊性。此外，在加强农村电子商务平台建设的同时，有必要加强其与金融服务企业的交流合作，确保银行与保险公司在研发相关金融产品的同时，能够为农村电子商务创业人员提供保险与贷款等类型的金融服务。

（2）基础设施。对于返乡创业并从事农村电子商务工作的优秀青年，银行可以加大授信与贷款的支持力度，并简化农村电商企业的贷款手续；对于经营规范的农村电子商务企业，还有资格享受创业贷款的贴息与担保待遇；对于返乡创业的农民工群体，可以享受政府给予的电子商务创业园区产业集群和基础设施建设等方面的金融支持，并且可以在园区内部，对水费、电费、物流交通和通信宽带等业务方面申请设备购置资金。总体来说，金融机构在信贷投放方面，更注重信息技术的产业化应用和制度化创新。

（3）采购供应。借助金融创新举措，解决农村物流企业面临的贷款与融资难题，加强金融政策对农产品采购与供应方面的支持力度。通过合理使用信贷、融资与租赁等金融手段，简化农村信用社在办理惠农金融业务过程中的烦琐流程，延长农村电子商务项目银行贷款的还款期限，给予线上购物的农民更多的消费信贷优惠。这些优惠政策的实施，无疑也有助于银行业和保险业等金融机构的长远发展。

（二）农村电商发展政策支持的演进

从1995年的“金农工程”开始，到2018年乡村振兴规划，中国的农村电子商务发展已历经二十多年的风雨，过程曲折艰辛，但成就显著。进入21世纪后，党中央从2004年开始连续十四年发布了以“三农”为主题的中央“一号文件”，关注农村经济发展，信息化建设，彰显了农村发展在现代化建设中的重中之重的地位以及党中央解决农民问题的决心，推动农村电商发展进入了新的历史阶段。在不同历史发展阶段，农村电商的政策支持发生着不同的改变。

1.萌芽期与探索期

在农村电子商务萌芽期与探索期，政策文件的重心放在农村电商的播种以及基础建设上，积极引导建立连锁经营、现代化物流、电子商务等新型业态和流通形式。改善已有的农产品批发市场，运用农产品拍卖、经理人代理、网上交易等形式，提高交流能力。最大限度地整合利用涉农信息资源，提高农业信息化，加强面向农村的广播电视电信等信息服务，着重建设“金农工程”和农业综合信息服务平台。梳理资源，共建平台，建立健全农村信息服务系统。推动“金农”“三电合一”，加快建立农村信息化示范和农村信息服务等工程，勇于践行信息服务深入农村的方法。增强建立农村一体化信息基础设施，革新服务方式，开启农村信息化示范工程。

2.发展期与成熟期

在农村电子商务发展期与成熟期，合理化布局农村信息网，发挥现代信息技术作用，积极开展农产品电子商务等当代流通形式，增大农村市场。大力开展物流配送、连锁超市、电子商务等流通业务，鼓励商贸、邮政等企业面向农村提供更多服务，设立更多日用消费品、农产品、生产资料等供应站。构建农产品电子商务平台，扶持拓宽现代流通渠道，丰富农产品网上交易，促进连锁分销，建立农民网店。启动农村流通设施和农产品批发市场信息化提升工程。

3.繁荣期

在农村电子商务繁荣期，支持电商、物流、商贸、金融等企业参与涉农电子商务平台建设。实施“互联网+”现代农业行动，大力发展农产品电子商务，提高农村物流水平。推进深化农村引入电子商务综合示范工作进程，促使农村电子商务不断深入，农村流通形式更加现代化，帮助推动脱贫攻坚和乡村振兴。

（三）农村电商的发展趋势

中国农村电商进入一个新的发展阶段，这一阶段以转型升级为主要内容。2017年中共中央、国务院出台的《中共中央国务院关于推进农业供给侧结构性改革加快培育农业农村发展新动能的若干意见》勾勒出了农村电商产业发展的未来方向：有机融合线上线下活动，实现新型农业经营主体、加工流通企业和电商企业三者完美结合；快速完善适合农产品电商发展的标准系统；扶持建立农产品电商平台和乡村电商服务网点；商贸、供销、邮政、电商互通有无，充分发挥各自优势，建立从村到乡镇畅通的物流通道，推进快递下乡进程；加深电子商务进农村综合示范；积极勉励地方规范建立电商产业园，集中品牌推广、物流集散、人才培养、技术支持、质量安全等功能服务；全面执行信息进村，加强全省示范工作；健全全国农产品主要运输网，加快速度建立公益性农产品市场系统，搭建农产品产地预冷等冷链物流基础设施网络，健全鲜活农产品直供直销系统；落实“互联网+”现代农业工作。

未来一段时期农村电商的发展还会如火如荼地展开，并呈现出一定的发展趋势。

第一，农产品上行将呈现工业链整合、多渠道探索局面。我国农产品生产系统建设相对落后，而电商对产品标准化的要求非常高。因此农产品上行，不是把农产品放到网上就可以，而是要进行系统性的开发。首先要整合农产品供应链，包括采购、仓储、包装、物流、运输、配送、售后等；其次要进一步整合产业链，从农产品的选地、选种、播种、施肥、灌溉、收获一直延伸到餐桌；产业链整合、重资产经营将可能会成为往后农产品电商发展的方向。

第二，电商工业园发展逐步标准化。2017年中共中央、国务院出台的《中共中央国务院关于推进农业供给侧结构性改革加快培育农业农村发展新动能的若干意见》中提出“鼓励当地规范开展电商产业园”，要求电商产业园“聚集品牌推广、物流集散、人才培养、技术支持、质量安全等功能服务”，未来农产品电商产业园的发展也将日益规范起来，更有效地进行资源整合，降低物流成本，助力农村电商发展。

第三，农村各类服务网络化。为了提升农村电子商务事业的发展层次，政府可以对农村的各项营销业务进行联网处理，推动农村电子商务发展模式的创新，从而创建服务本地农户的电子商务平台。应用网络技术整合农村资源，增进城镇与乡村的服务互动和交融，以此来显著促进农村电子商务事业的发展。

第四，农村电子商务加速农旅融合。结合旅游产业的农村电子商务事业，可以将农村的山水资源转变为资本收益，通过旅游产业的发展，带动农村电子商务事业的发展。为了优化游客在娱乐、购物、出行与住宿等方面的切身体验，在农村电子商务平台的构建方面，应该实现旅游资源的大范围配置与整合，打造与当地农业特色相符合的旅游品牌，推动旅游产业与农村电子商务事业之间的协同发展和相互促进，为农村的繁荣发展创造更多的机遇。因此，未来旅游产业的发展，应该以当地特色农产品为重要抓手，在推动农业与旅游产业结合发展的过程中，为旅游产业的效益增收奠定坚实的基础。

第五，农产品跨境电商兴起。我国提出的“一带一路”倡议，不仅有助于农产品的对外销售，对跨境电子商务平台之间的合作也是大有助益的。为了促进国内农业的繁荣发展，并为“一带一路”建设提供强而有力的支撑，跨境电子商务的常态化运转，必须激发“一带一路”沿途各国对特色农产品的巨大需求，从而使农产品的外贸交易可以惠泽全球民众。

第六，农村电商生态系统逐步完善。在农村电商发展中，政府、电商平台、电商服务商和当地传统企业将进一步清晰自己的定位，相互合作，实现协同发展。政府主要做好政策制定、改善公共服务、规范市场等，积极有为，不缺位、不越位，为农村电商更好、更快发展提供基础。各类电商平台主要做好渠道延伸、平台开放、完善生态等，全方位为企业及创业者赋能；电商服务商主要做好推广运营、新媒体宣传、大众创业等；参与电商的当地传统企业主要是做好本地服务、产品开发、带动农户等。

二、农村电商人才发展的瓶颈

近年来，逐渐崛起的农村电子商务事业，由于缺乏掌握电子商务专业知识和技能的人才，发展步伐有所放慢。目前，设计人才、运营人才与营销人才的岗位空缺，已经对农村电子商务事业的发展产生了难以消除的影响。为了解决农村电子商务事业缺乏专业人才的问题，必须分析造成农村电子商务人才匮乏的主要原因。①

（一）农村电商人才知识接受程度较低

现阶段，国内农村地区的居民，由于受教育水平较低，在消费习俗和传统观念的影响下，容易对农村发展信息化产业心生抵触。此外，农村缺乏促进电子商务发展的和谐氛围，农户缺乏对电子商务知识的掌握和了解，使得在网络基础设施建设尚不完备的农村，开展电子商务活动极为困难。

对受教育程度总体水平偏低、消费习俗和传统观念浓厚的村民来说，接受互联网这一新生事物的过程必然极为漫长。而对于已经习惯线下交易的农户来说，掌握线上交易网络终端操作技能的过程，需要反复练习，难免会伴随抵触的情绪。因此，人才的专业性，会受到电子商务专业知识和技能在农村普及程度的

① 宋冬梅 . 农村电商集群发展与电商人才合作培养研究 [J]. 农业经济，2018（12）：129–131.

制约。

（二）农村电商人才流失严重

农村大学生由于接受过系统的高等教育，并熟悉城市与农村生活，对于专业的电子商务知识和技能，可以短时间内通过学习掌握。这类优秀的农村电商人才，可以基于对电子商务事业发展趋势的精准预测，以及对当地独特自然优势的了解，对农村电子商务事业的发展，起到不可替代的重要作用。

但是，农村的经济发展水平比较落后，发展环境也并不理想，这使得部分农村大学生，更愿意留在经济发展水平较高的城市，由此造成原本十分匮乏的农村电商人才开始面临向外流失的严峻问题。

（三）高校对农村电子商务人才的培养力度有待加强

第一，电商是一种对实践要求非常高的市场模式，涉及管理运营、实践操作、资源整合以及具体的战略定位等，没有一定的实践经历，很难深刻地理解电商市场，更谈不上更好地从业。高校作为人才培养的主阵地，是电子商务从业人员的主要来源。我国高校电子商务招生规模可以分为两个阶段：一是1999—2004年，这一时期的招生规模不断扩大；二是从2004年至今，招生规模保持平稳并稳中有降，但是也就是从这一阶段开始，高职高专电子商务的招生规模达到顶峰，此后持续下滑。

第二，高校的电子商务专业理论性较强，实践性较差，有的高校电子商务教材已经非常陈旧过时。

第三，农村电子商务人才需求不断增加，然而很少有高校设置这一专业方向的课程。究其缘由主要在于：与专业对口的教师资源匮乏，熟悉电子商务知识和农业知识的老师很少，如果安排熟悉单方面知识的老师负责该专业教学，就会使学生接受不完整的知识和技能，不能达到农业知识和电子商务技能有机结合的目的。因此在当前电商发展一日千里的时候，高校的电商教育难以跟上时代的节奏。

（四）缺乏系统的农村电商人才培养体系

农村电子商务事业的不断发展，促进了电子商务经济区的崛起，这使得地方政府也积极参与到农村电子商务平台的建设工作中来，以期通过发展农村电子商务事业，推动地方经济发展模式的转型升级。

目前，各地政府已经出台了促进农村电子商务事业发展的优惠政策，同时组织各种与电商人才培养有关的活动。然而，参加培训的人员来源、诉求和素质水准都不能掌控，培训时间、培训重点和培训方案都有很强的变动性，不但不能为参加培训的学员建立完善的知识技能系统，培训效果也很难借助常规手段加以衡量。

三、农村电子商务人才培养创新模式

乡村振兴战略下农村电子商务人才培育问题亟待解决，考虑到农村电子商务发展的现实情况，在人才培养创新模式方面应当采取如下方式：

（一）差异化培养模式

农村电子商务事业发展的各阶段特点并不相同，由此导致农村电子商务从业人员面临的问题也迥然相异。为了对农村电子商务的从业人员展开培训，就必须落实差异化的培养方案，聘请专业的培训讲师，定期对农村电子商务从业人员展开层次与重点有所不同的培训，并邀请基层经验丰富的电子商务管理者，为农村电子商务从业者传授电子商务平台的运营技能。此外，政府还可以为电子商务的成功创业者提供经验交流与分享的平台，鼓励创业者现场展示电子商务平台的实际操作技巧，促进虚拟经济和实体经济之间的互动与融合。

（二）校企合作模式

基于社会对电子商务人才的现实需求，学校可以制订电子商务人才的批量培养方案，鼓励经管学院的学生，返回家乡从事电子商务事业的开拓工作。此外，学校还可以不定期地为来自农村的电子商务创业者提供相关的讲座信息和资源对接平台，通过人才引进工作增强农村电子商务从业者的整体竞争实力。资本雄厚的农村电子商务企业，还可以通过与职业中专和技校的合作，建立电子商务人才培养的长效机制，利用合作办学与培训的资源优势，为电子商务专业的学生提供教学实践平台，并在专题培训环节，努力构建电子商务实战人才的培养体系。借助电商企业与教育机构和高等院校之间的合作，为农村电子商务人才的培养提供强而有力的保障。

（三）从业者交流经验模式

农村电子商务的从业者，可以积极参与由政府、电子商务企业和行业协会组织的经验交流活动。参与者可以围绕自身工作中遇到的疑难问题以及虚拟店铺的运营问题，采用线上与线下相结合的方法，咨询精通电子商务知识的业内专家。

在这种多方参与的经验交流模式中，从业者通过相互扶持，也可以实现自身专业技能的有效提升。

（四）“走出去”与“请进来”模式

1.“走出去”模式

通过实地考察和互动交流，自发外出参观交流，学习先进农村电子商务的开展经验，改变当地贫困地区落后的经济发展局面。充分发挥农村电子商务成功创业者的带动效应和示范作用，通过培养农村大学生、个体经营户和返乡优秀青年，为农村电子商务事业的发展提供人才支持、技能支持和政策引导。这对农村电子商务事业的发展，具有十分重要的推动作用。

2.“请进来”模式

在人才引进方面，可以根据电子商务产业发展的现实需要，进行电子商务人才的专业化引进。在人才引进的形式方面，可以聘请高校的专家学者，前往农村进行电子商务知识的讲解。而对于具备电子商务发展条件的乡村，可以建设电子商务创新产业园，为人才的创业实践提供可靠的发展平台。

参考文献

[1]蔡竞. 产业兴旺与乡村振兴战略研究[M]. 成都：四川人民出版社，2018.

[2]曾朝辉，王奎武，谭洁. 加强现代农村科技服务体系创新与建议[J]. 农业与技术，2010，31（04）：133-135.

[3]曾宪凤. 乡村振兴战略下农村电子商务精准扶贫路径[J].广东蚕业，2019，53（04）：57，59.

[4]陈凤君，周毅. 全域旅游背景下的乡村旅游发展与对策研究[J]. 旅游纵览（下半月），2016（03）：21.

[5]陈荣. 践行乡村振兴战略 大力发展乡村旅游[J]. 广东经济，2018（01）：72-75.

[6]陈志聪，高展晰. 公共艺术介入乡村的可实施性[J]. 现代园艺，2019（09）：123-124.

[7]崔宁. 产业升级视域下乡村旅游个性化创意旅游规划研究[J]. 农业经济，2019（09）：51-53.

[8]方李莉. 艺术介入美丽乡村建设：艺术家与人类学家对话录[M]. 北京：文化艺术出版社，2017.

[9]方亮. 新农村文化建设与管理[M]. 北京：中国社会出版社，2010.

[10]冯健. 乡村重构：模式与创新[M]. 北京：商务印书馆，2012.

[11]冯俊锋. 乡村振兴与中国乡村治理[M]. 成都：西南财经大学出版社，2018.

[12]冯年华. 乡村旅游文化学[M]. 北京：经济科学出版社，2011.

[13]顾朝林. 县镇乡村域规划编制手册[M]. 北京：清华大学出版社，2016.

[14]顾翔. 美丽乡村与特色小镇的协同性研究[J]. 居舍，2017（19）：71.

[15]郭焕成，韩非. 中国乡村旅游发展综述[J]. 地理科学进展，2010，29

（12）：1597–1605.

[16]国家发展改革委宏观经济研究院课题组，国家发展改革委农村经济司课题组. 产业融合中国农村经济新增长点[M]. 北京：经济科学出版社，2016.

[17]国家旅游局规划财务司. 中国休闲农业与乡村旅游发展经典案例[M]. 北京：中国旅游出版社，2011.

[18]韩长赋. 加快推进农业科技创新与推广[J]. 求是，2012（05）：33–36.

[19]何平. 实施“六美”工程 打造美丽乡村[J]. 新重庆，2012（12）：21–23.

[20]贺雪峰.乡村治理与农业发展[M]. 武汉：华中科技大学出版社，2017.

[21]贺勇，孙佩文，柴舟跃. 基于“产、村、景”一体化的乡村规划实践[J].城市规划，2012，36（10）：58–62，92.

[22]胡涛. 以乡村振兴为导向的田园综合体规划路径与创新研究[J]. 中国建材科技，2020，29（01）：148–149.

[23]黄海辉. 发达国家和地区乡村旅游的发展模式探析[J]. 黑龙江对外经贸，2011（06）：112–115.

[24]黄铮. 乡村景观设计[M]. 北京：化学工业出版社，2018.

[25]姜长云. 科学理解推进乡村振兴的重大战略导向[J]. 管理世界，2018，34（04）：17–24.

[26]姜长云. 推进农村一二三产业融合发展新题应有新解法[J]. 中国发展观察，2015（02）：18–22.

[27]蒋高明. 乡村振兴选择与实践[M]. 北京：中国科学技术出版社，2019.

[28]孔祥智. 乡村振兴的九个维度[M]. 广州：广东人民出版社，2018.

[29]李秀忠，李妮娜. 当代中国乡村文化建设问题研究[M]. 济南：山东人民出版社，2014.

[30]连仁山. 发展茶文化休闲旅游 实现“百姓富”与“生态美”有机结合——大田县屏山乡打造茶乡经济升级版的对策思考[J]. 福建农业，2014（06）：50–53.

[31]林卓. 艺术介入乡村建设模式研究[J]. 公共艺术，2018（05）：96–103.

[32]刘汉成. 乡村振兴战略的理论与实践[M]. 北京：中国经济出版社，2019.

[33]刘合光. 激活参与主体积极性，大力实施乡村振兴战略[J]. 农业经济问题，2018（01）：14–20.

[34]刘君君，杨光. 乡村振兴战略中乡村文化振兴的路径探索[J]. 南方农业，

2019，13（02）：113–114.

[35]刘晓萍. 科学把握新时代特色小镇的功能定位[J]. 宏观经济研究，2019（04）：153–161.

[36]刘玉，任艳敏，潘瑜春，等. 面向乡村振兴战略的乡村发展格局及其分区研究[J]. 农业工程学报，2019，35（12）：281–289.

[37]罗琼菁. 大田县茶旅融合发展探究[D]. 福州：福建农林大学，2017：47–50.

[38]裘涵. 农村电商运营：从策略到实战[M]. 北京：电子工业出版社，2018.

[39]邵明. 乡村振兴与农村电商发展[M]. 北京：化学工业出版社，2018.

[40]宋冬梅. 农村电商集群发展与电商人才合作培养研究[J]. 农业经济，2018（12）：129–131.

[41]孙美璎. 乡村振兴战略下乡村文化重构路径研究[J]. 现代农业研究，2018（11）：22–23.

[42]滕稳稳. 贵州农村电商扶贫模式研究[D]. 贵阳：贵州民族大学，2017：21–27.

[43]王宝升. 地域文化与乡村振兴设计[M]. 长沙：湖南大学出版社，2018.

[44]王波. 我国农村电商发展研究[M]. 北京：经济日报出版社，2017.

[45]王廷信，李制. 乡村振兴战略与中华优秀传统艺术体系建构[J]. 民族艺术，2018（05）：13–18.

[46]王文会，陈显中.精准扶贫下农村电商发展研究[J].合作经济与科技，2019（20）：109–111.

[47]魏细玲. 我国乡村旅游资源开发对乡村的影响及对策[J]. 旅游纵览，2014（12）：49–50.

[48]温铁军，张孝德. 乡村振兴十人谈：乡村振兴战略深度解读[M]. 江西教育出版社，2018.

[49]吴利军. 特色小镇助力乡村振兴探究[J]. 农业开发与装备，2019（10）：153+157.

[50]吴维海. 新时代乡村振兴战略规划与案例[M]. 北京：中国金融出版社，2018.

[51]吴一文. 文化多样性与乡村建设[M]. 北京：民族出版社，2008.

[52]吴莹. 乡村振兴视角下的乡村旅游开发策略综述[J]. 江苏商论，2019（8）：134–138.

[53]徐代春子. 农村电子商务发展路径研究[D]. 舟山：浙江海洋大学，2016：15–19.

[54]徐天睿. 乡村振兴战略背景下农村电商服务站发展现状的田野调查[D]. 杭州：浙江工业大学，2019：12–17.

[55]杨慧芬. 发展地域特色农村文化产业 提高乡土文化竞争力[J]. 山东省农业管理干部学院学报，2011，28（05）：37–38.

[56]杨青友. 推进乡村文化振兴的现实思考[J]. 安徽农学通报，2018，24（19）：1–2+28.

[57]于法稳. 实施乡村振兴战略的几点思考[J]. 国家治理，2018（03）：3–6.

[58]张翠晶. 生态理念和田园文化视角下的乡村旅游景观设计[M]. 长春：东北师范大学出版社，2017.

[59]张娜，原珂. 乡村振兴视域下田园综合体生态复合发展路径探析[J]. 学习论坛，2019（10）：84–90.

[60]张州. 乡村文化建设助推乡村振兴战略[J]. 学理论，2018（10）：185–187.

[61]赵霞. 乡村文化的秩序转型与价值重建[M]. 石家庄：河北人民出版社，2013.

[62]振兴课题组. 乡村振兴规划与运营[M]. 北京：中国旅游出版社，2018.

[63]朱伟. 乡村旅游理论与实践[M]. 北京：中国农业科学技术出版社，2014.

[64]朱应雨. 我国农村电商发展的理论与实践研究——基于“精准扶贫”的重要思想[M]. 长春：东北师范大学出版社，2018.